刑法
总则疏议

XINGFA

ZONGZE SHUYI

郭友旭 著

云南出版集团

云南人民出版社

图书在版编目（CIP）数据

刑法总则疏议 / 郭友旭著. -- 昆明：云南人民出版社, 2021.9
ISBN 978-7-222-20453-9

Ⅰ.①刑… Ⅱ.①郭… Ⅲ.①刑法 – 总则 – 研究 – 中国 Ⅳ.①D924.104

中国版本图书馆CIP数据核字(2021)第193226号

责任编辑：熊　凌
责任校对：吴　虹
装帧设计：昆明书海文化传播有限公司
责任印制：马文杰

刑法总则疏议

郭友旭◎著

出　版	云南出版集团　云南人民出版社
发　行	云南人民出版社
社　址	昆明市环城西路609号
邮　编	650034
网　址	www.ynpph.com.cn
E-mail	ynrms@sina.com
开　本	787mm×1092mm　1/16
印　张	16.25
字　数	270千
版　次	2021年9月第1版
印　次	2021年9月第1次印刷
印　刷	云南宏乾印刷有限公司
书　号	ISBN 978-7-222-20453-9
定　价	36.00元

云南人民出版社微信公众号

前　言

　　人类法制文明经历数千年的发展，借由立法者的抽象思维和立法技术，早已告别了《汉谟拉比法典》式的一事一立法的时代。在法制文明发展史上，刑法文明曾经在很长时期内雄踞显赫地位。在我国法制史上，通说认为首开设立总则之先河的法律（刑法）文本是战国时期魏国李悝编纂的《法经》。《法经》中的《具法》规定定罪量刑的原则和通例，相当于今世刑法典的总则。《法经》以降，《九章律》《唐律疏议》《宋刑统》《大明律》《大清律例》等有影响的法典都设有总则（"名例"①）部分。刑法典总则的设立，旨在宣示刑法的目的、基本原则和精神以及关于罪与刑的普适性规范，渗透着作为社会之权威代表的国家对犯罪和犯罪人进行评价时的基本价值立场，标示着制定、适用刑罚时的基本行动准则。

　　既然如此，刑法典总则必然是高度抽象的。不同的人解读刑法典总则，存在差异和分歧是不可避免的。结合刑法理论和司法实践对刑法典总则进行解说，"显彰其理而易通晓"，或许是每个刑法学研究者都具有的学术冲动。本书命名《刑法总则疏议》，是上述学术追求的直白表露。"疏之为字，本以疏阔、疏远立名。"②

　　总则与分则一起，形成刑法典的结构。总则关于罪与刑的抽象性、一般性规范，是纲；分则是关于罪与刑的关系的具体的、个别的规范，是目。总则作为刑法典的纲的地位，决定了正确揭示其文字表述中传达的意思的重大意义。对其中每一个条文及其用语的理解，都涉及分则条文的理解和适用。纲举而目张，纲劣而目坏，纲歪而目斜。是以，对刑法总则释其义，揭其理，遂成为本书的基本目的。在追求这一目的的过程中，若能拓宽普通读者的刑法学学术视野，激发其研

---

　　① 根据《唐律疏议》的解释，名乃五刑（笞、杖、徒、流、死）之罪名（名目）；例乃五刑之体例，即根据犯罪者身份等级、犯罪情节等，决定处以何种刑罚和何等刑罚之体例。
　　② 《唐律疏议·名例》。

究刑法的兴趣，或能增进刑法实务界人士对刑法典总则的认知，助益其实务，则算是一种奢望了。

本书之章节体例依循刑法总则。作者的言说依附于具体条文，总体上围绕具体条文展开。对此，本书的名称已经有所预示。为便于识别，刑法总则条文按其原来的顺序以粗体标出。

作为本书解说对象的刑法典总则的文本是1997年全国人大通过的《中华人民共和国刑法》经历了11个修正案后的文本。

姑且将上述文字称为前言。

目　录

第一章　刑法的任务、基本原则和适用范围

第一条　为了惩罚犯罪，保护人民，根据宪法，结合我国同犯罪作斗争的具体经验及实际情况，制定本法。

本条开宗明义，宣示我国刑法①的立法目的和立法根据。

刑法目的是刑事立法与司法之界限，是刑法学最基本的问题。启蒙以降，德、日刑法目的观之不断流变表明，刑法目的由所处的时代精神决定。"在蔑视人权、专制统治时代，强调刑法目的是维护国家道义、社会伦理；在提倡保护人权、重视宪法、实行法治的时代，强调刑法目的是保护宪法性法益。当前，德日两国刑法学界一般认为，刑法的目的是保护（宪法性）法益，在刑事立法和司法中，应将单纯违背社会伦理而没有任何外部侵害性的行为排除在犯罪之外。"②我国现行刑法立法的时代背景决定了它的任务。

一、刑法的立法目的

（一）关于"惩罚犯罪，保护人民"

我国刑法的立法目的是"惩罚犯罪，保护人民"。这个表述似乎表明刑法的首要目的是惩罚犯罪，其次才是保护人民。"保护人民"与"保护人权"实际上是相通的，因为刑法属于公法，在刑法目的的表述上，立法机关不免要鲜明地表达政治立场。这个目的指引并约束着刑事立法和刑事司法。惩罚犯罪是刑法的首要目的，这是由刑法的性质（规定犯罪与刑罚的关系的法律）和机能决定的。犯

---

①　刑法是关于犯罪、刑事责任和刑罚的法律，或说刑法是关于犯罪与刑罚的关系的法律。在本书中，"刑法"有三种含义：（1）部门法意义上的规定犯罪与刑罚的关系的法律，即刑法法律部门，包括古今中外的；（2）我国现行的刑法，包括刑法典（1997年10月1日开始施行的《中华人民共和国刑法》）、单行刑法和附属刑法；（3）特指刑法典，尤其是我国现行刑法典。

②　丁慧敏：《刑法目的观转变简史——以德国、日本刑法的祛伦理化为视角》，载《环球法律评论》2011年第2期。

罪是侵犯法益的行为，惩罚犯罪也就是要保护法益。①另外，刑法主要通过罪刑法定原则的贯彻来限制和规范国家刑罚权，以防范国家刑罚权的滥用，从而保障人权。法益保护和人权保障是刑法的两大机能。

认为"惩罚犯罪"实为"保护人民"的手段的观点②，本身不存在原则性错误，但以此为根据否认惩罚犯罪是刑罚的目的，则是错误的。在当代民主法治背景下，保障人权也是行政法、民商法、经济法等法律部门的目的。否认惩罚犯罪是刑法的目的，也就否认刑法与其他部门法的关系，否定了刑法的性质。

关于刑事责任的根据问题，学说上存在是针对犯罪行为还是针对犯罪人的差异。古典犯罪学派认为，犯罪是自由意志的结果，因而惩罚是对犯罪行为的制裁，犯罪人刑事责任的根据就应该是犯罪行为或符合犯罪成立要件的行为，这样就有利于体现和贯彻罪责刑相称原则。但强调制裁对象为"犯罪"，势必导向刑罚执行中的固定化，限制减刑、假释之适用。而实证犯罪学派则认为，犯罪并不仅仅是个人意志之体现，也是社会因素等多种因素综合作用的结果，故而惩罚不应仅仅是对"犯罪"的制裁，还应充分考虑"罪犯"的特定情况。法官在量刑时不仅要充分把握符合犯罪成立要件的行为的相关事实，还要把握"犯罪人"的相关情况。这样一来，法官在量刑时，应在犯罪行为的危害性与有利于罪犯回归社会、重新开始社会生活之间进行平衡，作出符合其个人特定情况的判决；在刑罚执行过程中，应主要根据其悔改表现，让其尽可能早地进入社会适应期和过渡期。③强调刑事责任的根据是符合犯罪成立要件的行为和刑罚惩罚的对象是"犯罪"，也与刑事法治的一般化、普遍化逻辑相关联，因为如果以"罪犯"的人身危险性或危险性格为惩罚对象，由于犯罪人犯罪的原因和人身危险性并不相同且人身危险性难以客观、准确地评价，将导致刑罚个别化难以摆脱的刑事司法"脱法"的困境。

（二）刑法的性质

刑法具有谦抑性、补充性，是最后法、补充法。只有在没有其他法律手段足以保护法益的情况下，立法者才将侵害法益的行为规定为犯罪并处以刑罚，以刑

---

① 曲新久教授认为，刑法的目的是保护法益，而不是惩罚犯罪。刑法目的应采取保护主义的原则立场。参见曲新久：《刑法目的论要》，载《环球法律评论》2008年第1期。

② 对刑法目的是"惩罚犯罪，保护人民"的表述，国内学界大致有三种反对意见：一是认为惩罚犯罪不是刑法目的，二是认为保障人权是刑法目的，三是认为惩罚犯罪不是刑法目的，保护法益才是刑法的目的。关于此问题，参见高勇：《评国内有关"刑法目的"的若干认识误区》，载《广西政法管理干部学院学报》2017年第4期。

③ 严励主编：《刑法学前沿与热点问题研究》，中国法制出版社2017年版，第90页。

法保护该种法益。在其他法律手段足以保护法益、采用刑罚手段保护法益达不到预期效果或采用刑罚手段保护法益得不偿失等场合，规定侵害某种法益的行为是犯罪并配置法定刑是没有意义的。当其他部门法不足以保护某种法益时，立法者才将其交予刑法保护，当其他部门法不足以禁止侵害某种法益的行为时，才由刑法予以禁止，故刑法作为补充法，所保护的法益范围必然是非常广泛的。这在我国刑法第2条关于刑法的任务的规定中有充分的体现。刑法的补充法性质也意味着它是其他法律的保障法。

惩罚犯罪是刑法的首要目的。除此之外，刑法还有保障人权的目的。刑法保障人权之目的，表现为刑法保障国民的自由和权利，使其免受国家刑罚权不当行使之害。这主要是通过罪刑法定等原则来实现的。在这一点上，刑法通过设定刑法规范而为国民行为的后果提供预测可能性而保障国民自由和权利。刑法保障的人权，不仅是一般国民的人权，还包括犯罪人的人权，刑法上的罪刑法定、罪行均衡等原则，保证犯罪人不被法外定罪、脱法量刑、超法施刑。所以，刑法不但是"善良人的大宪章"，还是"犯罪人的大宪章"。

（三）刑法目的的指导、约束作用

刑法目的和任务直接决定刑法的社会保护机能。[1]但除社会保护机能外，刑法还有人权保障机能。刑法之所以要强调人权保障，是因为惩罚犯罪隐含着侵犯人权的风险，但不应据此认为人权保障系刑法的核心价值。刑事立法与刑事司法始终应体现刑法目的。"以刑法目的为指引，刑事立法须不断强化惩罚犯罪的目的，转变和更新刑法职能，积极发挥刑法惩罚犯罪的作用。刑事司法应当始终围绕刑法的整体目的和刑法规范的具体目的，对刑法进行目的解释；对案件事实、行为和规范的解释，须注重构成要件及其要素的具体性、针对性，切忌倚重'社会危害性'观念抽象、空泛地评价行为。界分关联犯罪时，内涵丰富的构成要件评价应当排斥内涵空泛的构成要件。惩罚犯罪的目的实现应以刑法规范为依托；由于有权解释逻辑上不周延，解释刑法时不得以无相关有权解释为由排斥刑法规范本身的适用。"[2]刑法目的对刑法的立法、解释和适用具有指导、约束作用。从应然意义上说，刑法立法只能将具有法益侵害（危险）性的行为规定为犯罪；对刑法规定的犯罪构成要件的解释不应使没有法益侵害（危险）性的行为成为刑

---

① 刘艳红：《刑法的目的与犯罪论的实质化——"中国特色"罪刑法定原则的出罪机制》，载《环球法律评论》2008年第1期。
② 肖中华：《刑法目的及其实践价值》，载《法治研究》2015年第5期。

法的打击对象；对没有法益侵害（危险）性的具体行为，不应认定为犯罪。

（四）我国刑法目的所体现的客观主义倾向

我国刑法关于立法目的的表述，表明我国刑法倾向于刑事古典学派的客观主义刑法理论。刑法上的客观主义包括以下几个方面的内涵：在犯罪本质方面，认为犯罪的本质在于客观的行为及其后果，刑事责任的基础是犯罪人表现于外的行为，刑罚的对象是行为而非行为人（行为主义）；在对犯罪的基本见解方面，强调自由意志，认为犯罪是自由意志的外化；在刑罚的根据方面，强调道义责任；在刑罚目的上，偏于一般预防（预防社会上不特定的不稳定分子犯罪）；在刑罚分量上，主张罪刑均衡；在刑法机能上，注重人权保障和罪刑法定。①

与刑事古典学派的客观主义相对的是刑事实证学派所主张的主观主义刑法理论。其主要内容包括：刑罚的对象是行为人（行为人主义），犯罪最为重要的不是犯罪行为，而是犯罪人所具有的人身危险性，犯罪行为不过是犯罪人人身危险性的表征；人之所以犯罪，不是其自由意志决定的结果，而是由个人原因和社会原因综合决定的；在刑罚的根据方面，主张性格责任、社会责任，认为作为社会成员的犯罪人应接受对其进行矫正的社会防卫处分，消除其人身危险性及犯罪倾向，使其复归社会；刑罚并非对犯罪的恶报，其目的在于教育和预防；刑罚的功能主要在于特别预防（预防犯罪人再次犯罪）；与性格责任论相适应，主张以人身危险性的大小决定刑事处遇的期限，主张不定期刑；在刑罚方法方面，主张刑罚个别化，即根据犯罪人个人的犯罪类型、潜在的社会危险性和回归社会的可能性，适用相应之刑罚。②

我国刑法对立法目的的表述体现了刑法客观主义，但对累犯、自首、坦白、立功等量刑情节的规定又体现了对犯罪人人身危险性和再犯可能性的关注以及对刑法主观主义合理成分的接纳。

二、刑法的立法根据

刑法的立法根据包括宪法根据和实践根据。

根据我国宪法性法律的规定，关于犯罪与刑罚的事项属于法律保留事项，必须由全国人大或全国人大常委会的规范性文件规定，其他任何机关的规范性文件

---

① 参见聂立泽：《刑法中主客观相统一原则研究》，法律出版社2004年版，第8—17页。
② 参见聂立泽：《刑法中主客观相统一原则研究》，法律出版社2004年版，第20—24页。

不得规定犯罪与刑罚。① 所以，作为刑法立法根据的法律仅限于宪法。作为刑法直接的立法根据的是现行刑法第28条的规定："国家维护社会秩序，镇压叛国和其他危害国家安全的犯罪活动，制裁危害社会治安、破坏社会主义经济和其他犯罪的活动，惩办和改造犯罪分子。"这一条主要是规定国家刑法立法权。除此之外，刑法立法在程序和实体上都要遵守宪法的有关规定和精神，不能与宪法相抵牾。例如，宪法要坚持四项基本原则，要保护公民基本权利。刑法还要实现关于权利限制的宪法委托。

刑法立法的实践根据是我国同犯罪作斗争的具体经验和实际情况。我国刑法立法在坚持从国情出发、从实际出发的同时，也应借鉴刑事法治发展水平高的国家和地区的刑法理论和刑事立法、司法实践经验，使我国刑法立法不断臻于完善。

第二条 中华人民共和国刑法的任务，是用刑罚同一切犯罪行为作斗争，以保卫国家安全，保卫人民民主专政的政权和社会主义制度，保护国有财产和劳动群众集体所有的财产，保护公民私人所有的财产，保护公民的人身权利、民主权利和其他权利，维护社会秩序、经济秩序，保障社会主义建设事业的顺利进行。

本条是关于我国刑法任务的规定。

我国法律文本通常开篇规定立法目的，刑法也不例外。但在立法目的之外规定任务的法律文本极为罕见。可以将刑法的目的概括为：通过刑罚手段保护法益。刑法保护的法益具有范围上的广泛性，包括国家安全、人民民主专政的政权和社会主义制度，国有财产和劳动群众集体所有的财产，公民的私有财产，公民的人身权利、民主权利和其他权利，社会秩序、经济秩序等。刑法的任务是刑法目的的具体展开；刑法目的是刑法运行的"远景"，刑法任务是刑法运行的"近景"。从刑法是司法法的视角看，刑法的任务是立法者委托给追诉者的任务。② 刑法任务与刑法目的不同，它在相当程度上是立法者、司法者"工具化地设计、使用刑法的世俗性、政治性'目的'"。③

---

① 《中华人民共和国立法法》（全国人大2000年通过、2015年修正）第8条第4项。
② 参见刘远：《刑法目的的司法逻辑解读》，载《中外法学》2012年第4期。
③ 曲新久：《刑法目的论要》，载《环球法律评论》2008年第1期。

从刑法系司法法之立场出发，只能将刑法任务理解为立法者赋予司法者的任务，"它只是刑法目的的两方面之一，但不应将它仅仅理解为刑事政策性目的，它也包含刑法生活性目的。《刑法》第 2 条只是规定了应被实现的刑法任务，而其在实践中的真正实现离不开辩方的对抗性合作。刑法的生成性与建构性矛盾是理解这些问题的基础"。[①]

第三条 法律明文规定为犯罪行为的，依照法律定罪处刑；法律没有明文规定为犯罪行为的，不得定罪处刑。

本条是关于罪刑法定原则的规定。

罪刑法定作为现代刑法最为重要的基本原则，在中国的引进和确立过程异常艰难。[②]中国传统法律制度中存在的比附援引（类推）制度，并无罪刑法定的精神气质。自清末《大清新刑律草案》引进罪刑法定主义，到1997年现行刑法正式认肯罪刑法定原则，经历了近百年的历程。

一、罪刑法定原则的基本含义

罪刑法定原则的基本含义是："法无明文规定不为罪，法无明文规定不处罚"，即犯罪的法定性和刑罚的法定性的统一。[③]犯罪的法定性在罪刑法定原则两方面的含义中具有基础性，罪刑法定首先就是指犯罪的法定，即只有法律明文规定为犯罪的行为，才能在司法上作为犯罪处理。但是，没有刑罚的法定，即法律未明文规定对个罪处以什么刑罚，犯罪的法定将是不完整的。犯罪的法定需要刑罚的法定的补充。

刑法上的罪刑法定原则与刑事诉讼法上的无罪推定原则一起，构成了刑事法治的基础。

---

① 刘远：《刑法任务的司法逻辑解读》，载《中外法学》2012年第4期。作者文中所言刑法的"生成性"，意指刑法乃自生自发的秩序；刑法的"建构性"，意指"立法者、司法者不断调整权变的刑法政策"之产物。

② 参见李启成：《清末比附援引与罪刑法定存废之争——以〈刑律草案签注〉为中心》，载《中国社会科学》2013年第11期。

③ 陈兴良：《罪行法定的价值内容与司法适用》，载《人民检察》2018年第21期。

二、表述方式及其问题

对于我国刑法第3条对罪刑法定原则的表述，有学者认为前半段是积极的罪刑法定原则，后半段是消极的罪刑法定原则。[①]从条文的表述形式看，这个概括似乎是没有问题的，但认为积极的罪刑法定原则倾向于扩张刑罚权，而消极的罪刑法定原则倾向于限制刑罚权，[②]妥当性就值得追问。陈兴良教授认为，如果将原来的表述顺序调整为"法律没有明文规定为犯罪行为的，不得定罪处刑；法律明文规定为犯罪行为的，依照法律定罪处刑"，解释为"法律没有明文规定为犯罪行为的，不得定罪处刑；只有法律明文规定为犯罪行为的，才定罪处刑"，就不会发生将罪刑法定原则区分为倾向于扩张刑罚权的积极的罪刑法定原则和倾向于限制刑罚权的消极的罪刑法定原则的学理解读，因为这个解释的前半段和后半段完全一致。[③]

将罪刑法定原则的内容解释为包括积极方面和消极方面，并不可取，因为"积极的罪刑法定原则倾向于扩张刑罚权"的说法，在根本上背离了罪刑法定主义限制国家刑罚权的宗旨和精神。罪刑法定原则从其产生时起，经历时代变迁，其价值诉求始终都是偏一（保证人权，限制国家刑罚权）的。

我国刑法第3条对罪刑法定原则的表述方式，扭曲了罪刑法定主义的精神，导致该原则丧失本应具有的出罪正当化解释之机能，进而"使司法者对刑法的合宪审查在逻辑上成为不可能"。[④]关于罪刑法定主义的有"中国特色"的表述，使刑法目的、任务和罪刑法定原则各自应承载的机能被混同并单一化为社会保护，由此注定了刑法之人权保障机能的先天缺失。"针对体现入罪机能的我国罪刑法定原则，要通过犯罪论的实质化对刑罚规范和构成要件从实质上进行解释，将刑法虽有明文规定但尚未达到可罚程度的行为排除在处罚范围之外，以建立'有罪不一定罚'的出罪机制，从而实现经典罪刑法定原则以及刑法的人权保障机能，并区分刑法目的、任务与原则各自不同的机能使命。"[⑤]

三、思想渊源

通常认为，罪刑法定原则起源于1215年英王约翰与贵族达成妥协而签署的《大宪章》，其第39条规定："凡自由民非经贵族依法判决或遵照国内法律之规

[①②] 参见何秉松主编：《刑法学教科书》，中国法制出版社1997年版，第63—68页。
[③] 陈兴良：《罪行法定的价值内容与司法适用》，载《人民检察》2018年第21期。
[④] 梁根林：《刑法总论问题论要》，北京大学出版社2018年版，第88—89页。
[⑤] 刘艳红：《刑法的目的与犯罪论的实质化——"中国特色"罪刑法定原则的出罪机制》，载《环球法律评论》2008年第1期。

定，不得加以扣留、监禁、没收其财产、褫夺其法律保护权，或加以放逐、伤害、搜索或逮捕。"这个条款中显然蕴含着现代罪刑法定主义的内容和精神。十七八世纪欧陆启蒙思想家针对罪刑擅断的残酷现实，明确提出并系统地阐述了罪刑法定思想。意大利刑法学家、刑事古典学派奠基人贝卡利亚早在1764年就指出："只有法律才能为犯罪规定刑罚……超越法律限度的刑罚就不再是一种正义的刑罚。"[1]1789年法国《人权宣言》第8条将罪刑法定思想宪法化，规定："法律只应规定确实需要和显然不可少的刑罚，而且除非根据在犯罪前已制定和公布的且依法施行的法律，不得处罚任何人。"1810年《法国刑法典》首次在刑事法律中明确规定罪刑法定原则，为其后的欧陆各国刑事立法相继效仿。

四、罪刑法定主义的价值蕴涵 [2]

罪刑法定主义蕴涵的价值主要包括形式理性、权力制衡和人权保障。

由于立法者的有限理性和社会生活的发展变化，刑法明文规定的犯罪行为，仅是社会生活中具有可罚性的行为的一部分。面对刑法没有明文规定为犯罪，但又值得科处刑罚的危害社会的行为，司法上不得作为犯罪处理。这就是刑事司法中的形式理性优先于实质理性的原则，即在刑法未明文规定某种行为为犯罪的情况下，不得以这种行为具有严重的社会危害性（严重侵害法益）为由对该犯罪定罪处刑。

罪刑法定主义是以限制和约束国家刑罚权为基点的。首先是对司法权的限制。司法机关追究和惩治的犯罪行为的范围，以刑法明文规定为限，而不得法外定罪、法外处刑。罪刑法定主义是为国家的求刑权、量刑权和行刑权设定的"制度的笼子"。其次是对立法权的限制。罪刑法定主义为刑法立法的范围和方式设定了限制。只有具有严重的法益侵害性的行为，刑法才能规定为犯罪，尤其是行使宪法规定的基本权利的行为，刑法不得规定为犯罪。罪刑法定主义要求刑法对罪状和法定刑的规定都应具有明确性，否则国民将不能预测自己行为的刑法性质和刑法效果，而处于莫测的风险之中。最后，罪刑法定原则使立法权和司法权相互制衡。其中，立法权对司法权的制约最为明显；司法权也倒逼刑法立法权行使的结果达到罪刑关系明确化的要求，遵守罪刑法定主义的精神内核。

---

[1] ［意］贝卡利亚：《论犯罪与刑罚》，黄风译，中国大百科全书出版社1993年版，第11页。
[2] 参见陈兴良：《教义刑法学》，中国人民大学出版社2017年版，第29—36页。

罪刑法定主义的根本追求是人权保障。形式理性和立法权与司法权的制衡，最终也以人权保障为依归。罪刑法定主义的宗旨，是为人权构筑一道防护墙，使公民能够预测自己行为的刑法效果，不受法外追究；使犯罪嫌疑人、被告人和罪犯不被法外定罪、法外处刑和法外行刑。刑法既是公民的行为规范，又是司法机关的裁判规范；刑法既约束一般公民的行为，又约束司法机关的裁判。罪行法定主义既为守法公民提供保护，也使作奸犯科者不被法外定罪和法外处刑。因此，刑法既是善良人的大宪章，又是犯罪人的大宪章。蔑视人权的国家打击犯罪并不需要刑法，没有立法，打击犯罪可能更为及时、高效、灵活、便利；打击犯罪为什么需要刑法？对这一问题最基本的回答是：刑法乃至刑事法律要遏制的不是犯罪人，而是国家自身。[1]

罪刑法定原则不仅是刑法的基本原则，更应是宪法的基本原则。实际上，罪刑法定主义的最初法律渊源并不是刑法典，而是宪法性文件（英国1215年"大宪章"）。将罪刑法定主义提升至宪法规范的高度，有利于充分发挥其保障人权、约束国家刑罚权的基本功能。[2]

五、罪刑法定主义的派生原则

基于罪刑法定主义的价值追求，可以认为它内含以下几个派生原则：

（一）法律主义

法律主义是指，关于犯罪及其法律后果的问题，必须以法律加以明文规定。法官只能根据成文的法律定罪量刑。法律主义首先针对的是根据习惯法定罪量刑。习惯法并无文字载体，它的载体是社会行为，因而具有不明确性的特征。它还因地域、民族、阶层、职业等方面的不同而具有差异性，与现代国家刑罚权内在的统一行使要求相背离。因此，罪刑法定主义排斥习惯法。但是，习惯法在刑法中并非完全没有适用的余地。罪刑法定主义的根本旨趣是人权保障，与人权保障目的不相抵触的习惯法，不排除在刑事司法中适用的可能。罪刑法定主义排斥习惯法，主要是反对根据习惯法定罪。在罪刑法定主义下，习惯法的合理性主要表现在出罪方面。就民族习惯法来说，当某一行为依据国家成文刑法成立犯罪，而民族习惯法认为该行为不具有处罚的必要性和合理性，或虽成立犯罪但处罚较

① 李海东：《刑法原理入门（犯罪论原理）》，法律出版社1998年版，第4页。
② 钟瑞友、叶良芳：《罪刑法定原则宪法化的意涵——以法国宪法规定为视角》，载《法治研究》2008年第4期。

轻时，可以根据民族习惯法进行非罪化或轻罪化处理。[①]

在我国当下，"罪刑法定"之"法"首先是指全国人大及其常委会制定的规范性文件。由于我国刑法上的"犯罪"概念采用"定性+定量"模式，而刑事立法不可能具体规定罪量标准，司法中的定罪量刑离不开最高审判机关和最高检察机关的刑事司法解释，因此，这种刑事司法解释属于"罪刑法定"之"法"的范围。[②]

根据我国《立法法》（2015年修正）第8条的规定，犯罪与刑罚属于法律保留事项，即只能由狭义的法律加以规定，行政法规、地方性法规等都不能规定犯罪与刑罚。虽然《立法法》属于宪法性法律，但犯罪与刑罚只能由法律作出规定，其至多是适应了法律主义的要求，离罪刑法定主义甚远。因此，罪刑法定在我国并未上升为宪法原则。

（二）禁止类推解释原则

类推解释，是指法律对某种事实未作明文规定的情况下，将法律明文规定的最相类似的事实的法律效果适用于该种事实。刑法上的类推解释（类推适用），是为了应对立法者不能将值得科处刑罚的严重危害社会的行为类型穷尽地列举到刑法中这一问题而产生的。从罪刑法定主义在我国刑法中出现的历史背景来看，它直接针对和否定的就是1979年《刑法》规定的类推适用原则。刑法的类推适用的基础是待决事实与刑法有明文规定的事实之间的相似性，而事实之间的差异性是绝对的，相似性是相对的，由于出发点和侧重点的不同，不同的人对相似性的判断难免发生分歧。因此，刑法的类推适用使公民对自己行为的刑法效果丧失了预测可能性，为避免刑罚，公民将畏首畏尾，是而自由的范围将会限缩。因此，刑法适用中的类推应予禁止。罪刑法定主义要求明确规定犯罪的成立条件和刑罚范围，虽然立法者明知自己制定的刑法并未将值得科处刑罚的行为穷尽列举，但还是明确承诺法无明文规定为犯罪行为的不受处罚，这样就保障了公民对自己行为刑法效果的预测可能性。

刑法禁止类推解释，但并不禁止扩张解释。通常认为，扩张解释是将法律文本的核心语义扩张至边缘语义，解释结果仍然在法律条文"可能的词义"的范围内；而类推解释的结果已经超出了"可能的词义"，为法治国家理念所不允

① 苏永生：《论罪刑法定原则与民族习惯法》，载《法制与社会发展》2009年第5期。
② 储槐植：《刑法基本原则的中国面向与现代化》，载《中国检察官》2019年第7期。

许。[①]

（三）刑法法规[②]的明确性原则

罪刑法定主义要求刑法法规具有明确性。不明确的罪刑条款既不能发挥刑法的评价和意思决定机能，还会为法官通过对刑法条款进行多种解释而任意出入人罪提供广阔的行为空间，司法擅断将破坏公民的法自由和法安全。[③]因此，在设有刑法的司法审查机制的国家，对罪刑关系条款确立了"不明确即无效"的原则。但明确性是相对的。立法者的任务是制定能够普遍适用、反复适用的法律规则，法律规则的规范性决定了它具有某种程度的概括性。对刑法法规明确性的要求过高，实际效果就是要求立法者对个案作出具体的裁判指令。这既违反了立法权和司法权分立制衡的原则，也否定了法官和司法的能动性。

早期的明确性原则隶属于法律主义（成文法主义），它从限定刑法法源的角度出发，重视刑法的适用根据即形式上的法律主义。受美国宪法实体正当程序的影响，该原则后来逐渐变为重视价值适正性的刑法原则，从而在传统的形式意义之外，又增加了"刑罚法规'只有明确的才是适当的'"这一实质含义。[④]

刑法法规的明确性包括犯罪成立条件的明确性和刑罚效果的明确性。犯罪成立条件的明确性要求刑法对构成要件有清晰的描述，能够明确地将犯罪行为与非犯罪行为相区分，划定罪与非罪的明确界限。刑法效果的明确性主要是指法定刑的明确性，即禁止绝对不确定的刑罚。

明确性原则也是司法原则。司法解释不应导致法官朝着相反的方向理解其内容，不应导致法官难以或无法确定其基本含义，不应导致法官无法确定其用语之涵摄范围。指导性案例的裁判要点和裁判理由须一致且明确；起诉书须做到指控事实和适用法条的明确；判决书须实现事实描述之明确性、适用法条之明确性和裁判说理之明确性。[⑤]

（四）禁止事后法原则

禁止事后法原则，也称禁止刑法溯及既往原则，即对被告人定罪处刑必须依

① 参见［德］耶赛克、魏根特：《德国刑法教科书》，许久生译，中国法制出版社2001年版，第197页。
② 刑法法规与刑法规范在概念上并不等同。"刑法法规表达刑法规范，是刑法规范的载体，刑法规范是从刑法法规中抽象出来的，它包含于刑法法规之中，是刑法法规的内容和实体。"参见梁根林：《刑法总论问题论要》，北京大学出版社2018年版，第1页。
③ 梁根林：《刑法总论问题论要》，北京大学出版社2018年版，第73页。
④ 刘艳红：《刑法明确性原则：形成、定位与实现》，载《江海学刊》2009年第2期。
⑤ 张明楷：《明确性原则在刑事司法中的贯彻》，载《吉林大学社会科学学报》2015年第4期。

据其作出被刑事追究的行为时有效的法律，而不得适用其行为作出之后才生效的法律。如果国民根据当时的法律决定自己的行为，而事后才制定、生效的法律却否定其行为的合法性，他将没有任何自由可言。临事议制、事后立法定罪量刑的公权力行为，是恣意的、暴虐的。

但罪刑法定原则并不反对对被告人有利的事后法。相反地，现代刑法在溯及力问题上普遍采纳从旧兼从轻原则。

六、我国在健全落实罪刑法定主义方面的主要问题

（一）空白罪状、罪量要素和兜底条款

刑法的明确性对罪刑法定司法化具有重要意义。我国刑法中广泛存在着空白罪状、罪量要素及兜底条款，刑法学界对这些立法模式的明确性存在争议。空白罪状因存在参照法规，只要参照法规明确，则应认为其并不违反明确性要求。罪量要素虽是概括性的规定，但它是将本来应由司法机关行使的裁量权由立法机关作出框架性规定。因而罪量要素也不违反明确性要求。对兜底条款则要具体分析，若仅是对行为方法的兜底性规定，并不违反明确性要求。但相对的兜底罪名和对行为方式的兜底性规定则有违反明确性之虞。我国以司法解释方式对兜底性条款加以细化，这是具有中国特色的明确化的因应之道，但其中存在的问题仍需要讨论解决。①

（二）口袋罪问题

罪刑法定主义的法定化并不意味着它的现实化。2013年中共十八届四中全会《关于全面推进依法治国若干重大问题的决定》提出健全落实罪刑法定原则的法律制度。我国在罪刑法定方面存在的一个突出问题就是口袋罪。所谓口袋罪，是指由于刑法对行为类型的规定不明确，或由于司法上的滥用，致使原本不应被涵括的行为被纳入其中的罪名。口袋罪现象的出现，既与立法技术的局限和缺陷、概括条款（堵漏条款）等因素有关，也与司法中为实现"有恶必罚""有恶重罚"而滥用有关罪名有关。大体上说，以危险方法危害公共安全罪、非法经营罪是立法上的口袋罪，寻衅滋事罪，破坏计算机信息系统罪，组织、领导、参加黑社会性质组织罪是司法中的口袋罪。②2015年《刑法修正案（九）》增设的利用

---

① 陈兴良：《刑法的明确性问题：以〈刑法〉第225条第4项为例的分析》，载《中国法学》2011年第4期。
② 参见于志刚：《口袋罪的时代变迁、当前乱象与消减思路》，载《法学家》2013年第3期。

极端主义破坏法律实施罪，由于"极端主义"内涵和外延的模糊性，以及破坏对象范围的宽泛性而成为典型的立法上的口袋罪。[①]

（三）有关理论对罪刑法定的背离

在刑法理论方面，近些年来出现的"风险刑法理论"、"道德评判理论"、"司法犯罪化理论"以及"量刑反制定罪理论"似乎都具有一个共性：过于注重行为后果之同质性和法益侵害，从而消解了罪刑法定主义的实质要求，对罪刑法定的基本理念造成了严重破坏。作为基本原则和基本理念的罪刑法定应具有至上性。要坚守罪刑法定的基本理念，就必须坚持司法遵循立法、形式理性和实质理性互补以及国家刑罚权的运用应保持谨慎和克制。[②]在司法中贯彻罪刑法定主义是罪刑法定实现的关键，法律方法的运用对此尤为重要。近代以降，法律方法大致经历了从近乎视法官为适用法律的机器到允许法官释法，再到法律论证之演变过程。立足于法治后发型之现实，根据案件事实与罪刑规范的不同关系，司法者应抱持妥当地选择体现我国罪刑法定之人权保障主导性价值取向的法律方法的基本立场。[③]

第四条　对任何人犯罪，在适用法律上一律平等。不允许任何人有超越法律的特权。

本条规定的是适用刑法人人平等原则。

一、适用刑法人人平等原则的内容

通常认为，适用刑法人人平等原则是宪法上的人人平等原则在刑法中的具体化。它包括四个方面的内容：（1）定罪上的平等，即在对具体的已然行为是否定罪、定什么罪方面，人人平等，不因行为人的性别、民族、种族、宗教信仰、财产状况、社会地位等与罪状无关的因素而受到影响；（2）量刑上的平等，即对犯罪人是否适用刑罚、适用的刑种和刑度以及是否立即执行刑罚等方面，不受犯罪人的性别、民族、种族、宗教信仰、财产状况、社会地位等与量刑无关的因

---

① 参见梁根林：《刑法总论问题论要》，北京大学出版社2018年版，第55—56页。
② 参见闻志强：《重申罪刑法定的基本理念》，载《法商研究》2015年第1期。
③ 王瑞君：《罪刑法定司法化中法律方法运用的基本立场》，载《中国刑事法杂志》2008年第3期。

素的影响；（3）行刑上的平等，即对犯罪人的刑罚执行，不受犯罪人的性别、民族、种族、宗教信仰、财产状况、社会地位等与行刑无法律上关系的因素的影响。（4）受刑法保护的平等。受刑法保护的法益受到侵害时，法益主体的性别、民族、种族、宗教信仰、财产状况、社会地位等并不影响刑法对法益的保护和救济。

适用刑法人人平等原则的精神实质是在定罪、量刑和行刑方面，反对不合理的区别对待，反对歧视和特权。合理的区别对待与平等并不抵牾。例如，未成年人与成年人犯同样的罪，由于二者认知和控制能力具有差异，因而处罚原则也不同。

二、适用刑法人人平等原则的功能

适用刑法人人平等原则主要是针对我国封建法制传统中"刑不上大夫，礼不下庶人"等特权思想和特权实践而提出来的。在人治传统历史悠久的立法背景下，强调刑法适用人人平等具有涤荡刑事司法中的特权思想和特权实践的作用。它对推动定罪、量刑和行刑不分亲疏贵贱，树立刑法权威，维护刑法乃至整个国家法治的尊严和公信力来说，是不可获取的理念和价值指引。正如这一原则本身所揭示的，这一原则首先是立法者对司法者的要求，只对刑事司法产生约束力。

适用刑法人人平等原则对刑法解释具有规约功能。作为刑法解释合宪性的判断标准及刑法合宪性解释的应有之义，平等原则不但要求禁止进行歧视性刑法解释，实现形式平等，而且要求通过刑法解释积极追求和实现实质平等。关于刑法解释中合理的区别对待是否符合宪法上的平等原则的问题，可通过可比性、目的正当性及罪责刑相适应三方面进行判断。自平等保护法益的角度观之，"司法解释关于贪污罪与盗窃罪等侵犯财产罪的入罪数额的巨大差距，将'无能力赔偿'作为交通肇事罪定罪量刑的情节，经济犯罪中自然人主体与单位主体定罪量刑标准的差异，存在'同行不同（定）性、同罪不同罚、罪刑不均衡'等司法不公问题，有违宪法上的平等原则。对于贪污犯罪与侵犯财产犯罪的竞合问题，应准确把握法条竞合的成立条件，以'特殊法优于普通法'为原则、'重法优于轻法'为例外，将未达到贪污罪入罪数额的贪污行为但符合相应财产犯罪之犯罪构成的作为单纯的一罪处理；刑法上"公私财产损失"的判断，应该排除与认定犯罪行为对法益侵害性无关的因素；自然人主体与单位主体应同罪同罚，适用同一定罪量刑标准"。[1]

第五条　刑罚的轻重，应当与犯罪分子所犯罪行和承担的刑事责任相适应。

本条是关于罪责刑相适应原则的规定。

一、罪责刑相适应原则的内涵

罪责刑相适应原则的内容包括两个方面：（1）刑罚的轻重，应与犯罪人既往犯罪行为的恶意和损害程度相适应。这一方面着眼于已然的犯罪事实，根据罪行的严重程度决定刑罚，追求对各犯罪人的公平对待，同罪同罚。这是从一般预防的目的出发，强调刑罚与犯罪的等价。（2）刑罚的轻重，应与犯罪人再次犯罪的危险性程度相适应。这是从特殊预防的目的出发，着眼于对犯罪人的教育改造，根据反映其主观恶性、人身危险性及再犯可能性的各种情节决定其刑罚。概言之，"刑罚的轻重不仅应当与所犯罪行，即已然之罪的社会危害性程度相适应，而且应当与所承担的刑事责任，即未然之罪的可能性（人身危险性）相适应"。[2]"罪责刑"，分别意指犯罪、刑事责任和刑罚。刑事责任，通常理解为犯罪分子的人身危险性和再犯可能性。

罪责刑相适应原则首先是约束司法的原则，但其对刑法立法也有指导和规范作用。它要求立法者衡量不同犯罪的法益侵害性质和程度，为不同犯罪规定不同刑种、刑度的法定刑，同时对同种犯罪的基本犯、加重犯和减轻犯配置错落有致、均衡适当的刑罚。前者是横向均衡，后者是纵向均衡。

二、从罪行均衡到罪责刑相适应

在刑法学发展史上，通过刑事古典学派和刑事实证学派之间的论争，犯罪与刑罚之间的关系经历了从罪刑均衡到"人"刑对应之发展历程。罪刑均衡的确立是从人类社会早期之身份刑法发展到近代行为刑法的重要成果。无论是古典报应论，抑或是古典功利论，都基于自身理论而主张罪刑均衡。刑事实证学派着眼于个别地探寻犯罪原因，力倡刑罚个别化，否定经典的罪刑均衡模式。根据刑事实

---

[1]　于改之、吕小红：《刑法解释中平等原则的适用》，载《比较法研究》2017年第5期。
[2]　陈兴良：《刑法哲学》（下），中国政法大学出版社2009年版，第368页。

证学派的理论，罪刑关系已演变为"人"刑相适应模式。无论是刑事古典学派的罪刑均衡模式，还是刑事实证学派的"人"刑相适应模式，都存在难以克服的局限性：罪刑均衡忽视了现代刑罚着眼于犯罪人之特殊性、重视犯罪人改造自新的一面，而刑罚个别化则可能导致对实质正义的损害。①

我国当代刑法学认肯罪责刑相适应原则，通过刑事责任论的建构和充实，较完美地实现了罪刑关系中行为考察和行为人评价之统一。梳理从罪刑均衡发展到罪责刑相适应的历程，不难看出，随着刑法理论的发展，犯罪人经历了从消隐到凸显的理论地位变迁。"当代刑法学的发展方向，应是日益重视行为人主体地位的确立和人格特征的评价。以此为视角，我国刑法学应从理论上更加重视主观因素和行为人因素的植入，在实践中更加关注行为人人身危险性的评价和犯罪恶性的改造。"②

三、以刑制罪?

晚近，部分刑法学者提出了"以刑制罪"（或"量刑倒逼定罪"）的问题。"犯罪与刑罚的关系是双向而非单向的，刑罚由犯罪所产生，并对犯罪的认定起到能动的反作用。这具体体现在：对于重罪以及犯罪加重构成的成立条件需要严格限制，以有效保障人权；而在恰当界定与行政法等处罚衔接的前提下，对轻罪的构成要件解释则可以适当宽缓，以周延保护法益。完整倡导以刑制罪观念，涉及法条用语的相对性问题。以刑制罪观念由罪刑均衡原则所导出，因而理所当然受到罪刑法定原则的限制；同时，也应该看到犯罪之间可能存在的竞合关系。以刑制罪观念对于各种类型的案件，包括争议案件的解决，能起到很好的指导作用，需要善待。"③

"以刑制罪"理论的要旨在于纠正严格适用刑法导致的罪刑关系失衡，④意图从与以罪制刑（按罪论刑）相反的逻辑方向进一步贯彻罪责刑相适应原则，但这一思路对罪刑法定主义的冲击显然是存在的。从司法论的角度出发，行为符合特定罪行关系条款规定的犯罪构成的，除存在法条竞合等情形外，应根据该犯罪

---

①② 郑延谱：《从罪刑均衡到罪责刑相适应——兼论刑法中"人"的消隐与凸显》，载《法律科学》2014年第6期。

③ 付立庆：《以刑制罪观念的展开、补充与回应——兼与叶良芳教授等否定论者商榷》，载《东南大学学报》（哲学社会科学版）2018年第4期。

④ 关于以刑制罪的问题，参见孙道萃：《以刑制罪的知识巡思与教义延拓》，载《法学评论》2016年第2期。

构成定罪，不能因为如此定罪导致司法者认为量刑畸轻或量刑畸重而对与该罪行关系条款对应的罪名弃而不用。因此，以刑制罪理论宜归入刑法解释问题，或许称为"以刑释罪"理论较为妥当。以刑释罪，即"在坚持罪刑法定原则的基本框架下，运用罪刑均衡原则解释罪刑规范的思维方法"。[①]我国刑法对具体犯罪之法定刑配置存在诸多不合理之处，因而通过以刑释罪对刑法分则规定的罪状进行解释，具有相对合理性。但是，承认以刑释罪思路的合理性，并不意味着无视这一思路的泛化可能带来的隐患，也不意味着全面肯定学者们依据该思路提出的具体主张。[②]

四、罪责刑相适应原则的局限性

跳出刑法学和犯罪学的框架来看罪责刑均衡原则，它实际上存在若干缺陷。（1）借助法经济学的成本收益分析可以发现，未考虑查处概率（"犯罪黑数"问题）是罪责刑相适应原则的先天不足。（2）风险社会来临后，刑法应对社会风险的举措已局部地摆脱了罪责刑相适应原则的羁绊，这表明该原则的社会基础（工业社会）已渐渐被侵蚀。（3）刑事和解制度、认罪认罚从宽制度的推广、积极一般预防之提出，使该原则的地位日渐式微。在当今之社会情势下，决定罪刑关系的法则多元化，宜根据刑法打击不同犯罪之目的分类讨论不同犯罪的罪刑关系。"罪刑相适应当回归为自然犯罪刑关系的基本法则；刑罚与潜在危害相称应当作为风险犯罪的罪刑关系法则；行政犯的罪刑关系应当遵循刑罚与规范违反程度及所违规范的重要性相适应法则"；贪利型犯罪最为接近法经济学的理论模型，"成本与收益均衡才是贪利型犯罪罪刑关系的理想法则。"[③]

第六条　凡在中华人民共和国领域内犯罪的，除法律有特别规定的以外，都适用本法。

凡在中华人民共和国船舶或者航空器内犯罪的，也适用本法。

犯罪的行为或者结果有一项发生在中华人民共和国领域内的，就认为是在中华人民共和国领域内犯罪。

[①②] 李瑞杰：《"以刑释罪"反思》，载《江西警官学院学报》2017年第3期。
[③] 魏汉涛：《罪刑关系的反思与重构》，载《政治与法律》2019年第4期。

本条是我国刑法关于属地管辖原则的规定。

一、属地管辖原则的含义

（一）属地管辖原则是刑事管辖的最基本原则

属地管辖原则是当代各国刑法规定的最基本的空间适用原则，即一国对其领域内的犯罪，不论行为人国籍如何，都适用本国刑法。领域即一国国境内的全部区域，包括领陆、领水和领空。领陆，即国境线以内的陆地及陆地之下的底土；领水，即内水、领海及它们的水床和底土；领空，即领陆、领水之上的空间。属地原则是确定国内犯罪之管辖的原则。

（二）本条第1款中"法律有特别规定的"的含义

1. 刑法第11条的规定"享有外交特权和豁免权的外国人的刑事责任，通过外交途径解决。"其法理在于，享有外交特权和豁免权的外国人代表其派遣国，而国家之间相互无管辖权，因此，这类外国人在我国领域内犯罪的，不能适用我国刑法。根据有关国际条约，这类外国人一般包括：外国国家元首、政府首脑、外交部长、外交人员以及他们的未成年子女、执行职务的外交差使；我国与外国所订条约、协定规定应享受若干特权和豁免的商务代表；经我国外交部核定，享受若干特权和豁免的各国驻第三国的外交官、会议代表、高级官员；领事代表和其他领事馆人员。[①]

2. 在香港、澳门两个特别行政区分别由各该特别行政区管辖，不适用《中华人民共和国刑法》，因为特别行政区有包括立法权、独立的司法权和终审权在内的高度自治权。

3. 民族自治地方依据刑法第90条制定的变通规定或补充规定。

（三）"在中华人民共和国领域内犯罪"

犯罪的行为和结果二者中有一项发生在中华人民共和国领域内的，就认为是在中华人民共和国领域内犯罪。即"在中华人民共和国领域内犯罪"并不要求犯罪行为和犯罪结果都发生在我国领域内，其中有一项发生在我国领域内即为已足。

根据本条第3款，我国刑法在犯罪地是否在我国的确定方面，采行的是遍在地原则，即无论是犯罪行为发生地，还是犯罪结果发生地，都属于犯罪地。从各

---

① 阮齐林：《刑法学》，中国政法大学出版社2011年版，第23页。

国、各地区立法例看，遍在地原则又包括主—客观遍在地原则和客观遍在地原则。前者主张犯罪行为实际实施地和行为人设想的行为实施地都属于犯罪行为地，属于构成要件结果的实际发生地和行为人设想的结果发生地均视为犯罪结果地。德国、挪威、丹麦、波兰、黎巴嫩等国和美国各州的刑法立法采行这一原则。根据这一原则，犯罪行为或结果的实际发生地或行为人设想发生地中，有一项发生在本国（州）领域内的，就认为是在本国（州）领域内犯罪。后者则认为只有犯罪行为或犯罪结果的实际发生地才是犯罪地。意大利、奥地利、荷兰、比利时等国的刑法立法采行这一原则。

这两种遍在地原则何者为优？显然，主—客观遍在地原则相较于客观遍在地原则，扩大了本国刑法的管辖范围，能够更全面、有效地保护本国国家和公民利益。本条第3款在确定是否是在我国领域（以及船舶和航空器）内犯罪的问题上，采行的是客观遍在地原则。为更全面、有效地保护我国国家的、社会的和公民的法益，应在本条第3款后补充规定：企图在中华人民共和国领域和中华人民共和国船舶或航空器内犯罪，或实施意欲在中华人民共和国领域和船舶或航空器内发生危害结果的犯罪的，都适用中华人民共和国刑法。

依本条第3款，犯罪之预备行为或实行行为之一部分或一个环节发生在我国的，就认为是在我国领域内犯罪。在犯罪未遂之场合，行为人期望犯罪结果发生在我国的，就认为是在我国领域内犯罪。在共同犯罪之场合，共同犯罪之一部分行为或结果发生在我国的，就认为是在我国领域内犯罪；或共同犯罪人中的一人为我国公民的，我国有适用属人原则行使刑事管辖权的可能。

根据有关司法解释，在国际列车上发生的犯罪，依照我国与相关国家签订的有关管辖协定确定管辖。无协定的，由犯罪发生后该列车最初停靠的中国车站所在地或目的地的铁路运输法院管辖。除此之外，我国也有通过属人原则、保护原则或普遍原则对该等犯罪行使管辖权的可能。

我国驻外使馆、领馆是我国的"拟制领土"，对发生于其内的犯罪，我国具有刑事管辖权。当然，我国驻外使馆、领馆也可以权衡利弊向接受国让渡刑事管辖权。接受国依据属地原则对此等犯罪行使刑事管辖权。"拟制领土"毕竟不是真正的领土。同理，对外国驻华使领馆内发生的犯罪，该外国有管辖权。该外国交予我国管辖的，我国依据属地管辖原则行使管辖权。

二、关于"浮动领土"

依我国刑法理论通说，悬挂我国国旗或有我国国家归属标志和识别标志的船舶和航空器属于我国领域，称为我国的"浮动领土"。但有学者指出，悬挂我国国旗的船舶或有我国国家归属和识别标志的航空器并非我国领土，只是根据旗国原则属于旗籍国刑法的空间效力范围。[①]一般来说，当悬挂一国国旗的船舶或有一国国家归属和识别标志的航空器行驶在不属于任何国家和地区的领域时，"浮动领土说"尚可接受，但当该船舶或航空器处于其他国家境内时，根据这种学说就会出现"领土中的领土"现象，即出现船舶或航空器登记国和所在国都享有领土主权的问题，这与领土的排他性、专属性原则相矛盾，有悖于国际法上的主权原则。在实践中，所在国对于本国领域内悬挂他国国旗或有他国国家归属和识别标志的船舶或航空器内发生的犯罪，在该犯罪不侵害所在国利益时，并不主张属地管辖权，但当该犯罪侵害所在国利益时，则直接行使管辖权。在一国登记的民用船舶位于他国领土上时，所在国对该船舶内的人和事享有无可争辩的主权，所在国仅是为了便于船旗国履行《联合国海洋法公约》第94条规定的船旗国义务（对悬挂本国旗帜的船舶有效地行使行政、技术和社会事项上的管辖和控制），才给予在他国登记的船舶以管辖豁免权。所在国对处于本国领域内的他国军舰和其他非商业船舶给予管辖豁免权，是基于国家主权豁免原则。本条第1款和第2款针对发生在我国领域内的犯罪和发生在我国船舶或航空器上的犯罪分别作出规定，《德国刑法典》等他国刑法典也有类似的分别规定，足以证明船舶和航空器并非登记国领土。既然如此，本条第3款就无法涵盖犯罪的行为或结果有一项发生在我国船舶或航空器内的情形，存在漏洞，应修正为"犯罪的行为或者结果有一项发生在中华人民共和国领域内或在我国登记的船舶或航空器内的，适用本法"。[②]

三、网络跨国跨境犯罪的刑事管辖权

由于网络空间突破自然地理限制的虚拟性、一对多的面向及远程性，传统的

---

① 参见陈忠林：《关于我国属地原则的理解、适用及立法完善》，载《现代法学》1998年第5期。所谓旗籍国原则，是指对在一国登记的、合法悬挂一国国旗的船舶或有该国国家归属和识别标志的航空器内的犯罪行为，旗国直接适用该国刑法，而无需考虑犯罪地法的规定。旗国原则与属地原则有关联。

② 参见齐文远：《对我国刑法空间效力的几点思考》，载《刑事法前沿问题探究》（上册）（第308—326页），赵秉志主编，中国法制出版社2017年版，第308—311页。

以地域管辖为原则的管辖体系不能适用于网络跨国跨境犯罪，这使得信息网络时代跨国跨境犯罪的管辖权问题凸显出来。在这个问题上，实务和理论都处于探索阶段。有学者认为，解决刑法的网络空间效力问题的一个方案是实害或影响关联性标准。但该标准具有"形式较模糊、内容不确定、借鉴不充分、根据不明确"等缺陷。与此标准相关，我国刑法也不能原封不动地移植"最低联系标准、最密切联系原则以及领土具体化说、社会关系重心说、效果原则、普遍原则"等。基于网络主权是一项事实性和领土性的物理权力的网络主权观，结果及与行为的关联度模型或许是对我国地域管辖规定的最佳解释。根据该模型，"实害结果及其与行为的关系越直接、集中的法院地法院管辖地位越高；危险结果及其与行为的关系越间接、松散的法院地法院管辖地位越低"。无论如何，刑法之网络空间效力的标准设定应当遵循"国际法主权原则、刑法体系性原则、程序正当性原则、司法技术性原则、国际法标准原则等五项原则"。①

第七条　中华人民共和国公民在中华人民共和国领域外犯本法规定之罪的，适用本法，但是按本法规定的最高刑为三年以下有期徒刑的，可以不予追究。

中华人民共和国国家工作人员和军人在中华人民共和国领域外犯本法规定之罪的，适用本法。

本条是我国刑法关于属人管辖原则的规定。

一、属人管辖原则的含义

属人管辖原则，即本国公民在国外犯罪的，也适用本国刑法。根据本条的规定，对普通公民与国家工作人员和军人在国外犯我国刑法规定之罪的，行使管辖权的条件存在差异，即对普通公民在国外犯我国刑法规定的犯罪，原则上适用我国刑法，但按我国刑法规定最高刑为三年以下有期徒刑的，可以不予追究。根据当然解释，实际上本条中的"三年以下有期徒刑"可以置换为"三年有期徒刑以下"，包括最高刑为拘役的情况，如危险驾驶罪。法定最高刑是指与具体的、已然的犯罪相对应的法定刑幅度的最高刑。"可以不予追究"是对司法机关的授

---

① 参见刘艳红：《论刑法的网络空间效力》，载《中国法学》2018年第3期。

权，表达一种倾向性，即原则上不追究，但根据案件的具体情况，司法机关也可以追究。而对国家机关工作人员和军人在国外的犯罪，一概适用我国刑法。之所以如此规定，是因为国家工作人员和军人与普通公民相比，更应做守法的模范。

二、属人管辖原则的问题

（一）我国刑法规定的属人管辖不受双重犯罪原则的限制

双重犯罪原则，即对本国公民在本国领域外的犯罪行使管辖权时，不但有关行为根据本国刑法应认定为犯罪，而且根据犯罪地所在国刑法也应认定为犯罪。对属人管辖作这种限制是有必要的，否则可能出现不合理的情况，有损刑法的权威性和尊严。例如，我国公民周某在甲国持有2支军用枪支，而该国允许私人持有枪支；我国公民罗某在乙国开设赌场，获利特别巨大，但在乙国，开设赌场合法。周某、罗某回到国内，按我国刑法都应追究其刑事责任。但实际上这样做既不合理，也不可行。

为何对本国公民在国外犯罪也要适用本国刑法？一种解释是本国公民纵使身在国外，也有忠实于和遵守本国法律的义务。这就是所谓"忠诚义务说"。以该说为基础的无限制的属人管辖原则，缺乏合理性和可行性。属人主义应当与保护主义相结合。当中国公民在外国的行为侵犯了中国国家或公民的法益时，即便行为地法律未规定为犯罪，也应当适用我国刑法，追究其刑事责任；当中国公民在外国的行为并未侵犯中国国家和公民法益时，如果行为地法律未规定为犯罪，就应类推适用刑法第8条的"但书"，不适用我国刑法，不追究其刑事责任。[①]

（二）在我国登记的"单位"实施的域外犯罪

对在我国登记的"单位"实施的域外犯罪，我国有无刑事管辖权的问题，本条并未提供法律根据。鉴于我国刑法中自然人犯罪主体和单位犯罪主体并存，这应被认为是一个疏漏。对此，可以考虑将本条第1款中的"公民"改为"公民和单位"，将第2款中的"国家工作人员和军人"改为"国家工作人员、军人和国有单位"。[②]

---

① 张明楷：《国民对国家的忠诚与国家对国民的保护——属人主义的理解与适用》，载《社会科学》2008年第4期。
② 参见陈志军：《中国刑法适用范围立法之完善研究》，载《中国人民公安大学学报》（社会科学版）2011年第1期。

第八条 外国人在中华人民共和国领域外对中华人民共和国国家或者公民犯罪，而按本法规定的最低刑为三年以上有期徒刑的，可以适用本法，但是按照犯罪地的法律不受处罚的除外。

本条是关于保护管辖原则的规定。

一、保护管辖原则的含义

保护管辖原则，即不论是本国人还是外国人，在本国之外犯侵害本国国家或公民的法益之罪的，就适用本国刑法。保护原则可以分为保护国家原则和保护国民原则。若对外国人在外国的犯罪须危害本国安全才适用本国刑法的，称为"安全原则"。安全原则属于保护国家原则的特殊类型。因直接关涉本国最高利益，适用安全原则不受行为地所在国法律是否将该行为规定为可罚性行为的限制。但保护国民原则的适用则受行为地所在国（州）是否将该行为定性为可罚性行为的限制，该行为只有在根据犯罪地所在国（州）法律也应认定为可罚性行为（"双方可罚"）的情况下，才能适用本国刑法予以追究。

二、本条规定的内容

本条实际上概括规定了保护国家原则、安全原则和保护国民原则，且三个原则的适用都受"双方可罚"规则的制约。保护管辖原则适用于外国人（包括无国籍人）在我国领域外针对我国国家或公民的、按我国刑法规定最低刑为三年以上有期徒刑的犯罪，且该犯罪按行为地所在国（州）的法律也应受处罚。本条中"三年以上有期徒刑"实际上是"三年有期徒刑以上"。"可以适用本法"属于对司法机关的授权。

三、本条规定的不足

本条关于保护管辖原则的规定，使我国对外国人在我国领域外所犯的侵犯我国国家安全的犯罪的刑事管辖权受到"双方可罚"原则的制约，显然对保护我国国家安全不利。对于这类犯罪，应确立我国刑法的强行效力，不应受犯罪地法律是否将其规定为可罚行为的约束。

《反恐怖主义法》（全国人大常委会2015年通过、2018年修正）第11条规定："对在中华人民共和国领域外对中华人民共和国国家、公民或者机构实施的恐怖活动犯罪，或者实施的中华人民共和国缔结、参加的国际条约所规定的恐怖活动犯罪，中华人民共和国行使刑事管辖权，依法追究刑事责任。"据此，对外国人在我国领域外实施的针对我国国家、公民或机构的恐怖活动犯罪，我国行使刑事管辖权不再受犯罪地法律规定的制约。这算是局部地弥补了刑法第8条关于保护管辖原则的规定的缺陷。2020年6月30日全国人大常委会通过的《中华人民共和国香港特别行政区维护国家安全法》第38条①的规定，同样突破了刑法第8条"双方可罚"的限制。

第九条 对于中华人民共和国缔结或者参加的国际条约所规定的罪行，中华人民共和国在所承担条约义务的范围内行使刑事管辖权的，适用本法。

本条是关于普遍管辖原则的规定。

一、普遍管辖原则的内涵

普遍管辖原则又称"世界原则"或"世界主义"，即不论犯罪地、犯罪人或被害人的国籍如何，对侵害国际社会之法益（人类共同利益）的行为均适用本国刑法。对侵害人类社会普遍利益的犯罪，各国都应确立本国刑法的效力，行使管辖权。这就使这类犯罪的行为人无论在世界任何地方，都不可能逃脱惩罚。根据本条，即使该罪行并不是发生在我国领域内，犯罪人也非我国公民，亦未直接侵害我国国家或公民的利益，我国也可以行使刑事管辖权。

普遍管辖原则的适用条件包括：（1）限于我国缔结或参加的国际条约所规定的罪行，即国际犯罪或国际法规定的犯罪；（2）在承担条约义务的范围内行使刑事管辖权。"条约义务"通常是指，缔约国一旦在其领域内发现条约规定的罪犯，无论罪行是否在其境内发生，均有义务立即拘捕，要么自行起诉、审判，要么引渡给请求国（"或起诉或引渡"）。根据本条的文字表述，适用普遍管辖原则，犯罪地、犯罪人或被害人国籍在所不问。但本条通常被解说为适用于外国人在我国领域外犯国际犯罪，依属地原则、属人原则和保护原则不能确立我国管

---

① 该条规定："不具有香港特别行政区永久性居民身份的人在香港特别行政区以外针对香港特别行政区实施本法规定之罪的，适用本法。"该法在第三章"罪行与处罚"之下分四节依次规定了分裂国家罪、颠覆国家政权罪、恐怖活动罪、勾结外国或者境外势力危害国家安全罪。

辖权的场合。

　　普遍管辖在适用时要求犯罪嫌疑人或被告人处于法院地国之实际控制之中，对这一条件的理解和运用不应过于严格，只要审判阶段被告人处于法院地国的实际控制之中，就应视为符合"在场"条件。[①]

　　根据本条的表述和法理，对国际犯罪或国际法规定的犯罪的普遍管辖权同时具有义务性质。

二、各国立法发展态势

　　普遍管辖权作为传统国际法赋予国家的域外刑事管辖权，在当代国际法中对结束核心国际犯罪（战争罪、种族灭绝罪和危害人类罪）有罪不罚之局面仍具有重要意义。"冷战"结束后，各国关于普遍管辖之立法呈现出单行立法、所依据之国际法基础以及司法可操作性都有增加的发展态势。这是国际人道法复兴、国际刑法、国际人权法蓬勃发展共同作用的结果，亦是国际政治气氛变化、各国发展不对称、经济全球化以及科技迅猛发展之必然结果。[②]

　　第十条　凡在中华人民共和国领域外犯罪，依照本法应当负刑事责任的，虽然经过外国审判，仍然可以依照本法追究，但是在外国已经受过刑罚处罚的，可以免除或者减轻处罚。

　　本条是关于对外国刑事判决的消极承认的规定。

一、对外国刑事判决的消极承认的含义

　　对外国刑事判决的消极承认，即对本国具有刑事管辖权的犯罪，外国作出的刑事判决对本国不具有约束力，并不影响本国对该犯罪行使刑事管辖权，本国对同一犯罪仍然可以审判。但从人道主义出发，对在外国已经受到刑罚处罚的，可以减轻或免除处罚。消极承认就是不承认。这就意味着，在我国依据刑法行使刑事管辖权受阻时，依然保留对有关犯罪的审判权。从本条的表述来看，对外国刑事判决的消极承认只涉及域外犯罪。本条中的"外国审判"，在解释上应包括国际刑事法院的审判，但显然不包括中国香港特别行政区、澳门特别行政区和台湾

　　①　黄俊平：《论普遍管辖原则的适用条件》，载《国家检察官学院学报》2004年第6期。
　　②　朱利江：《普遍管辖国内立法近期发展态势》，载《环球法律评论》2010年第1期。

地区。若本条类推适用于这三个地区，对被告人也不利。

二、中国国内不同法域相关司法互助

中国大陆已有接收在中国台湾地区服刑的大陆居民回大陆服刑的制度性实践。[①]但内地司法部门对港澳地区的刑事判决并未形成统一的处理方式，其中有囿于保障本地区司法权威之观念而对相关刑事案件再次启动刑事司法程序的观点，也有参照外国刑事判决处理港、澳刑事判决的主张。立足于我国刑法条文文意本身，在参照相关国际司法基本原则之基础上，在内地承认港、澳刑事判决的效力，更符合"一国两制"之内在要求。[②]

三、对外国刑事判决的消极承认与禁止重复评价原则

有人认为，对外国刑事判决的消极承认违反了刑法理论和刑事司法实践中的禁止重复评价原则。[③]这种理解并不妥当。对外国刑事判决的消极承认优先关注的是国家主权问题，禁止重复评价原则着重于罪行均衡和刑法正义。

四、对消极承认的其他批评意见

有学者认为，"我国刑法第10条对外国刑事判决消极承认的规定，一则不符合国家主权权利部分让渡的当代国际法发展趋势；二则不利于充分保障刑事被告人的权利；三则与我国即将批准的人权公约内容以及我国正在开展的国际刑事司法协助实践相矛盾；四则造成了累犯司法认定上不必要的争论与困惑；五则未能迎合对外国刑事判决效力由完全否认至消极承认再至积极承认的世界立法潮流"，我国刑法应有条件地承认外国刑事判决。[④]在走向世界，建构人类命运共同体的愿景之下，这些批评意见无疑具有实践意义，对立法机构修改刑法有重要的参考价值。

第十一条 享有外交特权和豁免权的外国人的刑事责任，通过外交途径解决。

---

① 最高人民法院《关于人民法院办理接收在台湾地区服刑的大陆居民回大陆服刑案件的规定》。
② 王硕：《管辖冲突与区际协调——试论中国港澳地区刑事判决在中国内地的适用》，载《法治社会》2018年第4期。
③ 王筱：《我国刑法属人管辖权制度下犯罪重复评价的反思》，载《公安学刊——浙江警察学院学报》2019年第4期。
④ 苏彩霞：《我国刑法第10条之检讨》，载《淮阴师范学院学报》（哲学社会科学版）2004年第4期。

本条是关于外交代表刑事管辖豁免的规定。

一、外交代表刑事管辖豁免的含义

外交代表刑事管辖豁免，即外交代表犯罪不受接受国刑事管辖，接受国不得适用本国刑法对其定罪量刑。外交代表刑事管辖豁免已为国际习惯法所确立并为国际公约所确认，现在已经成为国际强行法和各国法律体系中的一般原则。对其性质的解释，存在属地管辖例外说和诉讼障碍说的对立。前者认为外交代表刑事管辖豁免是属地管辖原则的例外，后者认为对外交代表不适用本国刑法，是因为存在诉讼上的障碍。前者着眼于实体法上的理由，后者着眼于程序法上的可行性。后者并不否定接受国对外交代表的犯罪具有刑事管辖权，派遣国放弃管辖豁免的，接受国可以管辖，这在理论和实践上都说得通，且能更好地维护接受国主权。我国刑法关于外交代表刑事管辖豁免的规定，其理论基础是属地管辖例外说，这在本条和第6条第1款的表述中清晰可见。由于本条将外交代表的刑事责任委诸外交途径，至少在文义上无条件排除了我国刑法的适用，似有不当。

外交代表因犯罪而丧失继续享有外交特权和豁免权的基础，不能再代表其国家执行外交职务。接受国应通过外交途径解决外交代表犯罪之刑事责任问题，可宣告其为"不受欢迎的人"，由派遣国召回或者终止其职务，也可以直接将其驱逐出境。派遣国当然可以放弃管辖豁免。派遣国负有惩罚其犯罪外交官之国际法义务。[①]

全国人大常委会1986年9月5日通过的《外交特权与豁免条例》规定的是外国驻中国使馆和使馆人员以及来中国访问的外国国家元首、政府首脑、外交部长及其他具有同等身份的官员的外交特权和豁免。其第14条规定外交代表享有刑事管辖豁免。根据该条例第24条，来中国参加联合国及其专门机构召开的国际会议的外国代表、临时来中国的联合国及其专门机构的官员和专家、联合国及其专门机构驻中国的代表机构和人员的待遇，按中国已加入的有关国际公约和中国与有关国际组织签订的协议办理。即这些机构和人员的待遇不适用该条例。根据该条例第27条的规定，中国缔结或参加的国际条约另有规定的，按国际条约的规定办理，但中国声明保留的条款除外。这一条确定了该条例与中国缔结或参加的有关国际条约之间的一般法和特别法的关系。1990年10月30日全国人大常委会通过的《领事特权与豁免条例》规定的是外国驻中国领馆和领馆成员的领事特权与豁

---

① 王虎华：《论外交官的刑事管辖豁免及其国际法处治》，载《法学》2010年第9期。

免。其第14条规定领事官员和领馆行政技术人员执行职务的行为享有司法和行政管辖豁免。其中的司法管辖包括刑事司法。

二、相关国际刑事司法实践

刑法第11条的规定与目前的国际刑事司法实践不符。除了外国委派的外交代表享有外交特权与豁免外，很多国际组织的公约和地区性组织的条约中也规定了相关组织及其人员的外交特权与豁免。这些国际组织及其相关人员并不属于外交代表。就我国来说，享有豁免权的人除了享有外交特权的外国代表外，尚包括其他根据我国缔结或参加的国际公约、国际协定以及《外交特权与豁免条例》《领事特权与豁免条例》所规定的享有豁免权的人。享有外交特权的人，如果丧失刑事豁免权或放弃刑事豁免权，其刑事责任不是通过外交途径解决，而是由犯罪地国适用本国刑法追究刑事责任。此外，享有豁免权的人的刑事责任并非都通过外交途径解决。[①]

三、外国官员的刑事管辖豁免问题

外交代表刑事管辖豁免问题是国际法领域的一个传统议题，是国家官员外国刑事管辖豁免问题之一部分。国家官员外国刑事管辖豁免的基础是国家主权原则，历来是习惯国际法的调整对象。随着国际刑法、国际人权法的发展，这一议题也不断受到反思和挑战。自2007年始，联合国国际法委员会将这一专题列入工作计划，以实现"国际法的逐渐发展和编纂"。通过考察国际法委员会关于这一专题的报告和争点，可以发现其核心之争仍在于其重点究竟是应进一步确认赋予国家官员外国刑事管辖豁免，还是明确国家官员不应享有外国刑事管辖豁免权之所有例外情形。当下，主权国家依然是国际法最重要的主体，为了国家间的正常交往和国际关系的稳定，仍应该以确认授予国家官员外国刑事管辖豁免权为原则。[②]

第6条至第11条是关于我国刑法空间效力的规定。第10条是对第7条至第9条的补充规定，第11条是第6条的例外规定。刑法第6条至第9条关于我国刑事管辖权的规定中，属地原则适用于国内犯罪（国内犯），属人原则、保护原则和普遍原则适用于国外犯罪（国外犯）。属地原则、保护原则中的国家安全原则属于第

---

① 参见齐文远：《对我国刑法空间效力的几点思考》，载《刑事法前沿问题探究》（上册）（第308—326页），赵秉志主编，中国法制出版社2017年版，第314—315页。
② 参见邓华：《国家官员外国刑事管辖豁免问题最新进展述评》，载《国际法研究》2016年第4期。

一序位的原则。前者的根据是国家的领土统治权，后者的根据是维护国家自身生存之需要。在属地原则、属人原则、保护原则和普遍原则这四个刑法空间效力原则中，属地原则是基础，属人原则、保护原则和普遍管辖原则是补充。这四个原则与国家主权之间的联系呈现出次第变弱的状态，因此，在四者之中，应尽可能适用排序靠前者。

我国刑法关于空间效力的规定存在不敷使用的情形。在涉外非战争军事行动的背景下，维护军事利益之价值目标与军事刑事管辖域外效力之缺乏发生冲突。军事刑事管辖应当坚持"维护国家主权和军事利益原则、对等原则和国内法与国际法相统一原则，尽可能通过谈判，与他国签定建立在平等、互利原则基础之上的部队地位协定"；"我国军事刑法的属地管辖应扩展至武装部队所至地域或空间，应将外国军人、战俘以及特定形势下的平民犯罪纳入军事刑法管辖范围"。[①]

第十二条 中华人民共和国成立以后本法施行以前的行为，如果当时的法律不认为是犯罪的，适用当时的法律；如果当时的法律认为是犯罪的，依照本法总则第四章第八节的规定应当追诉的，按照当时的法律追究刑事责任，但是如果本法不认为是犯罪或者处刑较轻的，适用本法。

本法施行以前，依照当时的法律已经作出的生效判决，继续有效。

本条是关于我国刑法溯及力的规定。

一、刑法溯及力及其立法原则

（一）刑法溯及力的概念

刑法溯及力问题，即刑法生效后，对其生效以前发生的、判决尚未确定的行为是否适用的问题。当刑法可以适用于其生效以前发生的、判决尚未确定的行为或事项时，刑法有溯及力；当刑法只适用于其生效以后发生的行为或事项，而对其生效以前发生的、判决尚未确定的行为或事项概不适用时，刑法无溯及力。美国联邦最高法院1798年的判例认为，溯及既往的刑事法的范围包括：（1）许可对该法通过以前的无辜行为追究刑事责任的法律；（2）许可对该法通过以前的

---

① 杜英杰：《论我国军事刑事管辖权的困境与出路——以涉外非战争军事行动为视角》，载《时代法学》2012年第6期。

犯罪按加重情节追究刑事责任的法律；（3）改变刑罚，许可对该法通过以前的犯罪按较重刑罚追究刑事责任的法律；（4）改变证据规则，许可对该法通过以前的、控诉一方承担较重的证明责任的案件现在按较轻的证明责任进行追诉的法律。①因此，罪刑法定原则及其精神的作用范围涵盖了实体刑法法规、刑事程序法和刑事证据规范。这些领域的事后法原则上都应宣告无效。

（二）刑法溯及力的立法原则

在刑法溯及力问题上，有四种原则供立法者选择：（1）从旧原则，即在新法生效后，对其生效以前发生的、判决尚未确定的行为概不适用，此等行为适用当时的法律（旧法）；（2）从新原则，即新法生效后，对其生效以前发生的、判决尚未确定的行为一概适用；（3）从旧兼从轻原则，即新法生效后，对其生效以前发生的、判决尚未确定的行为并不适用，但若新法不认为是犯罪或处刑较轻的，适用新法；（4）从新兼从轻原则，即新法生效后，适用于其生效以前发生的、判决尚未确定的行为，但若旧法不认为是犯罪或处刑较轻的，适用旧法。从旧原则与从轻原则相比，符合罪刑法定原则"禁止事后法"的精神。但若恪守从旧原则，在新法不再认为是犯罪或处刑较轻的情况下，仍按旧法定罪量刑不符合刑罚目的。所以从旧兼从轻原则成为各国刑法关于溯及力问题的立法原则。需要说明的是，从旧兼从轻原则与从新兼从轻原则对特定案件的处理结果是一样的，但从新兼从轻原则违反了"禁止事后法"的罪刑法定要旨。

（三）我国刑法在溯及力问题上的从旧兼从轻原则

本条确定了我国刑法在溯及力问题上的从旧兼从轻原则，即对中华人民共和国成立后现行刑法生效之前发生的、判决尚未确定的且追诉时效未经过的行为，适用当时的法律，但现行刑法不认为是犯罪或处刑较轻的，适用现行刑法。处刑较轻，是指与具体的已然之罪相对应的法定刑较轻；与该具体犯罪相对应的旧法和新法的法定刑幅度的最高刑相同的，是指法定最低刑较轻；与该具体犯罪相对应的旧法和新法的法定刑幅度的最低刑相同的，是指法定刑幅度的最高刑较轻。

二、涉及中间时的刑法溯及力问题

（一）涉及中间时法的情况

我国刑法关于溯及力的规定只涉及行为时法和裁判时法。除了行为时法和裁

---

① 参见储槐植：《美国刑法》，北京大学出版社2006年版，第34页。

判时法外，尚存在中间法的情况。1979年刑法规定的玩忽职守罪的主体是国家工作人员，包括国有公司、企业工作人员。1997年刑法将该罪的主体修改为国家机关工作人员。1999年刑法修正案将刑法第168条规定的徇私舞弊造成破产、亏损罪修改为国有公司、企业、事业单位人员失职罪和国有公司、企业、事业单位人员滥用职权罪。若某国有企业工作人员失职行为发生在1997年10月1日以前，1999年刑法修正案生效后案发。按裁判时的刑法，其行为构成国有企业人员失职罪，按行为时的刑法，其行为构成玩忽职守罪，但按1997年10月1日至1999年刑法修正案生效以前的刑法，其行为不构成犯罪。这种情形，应按对行为人最有利的中间法处理。

（二）涉及中间时法情况下的定罪问题

行为时、中间时和裁判时的刑法关于罪与非罪的规定不同的，法律适用方法如下：（1）根据行为时的法律不为罪，而根据中间时或裁判时的法律是犯罪的，适用行为时的法律，认定为无罪；（2）根据行为时的法律是犯罪，根据中间时或裁判时的法律不是犯罪的，认定为无罪。

（三）涉及中间时法情况下的量刑问题

行为时、中间时和裁判时的法律关于刑罚轻重有不同规定的，法律适用方法如下：（1）其中之一规定的刑罚最轻的，适用该规定。（2）行为时的法律和裁判时的法律规定的刑罚一样，但轻于中间时的法律规定的，适用行为时的法律。

换言之，在行为时法、裁判时法之间还存在中间时法时，从旧兼从轻原则要求按最有利于行为人的法来处理案件。[1]

三、刑法溯及力对生效裁判的既判力的影响

（一）我国刑法维护生效裁判的既判力

关于新刑法生效时已经作出的生效裁判是否受新刑法溯及力影响的问题，本条第二款作了否定的回答，即现行刑法生效前，依照当时的法律作出的已生效刑事裁判的效力不受现行刑法之溯及力的影响。这是为了维护司法的严肃性和权威性，确认已作出的生效裁判的既判力。但其他一些国家和地区如法国、意大利、俄罗斯、中国澳门特别行政区的刑法典规定对新刑法不认为是犯罪的行为，即使

---

[1] 但有观点认为，对此应"看两头，弃中间"，理由是"中间法"没有对行为人的行为实际地做过评价，与行为的实施和对行为的处理都无直接的关系。参见苏惠渔、刘宪权主编：《犯罪与刑法理论专题研究》，法律出版社2000年版，第78页。

判决已经确定，新刑法也有溯及力。实际上，生硬地遵守本条第2款可能会导致同罪异罚或轻罪重罚、重罪轻罚的不公平现象或结果。例如，发生在1997年10月1日新刑法生效前的两个盗窃案件，其中一个盗窃金额10万元，另一个盗窃金额50万元，除此之外，其他情节相同。前者由于行为人被及时抓获，被判死缓；后者由于行为人直到《刑法修正案（八）》对盗窃罪取消死刑后才归案，被判15年有期徒刑。相比被判死缓的行为人，被判15年有期徒刑的行为人作案后长期在逃的状况，客观上获得了刑法立法的巨大奖赏，这是不公平的。我国刑事立法和刑事司法必须直面本条第2款所坚持的"刑变罚恒"所引起的问题，可以考虑在减刑、假释和赦免制度的完善上特别考虑这种情况。①

（二）各国关于刑事判决既判力的立法原则

刑事既判力即新的刑法实施前根据旧刑法作出的生效裁判所具有的确定力和约束力，包括对作出裁判主体的约束力、对犯罪人的约束力、对行刑机关的约束力，以及该判决在时间上的确定力。对裁判主体的约束力即对人民法院的约束力，是指裁判生效后，非依法定理由、法定程序，人民法院不得变更。

各国刑法对刑事判决的既判力存在两种不同的立法原则，即分离主义和相关主义。前者是指新刑法对其生效前已作出的生效裁判的行为无溯及力，后者是指对新刑法生效前已作出生效判决的行为，若适用新刑法对行为人较有利的，新刑法具有溯及力。立法原则的不同反映的是价值理念的不同，分离主义重视国家权威，相关主义强调人权保障。目前我国刑法采行的是分离主义。随着人权保障的加强，我国立法应向相关主义转变。②

四、刑法溯及力问题应全面坚持从旧兼从轻原则

刑法溯及力作为罪刑法定原则的子系统，其宗旨在于实现人权保障。从旧兼从轻原则是《立法法》确认的法的溯及力问题上的基本原则和立场。③本条中的"本法""当时的法律"应是指狭义的法律，即全国人大和全国人大常委会制定的规范性法律文件。而目前我国的刑法规范体系实际上是由刑法、刑法修正案、

---

① 参见阴建峰、贾长森：《"刑变罚恒"的价值背离及其重塑》，载《法学杂志》2016年第2期。

② 王耀忠：《刑事既判力在我国刑法中的重构》，载《法律科学》2002年第6期。

③ 《立法法》（2015年修正）第93条规定："法律、行政法规、地方性法规、自治条例和单行条例、规章不溯及既往，但为了更好地保护公民、法人和其他组织的权利和利益而作的特别规定除外。"

立法解释、司法解释和指导性案例构成。除了新旧刑法典之间、刑法与刑法修正案之间、刑法修正案之间的溯及力问题可以直接适用本条外，其他任何两种规范形式之间的溯及力问题主要靠司法解释来明确，甚或没有司法解释。行政犯还涉及行政、经济方面的法律、行政法规。具体案件所涉及的行政法规之间或行政法规与法律之间也存在溯及力问题。关于这些问题目前我国并无明确的规范。鉴于我国刑法规范体系构成要素的多样性和构成要素之间关系的复杂性，刑法溯及力理论和实践应以人权保障为价值起点，全面贯彻从旧兼从轻原则，持守有利于被告人原则。①

---

① 姜涛：《刑法溯及力应全面坚持从旧兼从轻原则》，载《东方法学》2019年第4期。

第二章　犯罪

第一节　犯罪和刑事责任

第十三条　一切危害国家主权、领土完整和安全，分裂国家、颠覆人民民主专政的政权和推翻社会主义制度，破坏社会秩序和经济秩序，侵犯国有财产或者劳动群众集体所有的财产，侵犯公民私人所有的财产，侵犯公民的人身权利、民主权利和其他权利，以及其他危害社会的行为，依照法律应当受刑罚处罚的，都是犯罪，但是情节显著轻微危害不大的，不认为是犯罪。

本条被称为"法定的犯罪概念"，即在法律上一般地界定什么是犯罪。犯罪概念是刑法的基石性范畴，它的确立直接关涉刑法的理论进路。[①]

一、犯罪概念

（一）犯罪概念的类型

在刑法理论和立法例上，存在三种犯罪概念。（1）犯罪的形式概念，将犯罪定义为违反刑事法律且应受刑罚处罚的行为。犯罪的形式概念立足于罪刑法定精神，强调犯罪的法律特征，对革除封建主义罪刑擅断起了巨大作用，但其并未揭示犯罪的本质。（2）犯罪的实质概念，将犯罪定义为危害社会的行为。马克思将犯罪定义为"孤立的个人反对统治关系的斗争"。犯罪的实质概念在揭示犯罪的本质特征的同时，忽视犯罪的法律表现，可能导致破坏刑事法治的实践效果。（3）混合的犯罪概念，对犯罪的定义同时揭示犯罪的本质特征和形式特征（法律特征），将实质的犯罪概念和形式的犯罪概念合二为一。

---

① 参见陈兴良：《社会危害性理论———一个反思性检讨》，载《法学研究》2000年第3期。

（二）我国刑法规定的犯罪概念

本条关于犯罪的立法定义，"既未采用纯粹的社会危害性标准，也未采用完全的刑事违法性标准，而是一种刑事违法性和社会危害性相结合、规范标准和非规范标准互为补充的复合标准"。①易言之，对行为罪与非罪的判定，不仅受刑事违法性之形式制约，而且受社会危害性的实质限定。因此，我国刑法规定的犯罪概念属于混合的犯罪概念。

我国刑法教科书通常根据该条将犯罪的基本特征概括为（严重的）社会危害性、刑事违法性和应受（刑罚）惩罚性。刑事违法性即违反刑法的规定。但行为违反刑法的规定构成犯罪，恰恰表现为行为符合具体的罪行关系条款描述的罪状部分。对于这种情形，国外刑法理论将此等条款称为"刑罚法规"，而将其背后的禁止性规范或命令性规范称为"刑法规范"。应受（刑罚）惩罚性，并不意味着犯罪都一定受刑罚处罚，存在由于犯罪或犯罪人的特定情况（如未造成损害后果的犯罪中止）而不予处罚的情形。

二、社会危害性问题

近期以来，一些刑法学者基于罪刑法定主义的立场对社会危害性提出了质疑和挑战，对社会危害性的批判几成一边倒之势。但持守这一概念的学者以本条但书为切入点，论证了但书和罪刑法定原则在功能和价值上是一致的，并主张应善待我国刑法中的社会危害性观念。②

（一）关于社会危害性概念的功能

我国传统刑法理论认为，法定犯罪概念具有以下功能：揭示犯罪的本质属性即（严重的）社会危害性；为区分罪与非罪提供了总的标准和尺度；为我国刑法理论提供了最基本概念，从而为进一步研究犯罪构成问题、刑罚问题以及刑法分则中的问题，提供了基础和前提。③但反对意见认为，在罪刑法定原则确立之后，这个法定犯罪概念的问题就显现出来：（1）未区分法律明文规定以前的"犯罪行为"（立法上的犯罪行为）和法律明文规定以后的"犯罪行为"（司法上的犯罪行为）；（2）具有封闭性，即法定犯罪概念以社会危害性为本质特征，而这种社会危害性又是以刑法规定的内容来说明的。理论阐述以刑法规定为

---

①② 参见储槐植、张永红：《善待社会危害性概念——从我国刑法第13条但书说起》，载《法学研究》2002年第3期。
③ 王世洲：《中国刑法理论中犯罪概念的双重结构与功能》，载《法学研究》1998年第5期。

内容，立法又以理论阐述为基础；（3）与第（1）点相联系，这一概念导致本应在立法机关讨论的问题，被转移到法庭（司法机关）来讨论。[①]

（二）关于社会危害性概念（理论）的存废

这一问题实际上就是社会危害性概念是否与罪刑法定主义相冲突的问题。

对作为我国刑法学传统理论的社会危害性理论，批评者认为，基于刑事法治的理念，在注释刑法学中应坚守形式理性，否定社会危害性理论。只有这样才能真正实现罪刑法定原则。该批评者把我国传统刑法理论称为"社会危害性理论"。陈兴良教授主张将社会危害性概念逐出注释刑法学领域，引入法益和法益侵害的概念。法益即法律保护的利益；刑法所保护的利益，就是刑法法益。法益概念的确立，使犯罪概念实质化，犯罪的实质内容就是法益侵害。法益侵害相对于社会危害性，具有规范性、实体性（摆脱社会危害性不能提供自身的认定标准，而需以刑事违法性作为自己的认定标准的循环论证逻辑窘境）、专属性（为刑法所专属）等优点。犯罪客体应还原为刑法法益，不应再作为犯罪构成要件。四要件犯罪论对犯罪客体的功能的论证有错误，法益完全可以取代犯罪客体的犯罪分类等功能。[②]该学者后来又指出社会危害性和刑事违法性之间的相悖性，"由此形成犯罪认定中犯罪构成的形式判断与社会危害性的实质判断之间的对立性"。[③]

在罪刑法定主义的发展史上，存在形式主义的罪刑法定主义和实质主义的罪刑法定主义之争。实质主义的罪刑法定原则将罪刑法定原则中的"法"理解为体现"人类理性"的"自然法"，人们在实际生活中所遵循的"活法"或"司法创造的法"；在法的价值取向上着重强调个人利益应服从社会需要，将维护、保卫社会生活的基本条件作为刑法之首要任务；在刑法渊源问题上，强调刑法渊源的多样性和内容的不确定性；在犯罪本质问题上，强调犯罪行为的社会危害性。由此可以推论：只要行为的社会危害性达到了犯罪之程度，即便没有法律明文规定，也应予以刑罚处罚；只要行为不具有应有的社会危害性，即便法律有明文规定，也不应作为犯罪来处理。形式主义的罪刑法定原则将罪刑法定中的"法"理解为成文的、有权机关制定的法；将犯罪的本质归结为对规范的违反；在法的基本属性问题上将维护个人自由放在首要位置。由此可以推论：法律未明文规定为

---

① 王世洲：《中国刑法理论中犯罪概念的双重结构与功能》，载《法学研究》1998年第5期。
② 参见陈兴良：《社会危害性理论——一个反思性检讨》，载《法学研究》2000年第3期。
③ 陈兴良：《社会危害性理论：进一步的批判性清理》，载《中国法学》2006年第4期。

犯罪的行为，无论其社会危害性达到何等程度，也不应处罚；法律规定为犯罪的行为，即便没有任何社会危害性，也应依照法律规定予以处罚。[①]

持守社会危害性概念的学者因而认为，如果从实质主义的角度理解罪刑法定原则，社会危害性恰好与罪刑法定原则一致；如果从形式主义的角度理解罪刑法定原则，社会危害性就可能与罪刑法定原则相龃龉。我国刑法学界通常从形式主义的立场出发理解罪刑法定原则，因而认为社会危害性与罪刑法定原则相冲突。[②]

（三）四要件犯罪构成体系的存废问题

坚守社会危害性概念的学者认为，我国传统刑法学中的犯罪构成理论体系是在学习、借鉴苏联刑法学犯罪构成理论成果并总结我国刑事法制科学经验基础上形成、发展、完善起来的，对我国刑法学研究和刑事司法实践都产生了重大的积极影响；我国传统刑法学犯罪构成理论同样能反映定罪过程，兼有出罪功能，不过是在思考进路上与德日犯罪论体系有所区别。主张彻底否定我国传统的犯罪构成理论，转而全面移植德日犯罪论体系的"移植论"，欠缺严谨性和务实性。[③]

新派学者认为，传统犯罪构成体系存在若干问题。（1）将犯罪客体纳入构成要件并不适当。（2）使犯罪成立的四个要件只有综合起来才能发挥作用，未区分不法与责任，否认"没有责任的不法"，为司法实践带来难题。（3）四要件论虽然要求主客观相一致，但难以理顺客观与主观的关系，不能保障从客观到主观认定犯罪。四要件论在不能犯与未遂犯的区分问题上，采取抽象危险说乃至主观的危险说，可能导致保护了法益的正当行为也可能被认定为未遂犯。（4）四要件论在犯罪的主观方面之后讨论正当防卫、紧急避险等违法阻却事由。这是先判断客观危害，接着讨论主观责任，再返回去讨论客观危害，从而割裂了违法性判断。[④]

（四）学术论争之态势

照梁根林教授的说法，当下中国刑法学界关于犯罪论体系的研究进入了"春秋战国"时代，"四要件犯罪构成理论一统格局已然打破，阶层犯罪论体系悄然

① 参见陈忠林：《从外在形式到内在价值的追求——论罪刑法定原则蕴含的价值冲突及我国刑法应有的立法选择》，载《现代法学》1997年第1期。
② 参见储槐植、张永红：《善待社会危害性概念——从我国刑法第13条但书说起》，载《法学研究》2002年第3期。
③ 高铭暄：《关于中国刑法学犯罪构成理论的思考》，载《法学》2010年第2期。
④ 参见张明楷：《刑法学》（上），法律出版社2016年版，第100—103页。

登堂入室，两大犯罪论体系的论战此起彼伏，盛况空前"。①总的来说，主张阶层犯罪论体系的学者处于攻势，坚持四要件犯罪论体系的学者处于守势。

三、关于本条的但书

（一）犯罪是罪质和罪量的统一

本条后半段中的"但是情节显著轻微危害不大的，不认为是犯罪"，理论上称为"但书"。前半段称为"本文"。本文初步画出犯罪圈，大致说明什么是犯罪；但书说明在本文初步划定的犯罪圈中，哪些应排除出去。经过但书对犯罪圈的初步划定，再以但书去修正，就是刑法所圈定的犯罪的范围。本文侧重于犯罪的质的方面，但书侧重于犯罪的量的规定性，两个方面合起来，就是法定的"犯罪"概念。我国刑法的法定"犯罪"概念是罪质与罪量的统一。罪量是行为成立犯罪所应具有的法益侵害的量的要素。②

关于犯罪概念，世界各国的通行做法是由立法定性，司法定量。而我国刑法中的犯罪概念是立法既定性又定量。这一做法是我国"法不责众"的传统治国经验的现代翻版，实际起着刑法谦抑的制度保障作用。但刑事司法领域的一些难解问题都与犯罪概念的定量因素密切相关。③

（二）罪量的不可或缺性

犯罪与一般违法行为相比，有更严重的社会危害性，因社会危害性的量的不同而受到刑法的关注。刑法学界对犯罪概念的三个特征的阐述都是定性分析。虽然在解释刑事违法性或应受（刑罚）惩罚性时也常说"严重的社会危害性"是犯罪的本质特征，但三个特征本身都不表明定量因素。从本源上看，一定程度的社会危害性是刑事违法性和应受（刑罚）惩罚性的前提，国家给予刑罚处罚是表明对行为达到构成犯罪的社会危害程度之确认。因此，在表述犯罪概念时，不能以刑事违法性和应受惩罚性来替代、涵盖社会危害程度这个本源素质。④

罪量是可罚性之外在表现，可罚性乃罪量的实质内涵。罪量在当罚性和要

① 梁根林：《犯罪论体系与刑法学科建构》，载《法学研究》2013年第1期。
② 参见陈兴良：《作为犯罪构成要件的罪量要素——立足于中国刑法的探讨》，载《环球法律评论》2003年第3期。不过，对罪量概念还有不同的理解，如有学者认为罪量不仅衡量行为是否具有严重的社会危害性，而且决定是否有必要对行为课加刑罚。参见陈少青：《罪量与可罚性》，载《中国刑事法杂志》2017年第1期。
③ 储槐植、汪永乐：《再论我国刑法中犯罪概念的定量因素》，载《法学研究》2000年第2期。
④ 储槐植、张永红：《善待社会危害性概念——从我国刑法第13条但书说起》，载《法学研究》2002年第3期。

罚性两个层面分别存在不法构成机能和刑罚决定机能，前者系后者的基础。其中，当罚性的罪量要素并非刑事诉讼过程中的程序要件，而是表明不法行为达到应受刑罚惩罚之程度的不法构成要件。当罚性的罪量要素有三种表现形式，分别是"犯罪结果本身的内置要素、第三方介入下的犯罪情状以及间接的征表要素"。[①]第三方介入要素与间接的征表要素均系行为造成法益侵害的征表，并不是不法构成要件的结果，行为人对其须有认识，否则将阻却犯罪故意。要罚性的罪量要素系在行为具有当罚性之基础上，从预防角度基于刑罚之合目的性，对刑事处罚范围所作的再次限缩，属处罚限制事由。[②]

（三）罪量及其分类

从不同的角度观察，罪量要素有不同的类型划分。[③]

根据罪量要素是规定在刑法总则中，还是规定在刑法分则或特别刑法中，罪量要素分为消极罪量要素和积极罪量要素。前者就是指刑法第13条的但书，它从反面指明，构成犯罪的行为不应属于"情节显著轻微危害不大"的情形；后者是指刑法分则或特别刑法的罪刑条款中明示或暗示的反映行为不法程度的罪量要素，犯罪的成立要求行为达到相应的罪量标准。积极罪量要素是但书的正面展开。对消极罪量要素的设定，侧重于其出罪机能；对积极罪量要素的设定，侧重于其入罪功能。

根据是否由罪刑条款明文规定，罪量要素可以分为法定罪量要素和涵摄罪量要素。前者是指罪行条款中明文规定的罪量要素，如"数额较大""情节严重""情节恶劣""严重后果"等。后者是指罪状中虽未明文规定，但根据但书的普遍性规制机能，被以隐蔽的方式涵摄在罪状中的罪量要素。如刑法第238条规定非法拘禁罪的罪状是"非法拘禁他人或者以其他方法非法剥夺他人人身自由的"。根据但书，情节显著轻微危害不大的非法拘禁他人的行为，如在很短的时间内非法拘禁他人，不应认为其不法已经达到犯罪的程度。

根据罪状对罪量要素的规定方式，可以进一步将法定罪量要素分为明示罪量要素和暗示罪量要素。前者是罪状在定性描述不法行为的类型特征后，明确揭示的罪量要素，如"数额较大"、"情节严重"等。暗示的罪量要素是指罪状在描述不法行为的类型特征时，将行为所达到的不法程度隐含在行为类型特征描述所

---

①② 陈少青：《罪量与可罚性》，载《中国刑事法杂志》2017年第1期。
③ 以下对罪量要素的分类，参见梁根林：《但书、罪量与扒窃入罪》，载《法学研究》2013年第2期。

用文字的文义之中，如构成盗窃罪独立的行为定性的"入户盗窃""携带凶器盗窃"，等等。"入户"盗窃，由于行为人侵入他人与外界相对隔离的、供家庭生活使用的场所，直接侵害他人住宅安宁，较普通盗窃，其行为的不法程度较高。"携带凶器"盗窃的情形，与此道理相通。

罪量首先是构成要件要素，因此，超出行为人主观认识或认识可能性范围的危害结果，不应要求行为人负责。这是作为刑法基本原则之一的责任主义的基本要求。

（四）但书中的"情节"是指什么？

对但书中的"情节"所指为何的问题，我国刑法学界存在分歧，主要是两种观点的争议。一种观点认为，这里的"情节"是指"行为过程中影响不法程度的各种情况，如法益的性质、行为的危险与实害结果等，但不应包括行为前后的表现"。[①]另一种观点则认为，这里的"情节"是指"刑法规定或认可的犯罪构成共同要件以外的，能够体现行为社会危害性程度和行为人人身危险性的大小，从而影响定罪的各种事实情况"。[②]

这两种理解在我国刑事司法实践中都有所体现。《最高人民法院关于审理未成年人刑事案件具体应用法律若干问题的解释》（法释〔2006〕1号）第9条第1款规定："已满十六周岁不满十八周岁的人实施盗窃行为未超过三次，盗窃数额虽已达到'数额较大'标准，但案发后能如实供述全部盗窃事实并积极退赃，且具有下列情形之一的，可以认定为'情节显著轻微危害不大'，不认为是犯罪：（一）系又聋又哑的人或者盲人；（二）在共同盗窃中起次要或者辅助作用，或者被胁迫；（三）具有其他轻微情节的。"其中，案发后能如实供述全部盗窃事实并积极退赃，显然属于犯罪构成要件以外的，能够体现行为的社会危害程度和行为人人身危险性大小的事实情况。系又聋又哑的人或者盲人、从犯或胁从犯之地位，属于行为过程中影响行为的法益侵犯性的事实情况。

这两种对"情节"的不同理解可能导向不同的犯罪认定路径上的效果。第一种理解在认定犯罪时，同时考虑行为及其情节，一次性地认定行为是否成立犯罪；第二种理解在认定犯罪时，采取分两步走的方法，首先形式地判断行为是否符合犯罪构成，再从实质上判断符合犯罪构成的行为是否具有刑法上可罚的社会

---

① 张明楷：《刑法学》，法律出版社2016年版，第90页。
② 储槐植、张永红：《善待社会危害性观念——从我国刑法第13条但书说起》，载《法学研究》2002年第3期。

危害性。

这两种理解的差异，也导致对但书功能的不同解读。持第一种理解的学者会认为但书具有入罪限制功能，而持第二种观点的学者会认为但书具有出罪指引功能。

（五）但书的功能

但书具有照应功能和出罪功能。刑法中含有定量因素的具体犯罪包括直接规定了数量限制的犯罪和要求情节严重、情节恶劣或造成严重后果才能成立的犯罪。这两类犯罪中的定量因素是法定犯罪概念中但书的体现。但书由此体现出照应功能。刑法中不含定量因素的具体犯罪大致包括两类，即行为本身性质严重、足以反映社会危害程度的犯罪（如故意杀人罪）和行为本身性质并不严重、不足以反映社会危害程度的犯罪（如私自开拆、隐匿、毁弃邮件、电报罪）。对第二类犯罪，行为符合构成要件，但又符合但书的，应排除犯罪的成立。对第一类犯罪，也并非只要实施了此等行为就足以认定其社会危害性已达到应受刑罚处罚的程度。但书由此体现出在判断刑法中不含定量因素的具体犯罪是否成立时的出罪功能。[①]

四、刑法上"犯罪"概念的多重含义

法定的犯罪概念（"犯罪的法定概念"）是刑法上对犯罪的一般界定。离开这一语境，"犯罪"这一刑法上的基本概念具有多重含义，可以在违法和违法且有责两个层次来理解。[②]通常情况下，犯罪是指符合刑法规定的犯罪成立的全部要件的行为。在一些场合，犯罪是指符合刑法规定的犯罪成立的客观要件、侵害法益的行为。未达刑事责任年龄的人或精神病人实施的强奸、杀人、抢劫等行为，刑法第15条第2款"过失犯罪，法律有规定的才负刑事责任"中的"犯罪"，以及刑法分则中多处（如第115条第2款、第119条第2款、第124条第2款、第370条第2款）出现的"过失犯前款罪的"中的"罪"，均为此等意义上的犯罪（罪）。第20条第3款"对正在进行的行凶、杀人、抢劫、强奸、绑架以及其他严重危及人身安全的暴力犯罪"中的"犯罪"，也属这种意义上的犯罪。行凶、杀人、抢劫、强奸、绑架等严重危及人身安全的暴力行为，具备刑法规定的犯罪

---

① 参见储槐植、张永红：《善待社会危害性概念——从我国刑法第13条但书说起》，载《法学研究》2002年第3期。
② 参见付立庆：《违法意义上犯罪概念的实践展开》，载《清华法学》2017年第5期。

成立的其他要件的，就是完全意义上的、应科处刑罚的犯罪。在个别场合，犯罪仅指具有明显的犯罪嫌疑的情形。如刑法第310条窝藏、包庇罪中"明知是'犯罪的人'"，不仅包括已决犯、已经立案的未决犯，还包括窝藏、包庇者明知的有明显的犯罪嫌疑、实际上还未被立案追究的人。[①]

五、犯罪是危害社会的"行为"

（一）犯罪是行为

根据本条的规定，犯罪是具有严重社会危害性的（侵犯法益的）、依照法律应当受刑罚处罚的行为。这就意味着，任何思想本身，无论其在道德、伦理或宗教上有多邪恶，都不是刑法意义上的犯罪。无行为就无犯罪。现代刑法不承认思想犯。

（二）行为的概念和特征

行为是人的身体的客观上的动静或举止。但在刑法中，"行为"在不同语境下有不同的含义。最广义的行为，是指人的一切行为，无论其是否应被评价为犯罪。刑法典第12条提及的"中华人民共和国成立以后本法施行以前的行为"中的"行为"，属于这一层意思。广义的行为与犯罪行为同义，包含了构成犯罪的所有要件要素。本条提及的"危害社会的行为"中的"行为"，属于这一层意思。狭义的行为是指作为犯罪的一个构成要件要素的行为，与犯罪主体、犯罪主观方面（故意、过失、目的、动机）相对分离。刑法典第14条提及的"明知自己的行为"中的"行为"，属于这一层意思。由于犯罪行为是侵害法益的行为，所以作为犯罪构成要件要素的行为也称为"危害行为"。

刑法上的危害行为具有以下特征：（1）举止性，即行为是身体的举止（动静），这称为行为的有体性特征。行为因而也被称为犯罪的体素。任何行为都表现为身体的动静，包括积极的活动（作为）和消极的静止（不作为）。（2）受行为人的意志或意识的支配。这是危害行为的内在特征。反射动作（无意识参与作用的动作）、机械动作（受他人物理强制、完全不能抗拒的动作）和其他不可抗力作用下的动作，没有行为人自主的意志或意识的参与，因而不是行为上的危害行为。（3）行为的危害性，即狭义的行为客观上具有法益危害性（社会危害性）。

---

① 参见张明楷：《犯罪定义与犯罪化》，载《法学研究》2008年第3期。

（三）行为的形式

刑法理论上对行为的分类主要是根据行为的外在形态分为作为和不作为。

1. 作为是行为人通过身体积极的动作违反法律的禁止性规定。作为是行为人身体在外观上表现出来的积极的动，因而具有有形性；作为乃"不当为而为"，违反了法律的禁止性规定，所以具有违法性。作为从形式上看，包括利用自身动作实施的作为、利用机械力实施的作为、利用自然力实施的作为、利用动物实施的作为、利用他人实施的作为等。

2. 不作为，是指行为人在负有特定的积极作为的法律义务的前提下，在能履行该特定法律义务而消极不履行之情形。以不作为的形式实现的犯罪是不作为犯。刑法上的不作为犯分为纯正（真正）不作为犯和不纯正（真正）不作为犯。前者是刑法规定只能由不作为构成的犯罪，典型者如遗弃罪、拒不履行信息网络安全管理义务罪、不报安全事故罪；后者是既可以由作为构成，也可以由不作为构成的犯罪，在具体的已然犯罪中由不作为构成时的情形。故不纯正不作为犯是针对具体的实然犯罪而言，而非针对罪名而言。例如，某寡妇急于改嫁，唯恐被不满周岁的婴儿拖累，故不予哺乳喂食而将婴儿饿死。故意杀人罪既可以由作为构成，也可以由不作为构成，该寡妇的故意杀人罪由不作为构成，所以是不纯正不作为犯。但所有构成遗弃罪的行为，都是不作为。

不作为与作为的区分具有两方面的意义：（1）在不作为犯案件中审查的重点是行为人是否具有保证人地位；而作为犯案件中审查的重点是行为是否符合构成要件。在不作为犯案件中，通常先审查行为人作为义务之有无，再审查其履行作为义务是否可能；而在作为犯案件中，通常先判断行为人的行为是否符合刑法分则描述的罪状，再审查结果是否可以归属于该行为。作为犯中的保证人，是指在将发生某种犯罪结果的危险状态下，负有防止该结果发生的特别义务的人。（2）刑法以处罚作为犯为原则，以处罚不作为犯为例外。作为构成犯罪的可能性大于不作为。但二者区分的意义有限。[1]不作为犯在本体结构、规范标准上都有其特殊性，但在多义举止方式和"通过作为的不作为"等场合，作为和不作为的区分就成为问题。作为与不作为的区分对我国司法实践的意义在于通过保证人地位限缩不作为犯的处罚范围。[2]但在刑法上，不作为和作为都是具有法益侵害

---

[1] 参见张明楷：《刑法学》，法律出版社2016年第5版，第147页。
[2] 参见吕翰岳：《作为与不作为之区分的目的理性思考——以德国判例与学说为借镜》，载《环球法律评论》2017年第4期。

性的行为，因此不作为与作为具有等价性，即在侵害法益的否定性价值上是一样的。

3. 不作为之构成

由于纯正不作为犯系刑法明定，不纯正不作为犯需要通过（不纯正的）不作为与作为具有等价性的法理来认定，所以这里讨论的不作为的构成首先是针对不纯正不作为犯的客观行为而言。不作为成为不纯正不作为犯的客观行为必须具备三个要件。

（1）行为人负有特定的作为义务。从来源上看，这种作为义务包括：法律明文规定的作为义务；职务或业务要求的作为义务；法律行为产生的作为义务；先行行为引起的作为义务，先行行为的性质在所不问。这是从形式的作为义务论上列举的结果。实质的作为义务论以行为人的保证人地位为理论支点。黎宏对此提出了"排他支配设定"的义务来源实质解释进路："不真正不作为犯，作为最终依照作为犯条款处罚的犯罪形式，其本质上是作为犯。因此，在不真正不作为犯的认定上，应当淡化其不作为犯的形式特征，而回归其作为犯的本质特征，重视其因果关系，从加剧或者促进法益的恶化状态的事实角度，而不是从具有作为义务的规范角度来探讨不真正不作为犯的成立条件和处罚范围。由于作为和不作为之间存在结构上的差别，即在作为的场合，行为人主动设定或者引起了面向侵害法益的因果流程，而在不作为的场合，行为人只是不介入先前已经存在的面向结果的因果流程，因此，为使二者等价，就必须消除它们之间存在的结构上的差别。具体来说，只有在行为人主动设定了对法益的排他性支配时，才可以消除不作为和作为之间的结构性差异，进而将该不履行作为义务的行为视为作为，按照作为犯的条款处罚。这种排他性支配的设定，既可以通过行为人的中途介入面向结果的因果进程的方式，也可以表现为行为人制造并支配面向结果的潜在危险的方式。"[①]

（2）行为人能够履行而不履行特定的作为义务。能够履行是指从当时的主客观条件看，行为人能够履行。不履行，是指行为人没有按照法律或职责的要求履行义务。

（3）已经造成特定的法益侵害结果或有造成特定的法益侵害结果的危险。

---

① 黎宏：《排他支配设定：不真正不作为犯论的困境与出路》，载《中外法学》2014年第6期。

这是将不作为与作为看作具有等价性的实质根据。不作为犯通常是结果犯，当然也有危险犯。

真正不作为犯构成要件要素中，需要从内容和主体两方面对义务进行解释。真正不作为犯的界定应以"条文中包含不作为、条文谴责的重点在不作为"为核心。在义务内容之解释上，不同解释方法之间存在具体的适用顺位，"应从解释与立法的关系出发，充分考虑自由主义与风险控制的平衡，根据不同的法益类型建构相应的适用规则"。在义务主体之解释上，应当有条件地适用保证人理论，在义务主体与法益侵害结果之间具有高度关联性时，按保证人理论来确定主体的范围；是否具有高度关联性，取决于该罪与相应的不真正不作为犯的比较。[①]

（四）持有

刑法上的持有是指行为人对法律上禁止私人持有的物品的控制和管领。持有作为刑法上的行为，具有对象的特定性、内容的支配性和表现形式的多样性等特征。对持有属于刑法上的作为还是不作为，存在作为说、不作为说、择一行为说、独立行为说等不同学说。但无论如何看待持有的行为性质，刑法上规定有持有型犯罪是无可否认的事实。持有型犯罪立法不仅可以严密刑事法网，还可以减轻公诉机关的证明责任，提高司法效率。在行为人持有毒品、假币、枪支、国家秘密文件等私人不得持有的物品，又不能查清这些违禁物品的来源和用途时，就可以将行为人的行为定性为持有型犯罪。

（五）结果

刑法上的结果，是指行为对刑法所保护之法益造成的现实侵害事实和现实危险状态。[②]这种结果由行为引致，表现为现实侵害事实和现实危险状态。现实侵害事实包括物质性侵害事实和非物质性侵害事实，前者如某些犯罪中被害人的死亡、伤残和财产损失，后者如侮辱罪、诽谤罪中被害人的精神损害，招摇撞骗罪中国家机关的公信力减损。现实侵害危险是指行为对法益造成现实侵害的可能性，而非行为本身的危险性。就具体的已然犯罪而言（而非就罪名而言），以对法益的现实侵害为处罚根据的犯罪属于实害犯（侵害犯），以对法益的侵害危险为处罚根据的犯罪属于危险犯。危险犯又分为抽象危险犯和具体危险犯。抽象危

---

① 姚诗：《真正不作为犯：义务困境与解释出路》，载《政治与法律》2019年第6期。

② 张明楷：《刑法学》，法律出版社2016年版，第166页。围绕着刑法上作为构成要件的结果的范围的问题，我国刑法学界存在最广义结果说、广义结果说、狭义结果说、最狭义结果说。各种学说的差异，见陈兴良主编：《刑法总论精释》（上），法院出版社2016年第3版，第193—196页。

险犯中的危险是无需司法的具体判断，依据一般社会生活经验即可认定的行为具有发生侵害结果的危险，如销售有毒、有害食品的危险。具体危险犯的危险是司法上根据行为当时的具体情况，认定行为具有发生侵害结果的紧迫危险（高度危险），如销售劣药的危险。[①]大致说来，罪状中表述为"……足以……的"的犯罪，属于具体危险犯。行为是否具备"足以……"这一结果要素，需要由司法具体判断。

六、刑法上的因果关系

（一）刑法因果关系的概念

刑法上的因果关系是指危害行为与危害结果之间引起与被引起的关系，其中，引起者（危害行为）是因，被引起者（危害结果）是果。关于刑法上因果关系的判断，是一个复杂的理论和实践问题。刑法学上的因果关系是哲学上因果关系在刑法领域的反映，但刑法上因果关系又有自己的特殊性。刑法上因果关系的判断不仅是事实问题，更为重要的是，它是一个法律判断和价值判断的问题。刑法上因果关系的本质是规范性事实，是在客观因果流程被确认后作出的一种规范选择。作为行为事实的因果关系，经过价值判断才能成为刑法上因果关系。如甲将乙殴打致伤住院，乙住院期间因住院大楼失火被烧死。显然无甲之殴打行为，乙不会住院，也就不会被火烧死，甲的行为与乙的死亡之间具有事实上的因果关系，但二者之间不具有法律上的因果关系。

（二）从条件说到原因说再到相当因果关系说

传统刑法理论在因果关系问题上的通说是条件说。根据条件说，如果在行为与结果之间存在"如无前者，就无后者"的关系，则二者之间存在刑法因果关系。如此一来，前段中甲的殴打行为与乙在医院被烧死的结果之间有刑法上的因果关系。这样认定显然导致刑事责任的客观基础过宽。为限制刑事责任的范围，出现了各种原因说对条件说进行修正。原因说又称限制条件说。原因说认为条件中特别有力而重要者才是结果发生的原因。条件说和原因说考察的因果关系都是事实因果关系。为了科学地解决刑事责任的客观基础问题，在原因说的基础上又出现了相当因果关系说。相当因果关系说认为，在引起结果发生的数个条件行为中，只有在社会经验法则上具有相当性的那一个行为才是刑法上的原因。社会相

---

① 参见张明楷：《刑法学》，法律出版社2016年第5版，第167—168页。

当性即根据一般社会生活经验，行为必然或可能引起危害结果发生。

（三）客观归责论

客观归责论者发现相当因果关系说也存在弊端：（1）相当因果关系说的功能在于进行反面检验：只要因果关联异常，就不具有"相当性"，结果就不能归属于行为人，从而剔除一定范围的因果流程。但在特定情形下，从事实角度看，对社会观念上"相当"的某些因果流程，其实也难以将结果归属于行为人。（2）与具有相当性但不能将结果归属于行为人的情形同时存在的，还有具有相当性也不能将结果归属于行为人的情形。在介入因素对结果的贡献程度与行为相比很小时，无论介入因素有多异常，都不会切断最初的行为与最终的结果之间的联系。（3）以相当因果关系说处理某些案件，尤其是对降低法益风险的行为，会认为行为与结果之间具有"相当性"，从而得出不合理结论，转而在违法性判断上寻找不处罚之理由。这样，将本来应在构成要件该当性判断阶段解决的事情，推迟到违法性判断阶段才解决，并不经济。①

客观归责理论将归因和归责彻底区分，前者是事实判断，后者是规范判断。后者以前者为前提。相当因果关系说在行为与结果之间进行的是事实判断、形式判断，客观归责论进行的则是规范判断和实质判断。客观归责理论包括三个判断规则：（1）制造法所不允许的风险。某种风险是否为法所不允，关键是看行为人是否尽到了一定注意义务。若尽到注意义务，即便风险发生也不能归责于行为人。行为人降低风险的行为（如他人欲强奸，行为人劝其猥亵）和没有制造风险的行为都不具有客观上的可归责性；假定的因果过程（存在一个替代性的行为人，即便行为人不实施某一违法行为，他人也会合法或非法地实施该行为）具有客观可归责性。（2）实现法所禁止的风险。在制造法不允许的风险但该风险并未实现的情形，对故意犯应以未遂论处。在其他因素介入才导致风险实现的场合，视为风险未实现。风险未实现不具有客观可归责性。为实现不被允许的风险也不具有客观上的可归责性。结果未在注意规范保护范围内的，不具有客观上的可归责性；在合法的替代行为必然会导致结果时，排除客观上的可归责性。若合法的替代行为未必导致结果，即违反注意义务的行为提高了风险，则具有客观可归责性。（3）构成要件的效力范围。这一层讨论的是行为应在何种范围内对其结果负责。行为人实施了特定构成要件行为，但结果超出构成要件的效力范围

---

① 周光权：《刑法公开课》（第1卷），北京大学出版社2019年版，第52—53页。

的，不应对行为人进行客观归责。

（四）条件说是刑法因果关系理论的起点

条件说饱受理论批判，但其依然是刑法因果关系理论的起点，其他因果关系理论都是从对条件说的修正或批判开始的。行为和结果之间的客观因果流程是需要以证据来证明的客观事实，当客观因果流程被清楚证明，同时行为对结果之发生所起之作用不为零，条件关系才能得到确认。"因果关系在刑法解释学上必须具有法定性，当条件关系被确认后，符合构成要件的行为通过具体因果流程创造结果的风险与典型实行行为直接创造结果的风险具有相当性时，因果关系才能在刑法解释学中被肯定。"[1]

第十四条 明知自己的行为会发生危害社会的结果，并且希望或者放任这种结果发生，因而构成犯罪的，是故意犯罪。

故意犯罪，应当负刑事责任。

本条是关于犯罪故意的规定。[2]

故意是犯罪成立所要求的行为人必须具有的主观上的罪过之一种。除故意外，罪过形式还包括下一条规定的过失。

一、犯罪故意的概念

根据本条，犯罪故意是指明知自己的行为会发生危害社会的结果，并且希望或放任这种结果发生的主观心理态度。

根据本条，犯罪故意由认识因素和意志因素构成，是认识因素和意志因素的统一。认识因素是行为人明知自己的行为会发生危害社会的结果。"会"存在程度上的不等，包括必然和可能。意志因素是希望或放任危害结果的发生。意志在心理学上是指"一个人自觉地确定目的，并根据目的来支配、调节自己的行动，克服各种困难，从而实现目的的心理过程"。[3]意志行动就是意志支配的行动，是人的有目的、有计划的行动。在犯罪故意两方面的因素中，认识因素是意志因

---

① 董玉庭：《从客观因果流程到刑法因果关系》，载《中国法学》2019年第5期。

② 刑法第14条、第15条从文义上看是分别规定故意犯罪和过失犯罪。但刑法学界对这两条规定的是犯罪类型，还是罪过形式，尚有争议。无论持何种立场，刑法学界对我国刑法中的罪过形式的阐述，均以这两个条文为基础。

③ 袁彬：《罪过的心理学分析》，载《中国刑事法杂志》2008年第5期。

素的基础。

根据意志因素、认识因素的差异，犯罪故意分为直接故意和间接故意。

直接故意是行为人明知自己的行为会发生危害社会的结果，并且希望这种结果发生的心理态度。直接故意的认识内容是明知自己的行为会发生危害社会的结果。"明知"的范围包括：行为本身的内容，行为会发生危害社会的结果，行为与结果之间的因果关系。对明知的范围，刑法分则罪行关系条款有其他特别规定的，从其规定。结果加重犯中的加重结果、客观超过要素等客观事实，是无需认识的内容。直接故意的意志因素的内容是行为人希望危害结果的发生。希望意味着，危害结果的不发生将违背其意志和愿望。

间接故意是行为人明知自己的行为会发生危害社会的后果，且放任危害结果发生的心理态度。间接故意的认识因素及其范围与直接故意并无不同，但在认识程度上有差异。直接故意的认识程度包括必然和可能，间接故意的认识程度仅限于可能。间接故意的意志因素是放任危害结果发生，放任即听之任之，听其自然，既不积极追求，也不努力避免，意味着危害结果发生和不发生都不违背行为人的意志和愿望。

除了认识程度上的差异外，直接故意和间接故意二者的根本区别在于意志因素的不同，即对危害结果的发生，前者是希望，后者是放任，前者投赞成票，后者投弃权票。二者的区别并不影响定罪，但影响量刑，因为积极追求危害结果发生的意志与消极放任危害结果发生的意志相比，所体现的行为人主观恶性和人身危险性更大。通常由直接故意构成的犯罪，理论上不排除间接故意也可成立。

二、故意的认定

故意属于犯罪人的主观心态，他人无从直接观察，所以实务中主要是依据行为和附随情状等客观外在事实和常情常理来推断行为人是否具有故意，贯彻的是经验法则。关于走私犯罪、贩卖毒品犯罪等的司法实务中，司法机关常根据司法解释总结定型的经验法则推断故意的存在。

在犯意转化①的场合，以转化后的犯罪追究行为人的刑事责任；在另起犯意②的场合，行为人触犯数罪，应追究数罪的刑事责任。

---

① 即行为人以此罪的故意实施预备行为，而以彼罪的故意实施行为，或实施犯罪过程中改变犯意，导致此罪转化为彼罪。
② 即行为人此罪既遂、未遂或中止后，又产生彼罪的犯罪故意实施彼罪。

三、故意犯罪中的认识错误

（一）刑法上的认识错误的概念

刑法上的认识错误是指行为人的主观认识和客观实际发生背离，即行为人的观念与现实的不一致。根据具体形式的不同，刑法上的认识错误分为事实认识错误和法律认识错误。如以罪过心理和错误心理二者的关系为标准，刑法中的认识错误可分为三类：应负故意罪责的错误、应负过失罪责的错误以及不负刑事责任的错误。①

（二）刑法上的认识错误主要是指故意犯罪中的认识错误

在过失犯罪中，由于疏忽大意的过失和过于自信的过失两种情形下，在结果的发生上行为人都有认识错误，故对过失犯罪来说，认识错误是常态，而在故意犯罪中，认识错误是例外情形，因此将认识错误与犯罪故意一起讨论是适当的。研究故意犯罪中的认识错误的主要意义在于判断此等错误是否影响犯罪故意的成立。

（三）故意犯罪中的认识错误的分类

犯罪故意的认识内容包括对自己的行为及其结果的明知和对自己的行为及其结果具有危害性或为法律所禁止的明知。相应地，故意犯罪的认识错误包括事实认识错误和法律认识错误。

1. 事实认识错误

事实认识错误即行为人所认识到的事实与实际不一致，包括具体事实认识错误和抽象事实认识错误。

（1）具体事实认识错误是指行为人认识到的事实与实际发生的事实不一致，但并未超出同一犯罪构成的范围，也称"同一犯罪构成内的错误"，包括对象错误、打击错误、因果关系错误等情形。对象错误是指行为人意欲侵犯的对象与实际侵犯的对象不一致，如在甲误将乙当作仇人丙杀害的情形中，丙和乙都属于故意杀人罪犯罪构成中的被害人中的"人"。打击错误是指行为人对对象的辨认无误，但在实施侵害行为时，由于出现误差而使实际侵害的对象与意欲侵害的对象不一致之情形，如甲欲杀害乙，瞄准乙射击，但由于射击技术的缘故击中了乙旁边的丙。因果关系错误是指行为人侵害的对象没有错误，最后也发生了侵害结果，但行为人认识到的因果过程与实际发生的因果过程不一致，包括结果的提

---

① 参见贾宇：《论刑法中的认识错误》，载《人民检察》2009年第5期。

前发生、结果的推迟发生和原因类型的错误。原因类型错误即行为人认识到的危害结果发生的直接原因与实际的直接原因不一致。如行为人以杀人故意对仇人施加暴力，见仇人倒地，认为其已死亡，遂将其投入池塘中，法医鉴定为溺水死亡。

关于具体的事实认识错误，存在具体符合说和法定符合说的对立。具体符合说认为，只有在行为人所认识的事实与实际发生的事实具体一致时，才成立故意犯罪之既遂。因此，在甲误将乙当作仇人丙予以杀害的场合，甲对乙而言成立过失致人死亡罪，对丙成立故意杀人罪（未遂）；在行为人以杀人故意对仇人施加暴力，见仇人倒地，认为其已死亡，遂将其投入池塘中，法医鉴定为溺水死亡的场合，行为人的行为应被评价为一个故意杀人罪（未遂）和一个过失致人死亡罪。法定符合说认为，即使行为人认识的事实与实际发生的事实并不具体地一致，但只要二者属于同一具体犯罪构成要件范围内的，就可成立故意犯罪的既遂。因此，在甲误将乙当作仇人丙予以杀害的场合，甲只成立故意杀人罪；在行为人以杀人故意对仇人施加暴力，见仇人倒地，认为其已死亡，遂将其投入池塘中，法医鉴定为溺水死亡的场合，行为人的行为应被评价为故意杀人罪。一行为构成两罪不合情理，所以具体符合说不正确；法定符合说成为处理故意犯罪中事实认识错误的通说。

（2）抽象的事实认识错误，即行为人主观上认识的事实与实际发生的事实不一致，且二者分别属于不同的犯罪构成的情形。如甲到深山打猎，见到百米开外一头"野猪"在活动，遂开枪将其击毙，但走近前看，发现被击毙的是一位瓜农。瓜农属于故意杀人罪或过失致人死亡罪中的"人"，而野猪不属于侵害人身的犯罪的犯罪对象，因而这种情形属于抽象的事实认识错误。抽象的事实认识错误也存在对象错误和打击错误之分。

在行为人主观上认识到的构成要件与实际发生的构成要件之间不存在任何重合部分的情况下，对抽象的事实认识错误适用法定符合说。这时抽象的事实认识错误阻却故意的成立或成立故意犯罪的未遂。在前段的具体案例中，行为人成立过失致人死亡罪。但在所涉两个构成要件之间存在某种重合的情况下，在重合的范围内可能成立故意犯罪的既遂。如甲出于盗窃普通财物的故意盗窃，实际却盗得若干枪支。甲的行为涉及盗窃罪和盗窃枪支罪，财物和枪支这两个不同犯罪的构成要件（要素）之间有交叠部分，枪支也是财物，不过属于禁止流通物。在此例中甲不成立盗窃枪支罪，但成立盗窃罪。[①]

2.法律认识错误

法律认识错误是指行为人对自己的行为的法律性质或法律意义的认识发生的错误，包括假想的犯罪、假想的不犯罪、罪名认识错误、刑罚认识错误等情形。行为人因多次嫖娼，希望获得法律的宽大处理而去"自首"，属于假想的犯罪，因为嫖娼是行政违法，不是犯罪。行为人将入户盗窃的窃贼现场抓获，殴打致伤后送派出所，辩称自己的行为不是犯罪，属于假想的不犯罪。行为人为出卖牟利之目的购进毒品，认为自己的行为是犯罪预备，属于关于犯罪停止形态的错误。行为人将若干军用手枪从境外通过秘密通道带入国境被抓获，认为自己走私枪支数量大肯定被判死刑，属于刑罚认识错误。

由于对行为的法律性质或法律意义的判断标准是法律，因此，行为人对自己行为的法律性质的认识错误原则上对定罪量刑不生影响，当然也不影响犯罪故意是否成立。但在假想的不犯罪之情形，涉及违法性认识是否是犯罪故意的认识内容的问题。违法性认识问题留待犯罪过失疏议完毕之后分析。

四、原因自由行为理论

刑法对行为人的行为及其造成的危害结果（或危险）作出非难，必须行为人行为时具有责任能力。这就是"行为与责任同时存在"原则。

原因自由行为是指有责任能力人故意或过失地使自己一时陷于丧失或部分丧失辨认能力之状态（原因行为），并在此状态下实施了符合构成要件的行为（结果行为）。[②]原因自由行为理论是用来对因饮酒、吸毒、过度疲劳等而使自身陷入心神丧失或心神耗弱状态者追究完全刑事责任之法理。如何与"行为与责任同时存在"原则相一致是该理论的最大难点。对此存在三种思路：（1）以原因行为作为实行行为之"构成要件模式"；（2）以结果行为作为实行行为之"责任模式"；（3）将原因行为与结果行为概括地作为"一系列行为"整体认定为实行行为之模式。其中，构成要件模式是以具有责任能力的原因行为作为处罚的对象行为，但同时要求，必须以结果行为为中介，作为结果之引起，原因行为的危

---

① 陈兴良主编：《刑法总论精释》（上），人民法院出版社2016年版，第339页。
② 张明楷：《刑法学》，法律出版社2016年版，第307页。

险被现实化。①

为贯彻责任主义，行为与责任同时存在原则不应有例外。因此，将原因自由行为解释为这一原则的例外的做法，并不妥当。间接正犯构造说作为以往的通说，对行为人使自己陷入部分丧失辨认能力之情形也无解释力。张明楷教授对原因自由行为的可罚性的解释是：对行为与责任同时存在原则中的"行为"不宜限定为着手后的行为，而应理解为与结果的发生具有因果关系的行为。只要行为人开始实施和结果的发生有因果关系之行为时具有责任，就能够对其行为及其结果进行刑法上的非难。行为人在实施原因行为时具有责任能力，且有故意或过失，就具备非难可能性。②这一进路与日本学者桥爪隆的解释并无本质差异。

原因自由行为的罪过形式，就是原因行为的罪过形式。行为人对原因行为的罪过形式是故意的，原因自由行为的罪过形式也为故意；行为人对原因行为的罪过形式为过失的，原因自由行为的罪过形式也为过失。在行为人自陷于无责任能力状态的情形下，成立故意犯形态的原因自由行为的主观条件是：行为人在实施原因行为之时就希望或者放任犯罪结果之发生，且在原因行为之时希望或者放任自己陷入无责任能力状态。③

五、犯罪故意概念立基于结果犯

根据本条，犯罪故意的对象是自己的行为会发生危害社会的结果，由此可见，我国刑法上的犯罪故意主要是建立在传统刑法主要是针对结果犯立法这一认识的基础之上。对刑法中大量存在的行为犯而言，在危害结果的意义上如此理解犯罪故意并不妥当。故意的基本对象就是行为，故意是行为人对自己行为的认知和意志，是行为人实施刑法所禁止的不法行为的故意。其对象是不法行为的全部客观不法要素，包括刑法所要求的事实性要素及规范性要素。结果犯的结果作为故意的对象并不独立于行为之外，而是被行为统摄。④

---

①　［日］桥爪隆：《论原因自由行为》，王昭武译，载《苏州大学学报》（法学版）2018年第3期。

②　张明楷：《刑法学》，法律出版社2016年版，第310页。

③　参见黄旭巍：《故意犯罪形态的原因自由行为探究》，载《法学评论》2011年第4期。

④　刘之雄：《违法性认识的刑法学理论异化与常识回归——基于解读犯罪故意实质内涵的分析》，载《法商研究》2019年第4期。

六、概括故意

概括故意，指行为人对认识的具体内容不明确，但明知自己的行为会发生危害社会之结果，而希望或放任结果发生之心理态度。根据行为人认识之具体内容的不同，可将概括故意分为三种情形：（1）对行为认识不明确的概括故意；（2）对行为对象认识不明确的概括故意；（3）对危害结果认识不明确的概括故意。对概括故意之犯罪，应考察行为人的客观行为及其结果，在概括故意范围内按照主客观相统一原则予以认定。[①]

第十五条 应当预见自己的行为可能发生危害社会的结果，因为疏忽大意而没有预见，或者已经预见而轻信能够避免，以致发生这种结果的，是过失犯罪。

过失犯罪，法律有规定的才负刑事责任。

本条是关于犯罪过失（过失犯罪）的规定。

一、犯罪过失的含义和特征

根据本条，犯罪过失是指行为人应当预见自己的行为可能发生危害社会的结果，因疏忽大意而没有预见或已经预见而轻信能够避免的心理态度。其特征包括：（1）行为人对危害结果的发生具有预见可能性和回避可能性，而非明知自己的行为会发生危害社会的结果。这是犯罪过失的认识特征。（2）对危害结果的发生持反对和排拒的态度，既不希望，也不放任。这是犯罪过失的意志特征。（3）过失的本质乃违反注意义务。注意义务包括结果预见义务和结果回避义务。

事实因素和规范因素是研究犯罪过失的两条主线。犯罪过失的认识方面的事实内容针对的主要是危害社会的结果，行为性质并非犯罪过失的认识所指向的内容。对危害社会结果缺乏认识、疏于认识或具备认识、可能性认识，是犯罪过失的认识事实特征；对危害结果的发生缺乏意志或持反对态度、轻信能够避免的态度，则是犯罪过失之意志事实特征。犯罪过失之规范因素的核心乃注意义务。所谓注意义务，是指"犯罪过失成立所必须的，法律规范或者社会规范所要求的，

---

① 孙永红：《概括故意研究》，载《法律科学》2008年第1期。

行为人在危险行为中，对于行为的危害结果应当预见或者应当避免的责任"。[1]
注意义务规范设定的认识要求针对的是构成要件的危害结果；避免结果义务乃
"动意要求"和"行为责任"这对互为表里的因素的统一体。注意义务的主要渊
源包括法定的注意义务、社会生活习惯要求的注意义务、先行行为引起的注意义
务。[2]

根据适用的范围和对象的不同，注意义务可以分为一般注意义务和特别注意
义务。前者适用于社会上一切有责任能力的公民，是在日常生活中尊重他人和社
会权益的义务；后者只适用于特定职业的人或从事特定业务的人，系在特定职
业或业务的范围内，遵守有关规章制度和职业道德，不危害他人、社会利益的
义务。

二、犯罪过失的分类

根据本条，犯罪过失分为过于自信的过失和疏忽大意的过失。

（一）过于自信的过失

过于自信的过失，是指行为人已预见到自己的行为可能发生危害社会的结
果，但轻信能够避免，以致发生危害结果的心理态度。其特征包括：（1）行为
人主观上已经预见（认识）到自己的行为可能发生危害社会的结果。因此这种过
失也称为"有认识的过失"。过于自信的过失的主观上的"有认识"，是指行为
人认识（预见）到了作为构成要件的危害结果之发生的可能性。这种对危害结果
发生的可能性的认识是不确定的、或然的认识。（2）行为人轻信自己能够避免
危害结果的发生。所谓轻信能够避免危害结果的发生，是指无确实、充分的根据
而相信自己能够避免危害结果的发生。这种不确实或不充分的根据可能是客观条
件，也可能是行为人的个人能力。（3）过于自信的过失违反了注意义务中的结
果回避义务。

从理论上说，过于自信的过失与间接故意在认识程度上的差异在于：虽然二
者都认识到作为构成要件的结果发生的可能性，但过于自信的过失认识到的是一
种抽象可能性，间接故意认识到的是一种现实可能性，间接故意认识到的危害结
果发生的可能性程度比过于自信的过失的可能性程度高。但区分这两种罪过形式

---

[1] 张小虎：《犯罪过失心理结构要素探究》，载《法学评论》2005年第2期。
[2] 参见张小虎：《犯罪过失心理结构要素探究》，载《法学评论》2005年第2期。

的可能性程度应如何划定，这是理论和实践中非常困难的问题。

（二）疏忽大意的过失

疏忽大意的过失，即行为人应当预见自己的行为可能发生危害社会的结果，因为疏忽大意而没有预见，以致发生这种危害结果的心理态度。疏忽大意的过失的特征包括：（1）行为人应当预见自己的行为可能发生危害社会的结果，即行为人具有预见自己的行为可能发生危害社会的结果的义务，同时行为人还有预见能力。（2）行为人没有预见（认识）自己的行为可能发生危害社会的结果。疏忽大意的过失因而也称为"无认识的过失"。无认识系对法益侵害结果没有认识。（3）行为人没有预见危害结果由于疏忽大意。这也隐含着行为人具有预见能力。

注意能力即对应注意事项在主观上注意的可能性。对疏忽大意的过失而言，注意能力即预见（认识）作为构成要件的危害结果的能力。注意义务之履行以注意能力为基础，没有注意能力，履行注意义务客观不能。关于注意能力的判断标准，刑法理论上存在主观说、客观说和折中说。主观说以行为人个人的注意能力为标准判断行为人是否违反注意义务；客观说以一般人的注意能力为标准判断具体的行为人是否违反注意义务；折中说在判断具体的行为人是否违反注意义务时，以一般人为参考，以具体的行为人的注意能力为标准。客观说的根据是法律的一般性和普适性，主观说的主要理由是刑事责任的个别性（刑事责任总是由具体的人承担）。折中说的基底是主观说，只不过在判断具体行为人的注意能力时，要参考社会一般人的注意能力。[①]客观说是我国刑法学界的通说。

三、过于自信的过失和疏忽大意的过失的区分

过于自信的过失和疏忽大意的过失在意志方面的特征都是不希望也不放任危害结果的发生，但二者违反的义务不同，前者违反的是结果回避义务，后者违反的是结果预见义务。二者的区别主要表现在认识因素上。过于自信的过失与间接故意在认识程度上的差异在于：虽然二者都认识到作为构成要件的结果发生的可能性，但过于自信的过失认识到的是一种抽象可能性，间接故意认识到的是一种现实可能性，间接故意认识到的危害结果发生的可能性程度比过于自信的过失的可能性程度高。

---

① 参见陈兴良：《过失责任论》，载《法律评论》2000年第2期。

关于过失类型和刑罚轻重之间是否有关联的问题，学理上倾向于认为对过于自信的过失的刑罚应当适当重于对疏忽大意的过失的刑罚。但有学者通过案例的实证研究表明，二者之间的关联度很低。①

四、犯罪过失的其他分类

除了过于自信的过失和疏忽大意的过失的法定分类方法外，刑法上的过失，通常还可分为普通过失和业务过失。普通过失是指行为人在日常社会生活中的过失；业务过失是指业务人员执行具有发生一定的侵害法益结果之危险的业务时，疏忽于业务上之必要注意而发生的过失。相较于普通过失，业务过失应负的刑事责任更重。业务过失是违反法律规范所明示的注意义务。将社会一般注意义务纳入疏忽大意的过失的注意义务的范围，也不违反罪刑法定的精神。罪刑法定并不排斥立法者在某些情况下"采用空白要件的方式"，授权司法者予以填补。就过失犯罪的规定而言，根据什么判断特定情形是否属于"应当预见而没有预见"，正属于立法者对司法者授权的范围。②

五、"法律有规定"

第15条第2款的规定表明，刑法以处罚故意犯罪为常态，以处罚过失犯罪为例外。对过失犯罪，"法律有规定的"才要求行为人负刑事责任。法律有规定，包括明文规定和隐含规定。明文规定，通常是指罪刑条款明确使用"过失"一语。但在我国刑法中，"严重不负责任……造成……""发生……事故""玩忽职守"等文字表述，也是判定有关条文规定的是过失犯罪的适当的文理根据。从实质上看，只有当过失行为直接或间接地侵害了生命、身体等重大法益时，才宜确定为犯罪。

六、故意和过失的区分

我国刑法将罪过作故意和过失的二分。相较于主要西方国家的立法或理论分类而言，我国刑法对罪过的分类简洁明快。

二者在认识因素和意志因素方面都有差异。故意的认识因素是明知自己的行

---

① 蔡曦蕾：《论犯罪过失类型与刑罚轻重的关联——从学说理论与司法实践两个纬度的展开》，载《中国刑事法杂志》2009年第4期。
② 关于将社会一般注意义务纳入疏忽大意的过失的注意义务的范围是否违反罪刑法定原则的问题，参见陈兴良：《过失责任论》，载《法律评论》2000年第2期。

为会发生危害社会的结果。表示认识的明确性程度的"会"包括必然和可能。过失的认识因素是行为人有能力预见，而因疏忽大意没有预见自己的行为可能发生危害社会的结果，或者已经预见这种结果而轻信能够避免。在对危害结果的意志方面，故意持希望或放任的态度，过失持排拒和不欲的态度，故意投的是赞成票或弃权票，过失投的是反对票。二者在主观意志上的不同反映行为人主观恶性的不同，为实现刑法正义和罪行均衡，对客观违法意义上的同一犯罪行为结合的故意和过失，刑法对故意行为配置的法定刑要重于过失行为。

早在两千多年前中国传统刑律就已明确了故意犯罪和过失犯罪的责任区分，而欧陆刑法告别结果责任还是近代的事。犯罪故意的含义在中国历经了历史变迁。关于故意和过失的界分问题，古代刑律关于人命的犯罪"六杀"所蕴含的类型思维模式，对今天的刑法概念式二元界分模式在方法论上有重要的启示意义：故意和过失的界限纠葛的解决，应当以概念思维为基础，以类型思维为补充。古代刑律并不是自觉地而是近于直觉地运用近代法学所推崇的类型思维模式，体现了中华法系的早熟与早慧。刑法立法和刑法解释可考虑从传统刑律之本土资源中汲取营养。①

七、复合罪过

（一）复合罪过的理论阐发

法、德、英、美各国刑法（理论）对罪过的分类不同，名称各异，但都将大致处于直接故意与疏忽大意的过失之间的地带作为一种相对独立的罪过形式。②原因之一是在间接故意和过于自信的过失之间很难划清界限。我国刑法分则中的一些罪刑条款对罪状的描述也未明示罪过形式是故意还是过失，或者所提供的据以判断罪过形式的文理线索不明晰。在此情形下，我国一些刑法学者提出了复合罪过的概念。

储槐植教授所谓"复合罪过"，是指同一罪名的犯罪心理态度既有间接故意又有过失的罪过形式。作者所举的例子包括现行刑法中的滥用职权罪，玩忽职守罪，重大劳动安全事故罪，工程重大安全事故罪，教育设施重大安全事故罪，消

---

① 陈磊：《犯罪故意的古今流变——兼评方法论意义上故意与过失的界分》，载《环球法律评论》2014年第4期。
② 参见储槐植、杨书文：《复合罪过形式探析——刑法理论对现行刑法内含的新法律现象之解读》，载《法学研究》1999年第1期。

防责任事故罪，生产、销售劣药罪，生产、销售不符合标准的医用器械罪，生产、销售不符合安全标准的产品罪，生产、销售伪劣农药、兽药、化肥、种子罪，生产、销售不符合卫生标准的化妆品罪，违法发放贷款罪、违规出具金融票证罪，等等。[①]复合罪过形式的犯罪具有一系列共同特征：都是结果犯；罪过包括间接故意和过失；主体多半是特殊主体，即从事特定职业或者具有某种职责、具有一定专业知识技能的人（不排除单位）；具有多个档次的法定刑。[②]复合罪过形式并不违反罪刑法定、罪刑均衡等原则，理由有二：（1）单就行为主体的主观恶性而言，间接故意和过于自信的过失相比，有时难以分清孰轻孰重；（2）多档次的法定刑为贯彻罪刑均衡原则和避免客观归罪提供了保障。复合罪过形式作为我国刑法中的新现象，具有严密刑事法网和减轻司法机关证明责任的实践意义和功能。[③]如此一来，我国刑法中的犯罪按罪过形式就有三类：只有故意构成的犯罪（故意犯罪）、只有过失构成的犯罪（过失犯罪）和复合罪过形式的犯罪（复合罪过犯罪）。同一客观行为由于主观心理态度的不同而分为故意罪和过失罪，如放火罪和失火罪，故意杀人罪和过失致人死亡罪，等等。之所以一分为二，储槐植教授的解释是，此等"故意"多数是直接故意，与过失相比，所反映的行为人主观恶性差异悬殊，因而绝不能适用相同档次之法定刑。而关于复合罪过的规定"合二为一"，既不明示是故意，也不明示是过失。之所以如此，是因为此等故意多半是间接故意，与过失尤其是过于自信的过失相比，所反映的主体的主观恶性差异并不太大，因而可适用相同档次的法定刑。

储槐植教授学贯中西，以上论证非常缜密。但落实到具体条文，如刑法第137条规定的工程重大安全事故罪，这一罪名的法定最高刑是十年有期徒刑。如果认为它的罪过形式包括间接故意，在安全事故致多人死亡的情形，对直接责任人员最多只能判10年有期徒刑。与其他（间接）故意致多人死亡的犯罪如间接故意杀人、间接故意放火横向比较，明显刑罚畸轻。储槐植先生所举的其他可能涉及生命损失的犯罪如重大劳动安全事故罪的法定最高刑配置也普遍存在这样的情况。既然是普遍如此，那可能首先应相信立法者的实践理性。在放任危害结果发

---

① 注意，储槐植先生的论文发表于1999年初，这些罪名的对应法条是当时我国刑法典中的法条。此后迄今我国刑法典经历了十次修正。
② 参见储槐植、杨书文：《复合罪过形式探析——刑法理论对现行刑法内含的新法律现象之解读》，载《法学研究》1999年第1期。
③ 参见储槐植、杨书文：《复合罪过形式探析——刑法理论对现行刑法内含的新法律现象之解读》，载《法学研究》1999年第1期。

生与不欲危害结果发生之间存在质的差异，"刑法应切中人的意志"的格言和罪行均衡等原则一般地要求在刑罚上对二者区别对待。根据罪状和法定最高刑配置，重大劳动安全事故罪、工程重大安全事故罪等犯罪罪过形态宜解释为过失，包括疏忽大意的过失和过于自信的过失。

（二）关于罪过形式的体系解读

刑法典第14条和第15条分别规定犯罪故意（故意犯罪）和犯罪过失（过失犯罪）。第14条第2款"故意犯罪，应当负刑事责任"和第15条第2款"过失犯罪，法律有规定的才负刑事责任"一起奠定了我国刑法上犯罪分为故意犯罪和过失犯罪的格局，且这两款的规定意味着我国刑法的打击对象主要是故意犯罪。第15条第2款的规定还意味着法未明文规定罪过形式，也无充分的文理根据断言特定具体犯罪的罪过为过失时，应作对行为人有利的解释，即将该罪罪过形式解释为故意。刑事判决书必须载明行为人的主观方面是故意还是过失，否则一些法律制度无法落实，如累犯制度。许多关于从业资格的规定都有"因犯罪受过刑罚处罚的，但过失犯罪的除外"的规定，等等。我国传统刑法理论通说也坚持一罪名一罪过。

如此说来，复合罪过如果存在的话，它也是不可欲的。有学者指出，鉴于刑法典分则中的犯罪存在"兼有型罪过"（立法者将两种不同罪过形式之犯罪行为糅合在一起共用一个复合的法定刑的情形）的情况，总则关于罪过形式非故意即过失的规定在刑法分则中并未完全落实。在解释"兼有型罪过"这一现象时，我国刑法学者提出了多种学说，如复合罪过说、客观超过要素说、罪量要素说、严格责任说，但这些学说都有不足。为司法实践的需要，解决这一问题的最佳方案是修改刑法。在刑法修改之前，最高司法机关可以通过司法解释对兼有型罪过之犯罪的量刑问题作出明确规定，各级人民法院应根据具体案件中行为人的实际罪过形式适用相关的法定刑。①

八、监督过失和管理过失

（一）概念和成立条件

过失责任之本质乃注意义务之违反。通常所说的注意义务，是指行为人对自己的行为可能造成法益侵害的注意义务，包括结果预见义务与结果回避义务。但

---

① 皮勇、王刚：《我国刑法中"兼有型罪过"立法问题研究》，载《法商研究》2014年第2期。

在行为人与第三人具有监督或管理关系的场合，行为人可能也对第三人的行为承担注意义务，即确保该特定第三人的行为不侵害法益。处于行为人监督之下的特定第三人造成法益侵害结果时，行为人对该结果的发生具有过失的，就是监督过失。在单位过失犯罪实行双罚的场合，不但要处罚直接责任人员，还要处罚直接负责的主管人员。直接负责的主管人员可能处于监督人地位，其过失就是监督过失。监督过失是指违反通过命令、指挥、训练、监督直接行为人、防止事故的义务的监督过失。此外，管理人员负有为防事故于未然而准备人员体制、物质设备之义务，违反此等义务造成危害结果的，就存在管理过失。[①]

监督过失是否成立，取决于监督者对现场工作人员的过失是否具有预见可能性；当然也还须考察监督义务之履行是否能够避免危害结果。只有结果预见可能性和结果回避可能性两个要素同时具备，才能追究监督者的过失责任。

在管理过失的场合，注意义务是积极作为义务。管理过失成立的是过失不作为犯，如重大劳动安全事故罪、教育设施重大安全事故罪。管理过失中注意义务的主体是对安全体制之确立实质性地负有决定、命令权限的人。未进言确立此等安全体制之属下不存在此等注意义务。

在存在监督过失的场合，监督者（管理者）的过失与被监督者（被管理者）的过失共同造成危害结果的，不是共同犯罪，而是过失竞合，按照他们所犯的罪分别处罚。监督过失（管理过失）并不是两种过失之外的独立类型的过失，要么属于疏忽大意的过失，要么属于过于自信的过失。

（二）因果关系判断

监督过失客观上表现为行为人（监督人）违反注意义务，导致被监督人过失行为，间接引起侵害结果的发生。监督过失犯罪之成立，以行为和结果之间具有因果关系为必要，但由于存在被监督人过失行为的介入，形成认定上的困难。判断因果关系是否存在时，可结合监督过失因果关系之特点，并借助刑法因果关系基本理论，遵循"二阶判断"的思路：在事实因果层面，以条件说分析被监督人行为和结果之间、监督人行为和结果之间的因果联系；在结果归属层面，以相当因果关系说检视监督人行为与结果之间的客观归责。[②]

① 参见陈兴良主编：《刑法总论精释》（上），人民法院出版社2016年版，第357页。
② 参见谢雄伟：《监督过失中因果关系的"二阶判断"》，载《政治与法律》2016年第5期。

补充问题

在疏议关于罪过形式的条款之后，有必要补充疏议期待可能性问题和违法性认识问题。

一、期待可能性问题

（一）期待可能性的概念

在刑法中，期待可能性是指根据行为时的主客观情况，可以期待行为人不实施违法行为而作出适法行为。不能期待行为人作出适法行为的，就是期待可能性欠缺，构成责任阻却事由。在我国刑法学界，肯定期待可能性理论的学者倾向于认为，期待可能性是独立于责任能力、故意、过失之外的责任要素，但其是消极的责任要素，通常情形下无需证明其存在，而是在例外情形下，证明期待可能性的丧失或减少，因而阻却责任或责任减轻。

（二）期待可能性及其在我国刑法中的表现

有学者研究了期待可能性在我国刑法中的表现，认为期待可能性缺乏是责任的消极要素。国外刑法理论和实践虽承认超法规之期待可能性阻却事由，但我国应将期待可能性阻却事由限定在法定或有权解释之范围内。我国刑法和司法解释对出卖亲生子女、某些收买被拐卖妇女、家庭内部盗窃、当事人毁灭证据、因受胁迫而参加黑社会性质组织等行为之非罪处理，都有基于此类行为缺乏期待可能性的意义。[①]

（三）对期待可能性理论的肯定的观点

在我国刑法学界，张明楷教授可以说是阶层犯罪论的旗手。他认为，责任是三阶层犯罪论体系中有责性阶层之核心内容，其本质内涵即非难可能性，只有在有非难可能性的情形下，才能对行为人就不法行为科加责任。对非难可能性应从实质上理解，尤其是应从违法性认识和期待可能性两个维度为其提供根据。违法性认识是非难可能性中的智识性要素，期待可能性是非难可能性中的意愿性要素。我国刑法中并没有关于非难可能性要素的明文规定，非难可能性以理论问题的形式存在。刑事司法中运用违法性认识和期待可能性的法理出罪的案例较为罕见。随着刑事法治的加强，责任主义观念必将逐渐获得认同，以非难可能性为中

[①] 张小虎：《论期待可能性的阻却事由及其在我国刑法中的表现》，载《中外法学》2014年第1期。该文发表于2014年。2015年《刑法修正案（九）》修正刑法典第241条（收买被拐卖的妇女、儿童罪）第6款，删除了对某些收买被拐卖的妇女、儿童行为"可以不追究刑事责任"的规定，并相应提高了收买妇女、儿童行为的刑事责任。所以文中列出的"某些收买被拐卖妇女"的行为就作者的意旨而言已不切题。

心的责任概念应进一步推行。[1]

钱叶六教授也主张引入并限定性适用期待可能性理论。他认为，期待可能性理论不但具有对实定法相关规范（法定的责任减免事由）的解释功能，在特定场合，还能为超法规的期待可能性事由（超法规的责任减免事由）之具体适用提供理论根据。区分违法要件与责任要件的阶层式犯罪论体系在我国刑法学中的确立和发展，为期待可能性理论之引入和应用排除了体系上的障碍。基于刑法安定性之要求，应严格限定超法规的期待可能性事由之适用条件，合理划定其适用范围。实践中，可考虑适用超法规的期待可能性事由之情形，主要限于牺牲他人生命保全自己生命之紧急避险、安乐死、执行上级的违法命令、本犯单纯妨害作证、近亲属妨害司法、单纯脱逃、妇女不堪忍受长期家庭暴力而杀夫、迫于生活困难而出卖子女以及妇女因生活所迫而重婚等一些特殊的案件。[2]

（四）反对采纳期待可能性学说的主张

源自1897年德国"癖马案"的期待可能性学说迄今已有120多年的历史。有学者通过研究，断言我国刑法教义学不应采纳期待可能性学说。该学者认为，由于历史原因、知识体系和语言障碍等的差异，我国学者对期待可能性概念存在重重误解。还原真相，发现期待可能性是"一个理论含量很低，承载不了太多'期待'的，早已逐渐退化成教义学上一个无足轻重的概念"；刑法研究之精密化，"不仅意味着入罪条件的精细化，也意味着出罪事由的精细化，放诸四海而皆准的概念，如期待可能性理论，势必面临被类型化、规范化和具体化的命运"；期待可能性理论"作为一个本来已经没落的学说，也不该被我国刑法教义学采纳"；该学者还断言"超法规的免责事由是无本之木"，同时也就否定了违法性认识可能性的欠缺是责任阻却事由和出罪事由。[3]

期待可能性问题很复杂，对其体系地位、理论和实践价值，学界争议很大。期待可能性概念是否值得采纳，应作进一步研究。

二、违法性认识和违法性认识可能性问题

对违法性认识和违法性认识可能性这两个概念，学界并无统一的理解。根据

---

①　陈兴良：《刑法中的责任：以非难可能性为中心的考察》，载《比较法研究》2018年第3期。
②　钱叶六：《期待可能性理论的引入及限定性适用》，载《法学研究》2015年第6期。
③　王钰：《违法行为期待可能性理论的中国命运》，载《政治与法律》2019年第12期。

张明楷教授的看法，违法性认识是指行为人（行为时）对自己的行为违反刑法的认识；违法性认识的可能性是指行为人在实施构成要件行为时，能够认识到自己的行为具有违法性。违法性认识的对象是行为的违法性。[1]但围绕违法性认识中"法"的含义，大陆法系刑法理论存在多种学说：违反"前法律"规范的认识说、违反法律的认识说、违反刑法的认识说，等等。显然，"前法律"是指作为法律之基础的伦理、道德，它们必须通过立法程序才能成为形式的法。法律相对于道德而言，具有恒常性、可预测性等优点，应是违法性认识之"法"的第一层含义。基于社会防卫与人权保障的平衡考量，应将一般法律规范纳入违法性认识之"法"的范围。[2]有人将违法性认识等同于社会危害性认识。也有人将形式违法性和实质违法性相割裂，认为违法性认识就是指对形式违法性的认识，而社会危害性认识就是对行为实质违法性的认识。如有学者认为："违法性认识是对表征社会危害性程度的形式意义上违反刑法的认识，具备认识可能性即可。"[3]

有学者辨析社会危害性认识和违法性认识，认为对社会危害性认识的判断不能代替对违法性认识的判断。违法性认识和社会危害性认识虽然常常相伴相随，但并非一回事。违法性认识既包括对行为形式违法性的认识，也包括对行为实质违法性的认识，二者不能割裂；社会危害性认识相当于实质违法性认识。卖淫嫖娼者或聚众淫乱者会认为自己的行为违法，但可能不认为自己的行为具有社会危害性。法律也并非全面禁止危害社会的行为，所以存在有社会危害性认识而欠缺违法性认识的情形。[4]

与罪刑法定原则联系起来看，前述张明楷教授的见解或许更为可取，但仍有许多问题值得追问。

二、自然犯、法定犯二分法与违法性认识

相对而言，我国刑法学界对自然犯和法定犯对违法性认识的要求不同这一点的认同度似乎较高。对传统刑法规定的自然犯而言，罪刑规范植根于社会共同体的基本伦理之中，行为人对其不法行为的法益侵害性的认识并不依赖于对法律规

---

[1] 张明楷：《刑法学》，法律出版社2016年版，第317页。
[2] 王静、王志远：《刑事违法性认识中"法"的涵义辨析》，载《广东社会科学》2017年第3期。
[3] 于润芝：《故意中意义认知和违法性认识的关系研究》，载《苏州大学学报》（法学版）2019年第3期。
[4] 参见刘之雄：《违法性认识的刑法学理论异化与常识回归——基于解读犯罪故意实质内涵的分析》，载《法商研究》2019年第4期。

范的知悉。其法益危害性认识既未必包含违法性认识，也不以违法性认识为必要，犯罪故意的认定与违法性认识无关。但对现代刑法中大量规定的法定犯而言，罪刑规范保护的法益以社会的功利性政策为基础并由立法者确定，缺乏社会伦理基础。此类犯罪的法益危害性是以缺乏社会伦理基础的法律赋予，并依靠法律得以标记的。这使得行为人对其行为的社会意义的认识依赖于对法律的知悉。在此种情况下，如果行为人确实因不知法而不知其行为具有的法益危害性，就缺乏对行为构成的认识，从而排除犯罪故意。[①]

三、违法性认识和违法性认识可能性是否是犯罪要素

在这一问题上有肯定说和否定说之分。

（一）肯定说

肯定说认为违法性认识和违法性认识可能性是犯罪要素。

贾宇主张"违法性认识是犯罪故意的必备要件"。[②]陈兴良认为"违法性认识首先应当作为犯罪故意的规范评价要素加以讨论"。[③]刘艳红论道："违法性认识与违法性认识可能性递进式地归属于故意和过失要素……如果行为人具备违法性认识可能性，但是由于违反注意义务而没有认识到行为的违法性，成立过失犯；如果行为人具备违法性认识，则成立故意犯罪。"[④]

有学者提出，在摒弃"不知法不免责"观念之前提下，违法性认识应被确定为犯罪故意之组成部分。理由有三：（1）基于刑法第 14 条的规定，从规范的故意概念出发，故意之认识对象不能脱离行为的违法性；（2）违法性认识错误之可谴责性并不是自始高于事实认识错误；（3）责任说对责任原则的软化，难以经受合宪性解释之考验。该学者还提出违法性认识之具体判断方法。[⑤]

（二）否定说

否定说认为违法性认识和违法性认识可能性不是犯罪要素。

有学者认为，将违法性认识作为犯罪故意的内容会引发若干问题。（1）将

---

① 刘之雄：《违法性认识的刑法学理论异化与常识回归——基于解读犯罪故意实质内涵的分析》，载《法商研究》2019年第4期。

② 贾宇：《论违法性认识应成为犯罪故意的必备要件》，载《法律科学》（西北政法学院学报）1997年第3期。

③ 陈兴良：《违法性认识研究》，载《中国法学》2005年第4期。

④ 刘艳红：《违法性认识的体系性地位——刑民交叉视野下违法性认识要素的规范分配》，载《扬州大学学报》（人文社会科学版）2015年第4期。

⑤ 陈璇：《责任原则、预防政策与违法性认识》，载《清华法学》2018年第5期。

违法性认识作为犯罪故意的要素，意味着只有在行为人行为时意识到自己的行为违法，其才成立故意犯罪。这可能会将行为人行为时对行为是否违法不加思考和追问的临时起意的犯罪或激情犯排除在故意犯罪之外。（2）将违法性认识作为犯罪故意的要素，意味着司法机关在认定故意犯罪时要普遍审查违法性认识。这不符合司法实际，也无现实可行性。因为违法性认识是极为常见的辩护理由，而要证明行为人在当时具有违法性认识并无现实可能性。（3）将违法性认识作为犯罪故意的要素，将会导致荒谬的结论："行为人认为其行为违法，就是故意犯罪；行为人不认为其行为违法，就不是故意犯罪。"如此就使法律是否有效端赖行为人的主观认识，法律不再是客观的秩序。①

该论者还论证了违法性认识可能性不应被认为犯罪过失或犯罪故意的要素的主张。（1）将违法性认识可能性作为过失的要素，既不符合司法实际，又会导致将疏忽大意的过失排除在犯罪过失的范围之外的错误结论。在疏忽大意的过失的情形，只有在行为发生危害结果之后，行为人才可能认识到自己的行为违法，而行为当时不可能认识到行为的违法性。根据责任与行为同时存在的原则，过失是指行为当时的过失，由于疏忽大意的过失的行为人当时不具有违法性认识可能性，由"违法性认识可能性是过失的要素"这一前提将推导出"疏忽大意的过失不是过失"的荒谬结论。将违法性认识可能性作为罪责要素也会得出疏忽大意的过失不负刑事责任的错误结论。（2）将违法性认识可能性作为犯罪故意的要素，将混淆故意和过失。在犯罪故意中也不可能含有"应当认识行为违法性而竟未认识"的过失。

（三）论争态势

肯定说和否定说各有千秋。肯定说持论者几乎都是刑法学界有影响的人物。前述否定说的批判直击要害，但也并非疏而不漏。如前述否定论者的论证中对疏忽大意的过失的行为人当时不具有违法性认识可能性，就混淆了事实意义上的"不可能"和规范意义上的"不可能"。前者是指从事后看行为人事实上肯定没有违法性认识可能，后者是指在规范意义上不应要求他具有违法性认识可能性。

---

① 参见刘之雄：《违法性认识的刑法学理论异化与常识回归——基于解读犯罪故意实质内涵的分析》，载《法商研究》2019年第4期。

四、违法性认识和违法性认识可能性的体系地位

这一问题是前一问题的延伸。主张违法性认识或违法性认识可能性是故意或过失的要素的学者会合乎逻辑地将这一问题放到责任论中讨论。例如，有学者主张树立社会危害性认识主导故意犯罪认定观，将违法性认识可能性纳入责任要素范畴。[①]

还有学者论道："关于违法性认识在犯罪论中的地位，陈兴良教授主张违法性认识必要说，理由体现在立法、学理和违法性认识的内容上。根据违法性认识不要说，陈教授的违法性认识必要说存在三个理论问题，不能完全得到立法例的证明。违法性认识和社会危害性认识作一致解释的做法，导致违法性认识不被评价，其实是不要说。而在独立于犯罪论的刑事责任论中评价违法性认识比较妥当。"[②]这里的违法性认识必要说，是指认为违法性认识或违法性认识可能性是犯罪构成要素的学说。违法性认识不要说与此相反。

否定论者可能不赞同将这一问题放在责任论中讨论的做法，甚或认为，"无论是将违法性认识可能性作为故意或过失要素，还是将其作为罪责要素，都完全脱离司法实际，因而都不可行"。[③]

五、不可避免的违法性认识错误阻却罪责

基于责任主义原则，域外刑法理论与刑事立法逐渐肯定违法性认识错误对罪责的影响，承认在违法性认识错误不可避免之场合，不知法可以成为责任阻却事由。受"不知法不免罪"的传统原则影响，不论是刑法规定还是刑事司法，各国对违法性认识不可避免性的把握仍然十分严苛，其几乎成一种罕见的例外。现代刑法规范日益复杂，公民对法规范的认识也日益困难。故行为人只要在通常之法规范意识支配下，履行了法规范注意义务，仍难以避免地陷入违法性认识错误而实施了刑法禁止的行为，就应被认定为具备违法性认识错误不可避免性不承担刑事责任。[④]

对行政犯罪刑条款中前置性行政法规的认识错误应按不同情况区别对待：如

①　张玲玲、裴兆斌、胡宏涛：《违法性认识论》，载《南京社会科学》2018年第2期。
②　童德华：《违法性认识在犯罪构成中的地位——两种意义的不要说和必要说的对话》，载《山东警察学院学报》2012年第1期。
③　刘之雄：《违法性认识的刑法学理论异化与常识回归——基于解读犯罪故意实质内涵的分析》，载《法商研究》2019年第4期。
④　孙国祥：《违法性认识错误的不可避免性及其认定》，载《中外法学》2016年第3期。

行为人抛开行政法规也能认识到作为禁止实体的有害性，则按法律认识错误处理；如难以通过对社会一般价值观念的了解认识行为的有害性，则按事实认识错误处理。[①]

第十六条　行为在客观上虽然造成了损害结果，但是不是出于故意或者过失，而是由于不能抗拒或者不能预见的原因所引起的，不是犯罪。

本条是关于无罪过事件的规定。

一、无罪过事件及其刑法效果

（一）无罪过事件的概念

无罪过事件即行为虽然在客观上造成了损害结果，但该行为并非出于行为人主观上的故意或过失，而是由于不能抗拒或不能预见的原因引起损害结果的情况。在无罪过事件中，行为虽然造成了损害结果，但行为人的行为并不受故意或过失心态支配，损害结果是由不能抗拒或不能预见的原因引起的，所以无罪过事件不是犯罪。

（二）无罪过事件的分类

无罪过事件分为意外事件和不可抗力。

1. 意外事件

意外事件，是指行为虽然在客观上造成了损害结果，但并非出于故意或过失，而是由不能预见的原因所引起的情况。其构成要素包括：（1）行为在客观上造成了损害结果；（2）行为人对损害结果的发生既没有故意，也没有过失；（3）损害结果是由行为人不能预见的原因所引起。不能预见，既意味着当时行为人没有预见，又意味着根据当时的客观情况和行为人的主观认识能力，行为人也不可能预见。意外事件与疏忽大意的过失的区别在于：在前者，行为人不能预见危害结果；在后者，行为人能够预见危害后果，只是由于疏忽大意而没有预见。因而，不能对前者的行为人进行非难，而后者的行为人则具备刑法非难的主观基础。

---

① 于润芝：《故意中意义认知和违法性认识的关系研究》，载《苏州大学学报》（法学版）2019年第3期。

2. 不可抗力

不可抗力，是指行为虽然在客观上造成了损害结果，但并非出于行为人的故意或过失，而是由不可抗拒的原因所引起的情况。其构成要素包括：（1）行为在客观上造成了损害结果；（2）行为人对损害结果没有故意或过失；（3）损害结果是由行为人不能抗拒的原因所引起。由此可知，不可抗力与意外事件的区别在于导致损害结果的原因不同。"不可抗力"有两层意思：一是在认识因素上，行为人已经认识到自己的行为可能发生危害结果；二是在意志因素上，行为人对危害结果的发生持排拒、反对的态度，但根据当时的主客观条件，行为人不可能防止或排除危害结果的发生。[①]使行为人根据当时的主客观条件不可能防止或排除危害结果的一切事态，都属不可抗力。不可抗力为他人的强制时，这种强制应达到足以使行为人丧失意志自由的程度，否则不成立不可抗力，而是被胁迫犯罪。

有学者认为，尽管意外事件和不可抗力根据本条都不构成犯罪，但二者不成立犯罪的原因是不同的：不可抗力是因为没有刑法意义上的行为才不成立犯罪，意外事件不成立犯罪是因为没有故意或过失。二者的理论意义有差别。[②]根据体系解释，这一观点不够妥当。本条的前两条分别规定犯罪故意和犯罪过失，本条的后面两条规定的依次是刑事责任年龄和精神病人、醉酒的人的刑事责任，前后的条文都是围绕"有责性"问题展开，所以将不可抗力不成立犯罪的原因解释为没有刑法意义上的行为的做法，值得商榷。在不可抗力之情形，行为人欠缺罪过，这是显而易见的。

缺乏责任与阻却责任并非同义语。本条规定的意外事件和不可抗力，不是责任阻却事由，而是缺乏责任事由。

二、本条之意义

我国刑法理学界通常认为，本条的意义是在我国刑法中确立罪过责任原则，即无罪过就无犯罪。无论是意外事件，还是不可抗力，行为人对危害结果的发生主观上都无罪过，因此犯罪不成立。罪过责任原则反对结果责任，禁止客观归罪。结果责任即只要行为造成损害结果，就应承担刑事责任，行为人对该损害结

---

① 高铭暄、马克昌：《刑法学》，北京大学出版社、高等教育出版社2017年版，第117页。
② 陈兴良：《论无罪过事件的体系性地位》，载《中国政法大学学报》2008年第3期。

果是否具有故意或过失，在所不问。一些刑法学者所认为的我国刑法中存在的严格责任，实际就是结果责任。结果责任使人动辄落入刑事法网，严重妨害人的自由，损害人的尊严。因此，将我国刑法中任何具体犯罪解释为严格责任的观点，在基本价值立场上就是错误的。

第十七条 已满十六周岁的人犯罪，应当负刑事责任。

已满十四周岁不满十六周岁的人，犯故意杀人、故意伤害致人重伤或者死亡、强奸、抢劫、贩卖毒品、放火、爆炸、投放危险物质罪的，应当负刑事责任。

已满十二周岁不满十四周岁的人，犯故意杀人、故意伤害罪，致人死亡或者以特别残忍手段致人重伤造成严重残疾，情节恶劣，经最高人民检察院核准追诉的，应当负刑事责任。

对依照前三款规定追究刑事责任的不满十八周岁的人，应当从轻或者减轻处罚。

因不满十六周岁不予刑事处罚的，责令其父母或者其他监护人加以管教；在必要的时候，依法进行专门矫治教育。

本条是关于刑事责任年龄的规定。

一、刑事责任能力与刑事责任年龄

（一）刑事责任能力及其分类

刑事责任能力是行为人对自己实施的符合犯罪构成要件的违法行为承担刑事责任的能力。我国刑法理论通说认为，刑事责任能力包括辨认能力和控制能力。辨认能力即行为人认识自己的行为的内容、社会意义的能力，也称为认识能力；控制能力即行为人支配自己实施或不实施特定行为的能力，也称为抑制能力。辨认能力和控制能力都存在有无之别，在"有"的范围内还存在程度之分。辨认能力是控制能力的基础和前提，没有辨认能力就不可能有控制能力。有控制能力就能够反推行为人有辨认能力。但有辨认能力者可能由于精神病等原因而丧失控制能力，这时行为人没有能力（资格）对自己的危害行为承担刑事责任。只有同时具备辨认能力和控制能力，才算具有刑事责任能力。刑事责任能力分为四种情形：（1）完全刑事责任能力：年满18周岁，精神、生理功能健全，智力和知识发育正常的自然人；（2）相对刑事责任能力：已满14周岁、不满16周岁、精神健康者，只对本条第2款规定的八种严重犯罪行为负刑事责任；2020年《刑法修正案（十一）》增加的本条第3款规定的情形可以称为"附条件相对刑事责任能力"，是刑事责任年龄的个别下调；（3）无刑事责任能力：本条第3款规定以外的未满14周岁者，以及精神病人；（4）减轻刑事责任能力：因年龄、精神健康状况、生理功能缺陷等而在实施刑法上的危害行为时，虽然有责任能力，但其辨认或控制能力有一定程度的减弱、降低情况，属于介于完全刑事责任能力和完全无刑事责任能力之间的状态。

（二）影响刑事责任能力的因素

刑事责任能力主要受年龄和精神健康状况的影响。通过正常的社会化过程，自然人到了一定年龄就心智发育成熟，能够辨认自己行为的内容和社会意义，但由于先天或后天因素的影响，自然人正常的社会化过程可能受阻，无法内化社会的行为规范，心智发育遭遇障碍，不能形成正常的辨认能力和控制能力。

（三）刑事责任年龄及其分类

刑事责任年龄是法律规定的行为人对自己的刑法上的危害行为承担刑事责任的年龄。根据本条，我国刑法对刑事责任年龄分为三种情况：（1）完全刑事责任年龄，即已满16周岁。（2）相对刑事责任年龄，即已满14周岁不满16周岁；本条第3款经最高检察机关核准追究刑事责任的情形可称为"附条件相对刑事责任年龄"。（3）无刑事责任年龄，即不满14周岁，但根据本条第3款经最高检察机关个别核准追诉之情形除外。

本条第2款中"致人重伤或者死亡"是"故意杀人、故意伤害"的实害结果；同样，第3款中"致人死亡或者以特别残忍手段致人重伤造成严重残疾，情节恶劣"也同时修饰前面的"故意杀人、故意伤害罪"。

根据本条第4款，犯罪时不满18周岁被追究刑事责任的，应当从轻或减轻处罚。这是基于国家对未成年人犯罪实行的教育为主、惩罚为辅的刑事政策和"教育、挽救、感化"的方针而规定的量刑情节。

（四）刑事责任能力和刑事责任年龄的法定性

刑事责任能力和刑事责任年龄都是法定的。事实上，有严重的社会危害行为但依法未被追究刑事责任的不满16周岁者也可能具有辨认、控制自己的法益侵害行为，无论其在危害社会的行为中表现出来的智商有多高、谋虑多狡猾、危害多严重，都不能认为他在法律上具有刑事责任能力，否则将损害法律的安定性。

（五）关于本条第 2 款中所列的是犯罪行为还是罪名的问题

根据本条第2款，相对刑事责任年龄人对所列八种犯罪行为负责。尽管刑法学界对本款所列八项是罪名还是犯罪行为有争议，但毫无疑问，司法中对已满14周岁、不满16周岁的犯罪自然人适用的罪名，只能限于故意杀人罪、故意伤害罪、强奸罪、抢劫罪、贩卖毒品罪、放火罪、爆炸罪和投放危险物质罪。它们的共性是严重的故意犯罪，目前都配有死刑。本身涵盖杀人行为的严重侵犯法益行为，如绑架、暴动越狱，行为人已满14周岁不满16周岁的，只能评价为故意杀人罪，因为这个年龄段的自然人不能成为绑架罪、故意杀人罪等犯罪的主体。同样，第3款中的"故意杀人、故意伤害罪"也应理解为犯罪行为。如13周岁的儿童在抢劫（强奸）过程中使用暴力致被害人死亡的，也可能经最高检察机关核准追诉而负刑事责任。

刑法第269条规定的转化型抢劫罪主体之年龄范围问题，是一个"刑法立法不明确、刑法学理论有争议、司法解释不统一、司法适用有困惑"的问题。基于刑法的基本原则和机能、刑法第269条的规定的精神实质、法律拟制规定和转化犯之性质，依据刑法对未成年人犯罪刑事责任的有关规定以及刑法学界和司法实务部门对相关问题的一贯立场，从处罚必要性和合理性之角度对此问题进行分析，宜认为相对刑事责任年龄人可以成为转化型抢劫罪的主体。[1]个别学者认为只有在以"暴力或者以暴力相威胁"致人重伤或死亡时才能追究行为人转化型抢劫行为的刑事责任[2]，这可能在处于限制刑事责任年龄的未成年人法律保护与他人、社会的法益保护之间过于偏向未成年人保护。

（六）未成年人刑事政策

本条第4款体现了我国教育为主、惩罚为辅的未成年人刑事政策和"教育、感化、挽救"的司法方针。未成年人处于初步社会化的过程中，身心发育尚未成熟，世界观尚未定型，可塑性强，教育、挽救的可能性大，因此对行为时不满18周岁的人追究刑事责任的，应从轻或减轻处罚。

---

① 刘艳红：《转化型抢劫罪主体条件的实质解释——以相对刑事责任年龄人的刑事责任为视角》，载《法商研究》2008年第1期。

② 刘艳红：《转化型抢劫罪主体条件的实质解释——以相对刑事责任年龄人的刑事责任为视角》，载《法商研究》2008年第1期。

本条第5款规定的主要是对因未满16周岁不予刑事处罚者的处遇方式，即责令管教和专门矫治教育。责令管教是对家长或监护人的行政命令，专门矫治教育则是保安处分。专门矫治教育的目的是矫治犯罪的未成年人的危险性格，预防未成年人继续犯罪。目前我国并无专门矫治教育的系统规范，宜在《刑事诉讼法》中补充规定其适用程序，对其实体内容应在目前《预防未成年人犯罪法》有关条款的基础上充实、细化。

第十七条　已满七十五周岁的人故意犯罪的，可以从轻或者减轻处罚；过失犯罪的，应当从轻或者减轻处罚。

本条是2011年《刑法修正案（八）》就老年人的刑事责任能力问题增加的规定。

刑法上的老年人，不同于社会学、人口学上的老年人。在我国，作为刑法宽宥对象的老年人是指犯罪时已满75周岁的人，而社会学、人口学上的老年人是指已满60周岁的人。人进入老年后，精神和身体两方面都趋于衰退，感官能力逐步降低，社会交往减少，活动范围渐窄，对外界事物反应渐趋迟钝，情感单调、孤独，常表现为固执、偏狭、以自我为中心。从刑法角度看，老年人的辨认能力和控制能力渐趋减弱；从刑罚目的角度看，老年犯罪人除难以改造的累犯、惯犯外，社会危害性通常较小，加之其行为能力渐趋衰弱，其人身危险性、再犯可能性小，对其处以较轻的刑种或较短的刑期就可以实现刑罚的特殊预防目的。我国文化中也有矜老恤幼的传统。所以《刑法修正案（八）》增加规定：已满75周岁的人故意犯罪的，可以从轻或减轻处罚；过失犯罪的，应当从轻或减轻处罚。据此，我国刑法对已满75周岁的人故意犯罪的处罚原则采行的是得减主义，对已满75周岁的人过失犯罪的处罚原则采行的是必减主义。对已满75周岁的人故意犯罪的，"可以从轻或者减轻处罚"，这就是得减主义，即并不是对所有已满75周岁的人故意犯罪的情况都一律从轻或减轻处罚，而是是否从宽处罚，以及如果从宽处罚的话，是从轻处罚还是减轻处罚，应立足于个案，根据犯罪行为的性质、情节和社会危害程度等因素，分析、研判确定。就司法倾向而言，一般先考虑从宽处罚，但老年人故意犯罪性质严重、情节恶劣、对社会的危害程度大的，不予从轻或减轻处罚。

对于已满75周岁的人过失犯罪的，"应当从轻或者减轻处罚"，这就是处罚原则上的必减主义。也就是说，审判机关（法官）对已满75周岁的人过失犯罪的，应一律从轻或减轻处罚；对是否从宽处罚，法官没有自由裁量的余地，只能从宽处罚。但对从宽处罚的幅度，即究竟是从轻处罚，还是减轻处罚，法官应立足于个案，根据犯罪的具体情况决定。

应特别强调的是，本条中"已满七十五周岁"，是指犯罪时已满75周岁，不包括犯罪时未满75周岁，而审判时已满75周岁的情况。

第十八条　精神病人在不能辨认或者不能控制自己行为的时候造成危害结果，经法定程序鉴定确认的，不负刑事责任，但是应当责令他的家属或者监护人严加看管和医疗；在必要的时候，由政府强制医疗。

间歇性的精神病人在精神正常的时候犯罪，应当负刑事责任。

尚未完全丧失辨认或者控制自己行为能力的精神病人犯罪的，应当负刑事责任，但是可以从轻或者减轻处罚。

醉酒的人犯罪，应当负刑事责任。

本条是关于精神病人和醉酒的人刑事责任能力的规定。

一、精神病人

我国刑法沿用了"精神病人"这一约定俗成的用语，其正式的医学名称是"精神障碍者"。2012年《精神卫生法》第83条对"精神障碍"作了界定："精神障碍指由各种原因引起的感知、情感和思维等精神活动的紊乱或者异常，导致患者明显的心理痛苦或者社会适应等功能损害。"但这样的理解放到刑事司法的语境中似乎有所不足。在对触犯刑法的精神病人适用本条前，除必须确认其具有医学诊断的精神障碍外，还必须判明其行为时丧失或部分丧失刑法意义上的辨认能力或控制能力。这是生物学和心理学相结合的判断方法。人类的精神现象很复杂，人类迄今尚不能全面认识、剖析自身的精神世界。多数精神疾病之诊断，仍缺乏精密的客观的理化检验手段，主要还是根据病史和精神状况检查所见（临床表现）来确定。[1]本条第1款中"精神病人"之后附加"在不能辨认或者不能控制自己行为的时候"是非常审慎的做法。

---

[1]　李从培：《司法精神病学鉴定的实践和理论》，北京医科大学出版社2000年版，第13页。

二、责任与行为同时存在原则

本条特别强调责任和行为同时存在原则在精神病人和醉酒的人犯罪问题上的贯彻，但对精神病人（违法意义上的）犯罪和醉酒的人犯罪贯彻该原则的法理结构有差异。精神病人在不能辨认或不能控制自己行为的时候造成危害结果，由于不具备刑事责任能力，不负刑事责任，但无刑事责任能力状态须经法定程序鉴定确认；间歇性精神病人在精神正常时犯罪，也由于具有刑事责任能力，所以应负刑事责任。这其中都凸显出责任与行为同时存在原则，即行为人实行犯罪之时，必须具备故意或过失，否则犯罪不成立。尚未完全丧失辨认能力或控制能力的精神病人，由于具有部分刑事责任能力，所以应负刑事责任。这类精神病人可能某一方面的心智能力超越正常人，所以对这类精神病人是"可以从轻或者减轻处罚"，即原则上从宽处罚；根据案件的特别情况，也可不从宽处罚。

醉酒的人犯罪应负刑事责任的法理是原因自由行为理论。这个理论前面已经述要。在此强调它并非责任与行为同时存在原则的例外。本条中的"醉酒"是指生理醉酒，而非病理醉酒。

三、司法精神病鉴定

精神病鉴定自身具有对象复杂性、过程回溯性、知识背景跨学科性、手段有限性和结论主观性等诸多特征，这些特征影响到其客观性和可信度。[1]目前关于司法精神病鉴定程序的单行规范性文件是最高人民法院、最高人民检察院、公安部、司法部、卫生部于1989年颁布的《精神疾病司法鉴定暂行规定》。2016年司法部颁布的《司法鉴定程序通则》（2017年5月1日起施行）对精神疾病鉴定程序有所涉及。在实体方面，司法精神病鉴定人在判断被鉴定人是否具有精神疾病、具有何种精神疾病方面，主要参考中华医学会《中国精神疾病分类及诊断标准》，部分案例的诊断过程参考世界卫生组织《疾病及有关健康问题的国际分类》或美国精神医学界的诊断标准《精神障碍诊断与统计手册》。[2]

司法精神病鉴定不单是探求事实真相的过程，还涉及对被鉴定人人身自由的剥夺和隐私权的侵犯。根据现行刑事诉讼法，精神病鉴定的期间不计入办案期限。司法实践中重复鉴定、多头鉴定现象也较为普遍。这样、犯罪嫌疑人、被告

---

[1] 陈卫东、程雷：《司法精神病鉴定基本问题研究》，载《法学研究》2012年第1期。
[2] 陈卫东、程雷：《司法精神病鉴定基本问题研究》，载《法学研究》2012年第1期。

人被羁押的期限就因精神病鉴定而延长。所以，对司法精神病鉴定宜进行司法审查。

根据前述《精神疾病司法鉴定暂行规定》，刑事案件中精神疾病司法鉴定的鉴定人应确定被鉴定人是否患有精神疾病、患有何种精神疾病、实施危害行为时的精神状态、精神疾病与所实施的危害行为之间的关系，以及有无刑事责任能力。实际上，对被鉴定人（犯罪嫌疑人、被告人）有无刑事责任能力的判断属于法律判断，不应由作为医学专家的鉴定人作出。从理论上讲，司法机关对鉴定结论还有审查权，但由于医学问题并非司法人员所长，司法机关行使对精神疾病鉴定结论的审查权受到智识能力的客观限制。

四、强制医疗

强制医疗在性质上属于保安处分，是替代刑罚适用的实体性措施，着眼于对被强制医疗的精神病人的未然的危害行为的防范。现行刑事诉讼法规定了依法不负刑事责任的精神病人的强制医疗程序。强制医疗的对象是实施暴力行为，危害公共安全或严重危害公民人身安全，经法定程序鉴定依法不负刑事责任的精神病人，有继续危害社会可能的。对依法不负刑事责任的精神病人的强制医疗，决定权属于人民法院。在强制医疗启动程序上，公安机关发现精神病人符合强制医疗条件的，应写出强制医疗意见书，移送人民检察院。对于公安机关移送的或在审查起诉过程中发现的精神病人符合强制医疗条件的，人民检察院应向人民法院提出强制医疗的申请。人民法院在审理案件过程中发现被告人符合强制医疗条件的，可作出强制医疗的决定。对实施暴力行为的精神病人，在人民法院决定强制医疗前，公安机关可以采取临时的保护性约束措施。人民法院受理强制医疗的申请后，应组成合议庭进行审理。人民法院审理强制医疗案件，应通知被申请人或被告人的法定代理人到场。被申请人或被告人没有委托诉讼代理人的，人民法院应通知法律援助机构指派律师为其提供法律帮助。强制医疗案件的审理期限为一个月。被决定强制医疗的人、被害人及其法定代理人、近亲属对强制医疗决定不服的，可以向上一级人民法院申请复议。强制医疗机构应当定期对被强制医疗的人进行诊断评估。对于已不具有人身危险性，不需要继续强制医疗的，应当及时提出解除意见，报决定强制医疗的人民法院批准。被强制医疗的人及其近亲属有权申请解除强制医疗。因此，纵向构造意义上的强制医疗程序实际上分为前置的司法精神病鉴定程序和强制医疗决定程序两个阶段。

五、精神病人刑事处遇程序的问题

有研究表明，我国精神病人刑事处遇程序的实际运作呈现出重惩罚而疏于治疗、重案件事实而轻精神状态、重控方意见而轻辩护意见的特点；程序总体上是一维的而非多元的，实践运作体现出社会防御价值和人权保障价值的双重失效。"这既有程序内刑事诉讼制度本身缺陷的影响，也有程序外政治组织和社会力量的双重挤压及社会保障机制不健全的原因。在明确社会防御与精神病人权益保障相结合的理念的基础上，通过程序内织密刑事司法网与程序外编牢社会救助安全网，有助于改造我国精神病人处遇程序。"①

第十九条　又聋又哑的人或者盲人犯罪，可以从轻、减轻或者免除处罚。

本条是关于聋哑人和盲人犯罪的刑事责任的规定。

人的心智发展依赖于对外界的感知和反应。听觉功能、语言功能或视觉功能的丧失会对人的感知能力和反应能力产生消极影响，使人的正常社会化过程和心智发展受到阻碍。因此，又聋又哑的人或盲人犯罪的，可以从宽处罚。之所以是"可以"从宽处罚而不是"应当"从宽处罚，是因为又聋又哑的人或盲人在犯罪时也可能具备完全的辨认能力和控制能力，与正常人无异，甚至某一方面的能力超越正常人。从宽的幅度包括从轻处罚、减轻处罚和免除处罚，具体适用哪一种从宽处罚，应以行为人听能和语能同时丧失或双目失明影响责任能力的程度以及犯罪的具体情况来决定。又聋又哑的人是指既完全丧失听能，又完全丧失语能的既聋且哑的人，盲人是指双目完全失明的人。丧失功能的时间主要是先天和幼年，不排除后天失能。

刑法第15条至第19条规定的内容可以归属于三阶层犯罪论中的有责性（责任）阶层。"作为犯罪成立条件的罪责根据需要从3个层面予以把握：作为罪过心理之前提条件的责任能力，在责任能力基础上形成的不法行为的故意或者过

---

① 贺小军：《重大刑事案件中精神病人处遇程序透视与重构》，载《法律科学》2016年第4期。

失，不能合理期待行为人避免不法的宽宥事由。只有全面把握这 3 个层面的根据及其相互关系，才能获得对罪责的正确认识。"[1] "无责任就无刑罚"是现代刑法的基本原理。我国宪法关于国家尊重和保障人权以及公民人格尊严不受侵犯的规定，是责任主义的宪法根据。责任主义也是宪法原则，刑事立法不应当存在违反责任主义的规定，刑法理论不应作出违反责任主义的解释。责任的基础是意志自由。虽然意志自由只能作为一种假定，并不能证实，但这种假定具有合理性和积极意义，也不违背事实存疑时有利于被告人的原则。"规范责任论与心理责任论不是对立关系，我国刑法采取了以心理责任为前提的规范责任论；将责任与预防相等同的功能责任论不仅使责任丧失了对刑罚的限制功能，而且将个人作为社会安定化的手段，有悖人的尊严，因而与宪法规定相抵触；司法实践应当采用规范责任论。"[2]

第二十条　为了使国家、公共利益、本人或者他人的人身、财产和其他权利免受正在进行的不法侵害，而采取的制止不法侵害的行为，对不法侵害人造成损害的，属于正当防卫，不负刑事责任。

正当防卫明显超过必要限度造成重大损害的，应当负刑事责任，但是应当减轻或者免除处罚。

对正在进行行凶、杀人、抢劫、强奸、绑架以及其他严重危及人身安全的暴力犯罪，采取防卫行为，造成不法侵害人伤亡的，不属于防卫过当，不负刑事责任。

本条是关于正当防卫的规定。

一、本条的规范结构

刑法学界多认为，我国刑法第20条规定了两种正当防卫：第1款规定的普通正当防卫和第3款规定的特殊正当防卫（无限防卫、无过当防卫），普通正当防卫（一般正当防卫）受限度条件的限制，而特殊正当防卫不受限度条件的限

①　刘之雄：《违法性认识的刑法学理论异化与常识回归——基于解读犯罪故意实质内涵的分析》，载《法商研究》2019年第4期。
②　张明楷：《责任论的基本问题》，载《比较法研究》2018年第3期。

制。[①]

二、普通正当防卫的构成要件

通说认为，普通正当防卫有五个构成要件：（1）存在现实的不法侵害行为，该行为同时具有不法性、侵害性和现实性；（2）该不法侵害行为必须正在进行，即侵害行为已经开始但尚未结束；（3）须具有防卫意识，即"使国家、公共利益、本人或者他人的人身、财产和其他权利免受正在进行的不法侵害"的意识；（4）防卫行为必须针对不法侵害人本人进行；（5）防卫未超过必要限度造成不应有的损害。防卫行为的必要性，即被害人的不法侵害行为具有进攻性、破坏性、紧迫性，防卫人的防卫行为可以减轻或避免法益侵害结果的发生。[②]

（一）何为"不法侵害"

"不法"即违反法律。不法侵害可以是犯罪行为，也可以是一般违法行为，但并非任何违法行为甚或犯罪行为都可以成为正当防卫所针对的不法侵害。

冯军教授认为，对"不法侵害"概念的理解不仅要有符合规范逻辑的限制，而且符合规范目的的限制也不可少。不法侵害不单是指对法益的侵害，而且还包括对法规范效力的侵害。不法侵害即以藐视法规范的态度，通过一种本可避免的行为对法益进行侵害。由于无责任能力者不具有否定法规范效力的能力，因而不能对其实施正当防卫，但可对其实施紧急避险。在规范保护目的的限制方面，在法益受侵害的很多情形中都不应实施正当防卫。（1）当法益的可保护性能够长期存在时，即便不立即予以保护，该法益也不会迅速消失，总还存在有效保护该法益之可能性。对侵害具有此等性质的法益的行为，不应进行正当防卫。（2）若拥有法益者愿意放弃法益或不愿以某种方式保护法益，当第三人明知这些情况时，就不得对不法侵害人实施正当防卫。（3）生活在同一社会中的公民相互负有提供最起码帮助的义务（基本团结义务），如果提供这种帮助不会给帮助者自己带来重大危险或仅需要忍受微不足道的损失的话。（4）在家庭成员以及其他具有特别密切联系的危险共同体或生活共同体之成员之间，具有相互保护的特别

---

① 但在张明楷教授看来，认为第3款规定了特殊正当防卫的观点，既缺乏理论根据，也导致司法实践将正当防卫认定为防卫过当；应当认为，第3款只是注意规定，即只是提示性地规定了防卫不过当的情形。参见张明楷：《防卫过当：判断标准与过当类型》，载《法学》2019年第1期。这个问题，涉及如何理解刑法第20条三款之间的关系。

② 国家法官学院案例开发研究中心编：《中国法院2016年度案例：刑法总则案例》，中国法制出版社2016年版，第38页。

义务。当负有特别保护义务者之间发生不法侵害时，被侵害人不应对不法侵害人实施正当防卫，只应针对不法侵害人实施紧急避险，此乃因为，既然负有保护对方之特别义务，即便为了保护自己，也应选择避免使对方受到重大损害的防御方式。（5）法治国家中总是存在一些基本的法治要求，其中之一便是"不允许对形式上合法的代表国家的行为进行正当防卫"。[①]

关于对精神病人、儿童、醉酒者等无责任能力人能否实施正当防卫的问题，中外刑法学界聚讼纷纭，国内部分学者似乎倾向于肯定说。但冯军教授持反对意见，认为对无责任能力人只能实施紧急避险，不能实施正当防卫。这种紧急避险是针对造成危险的人实施，损害其较小法益，而不是针对第三人的法益实施，这种紧急避险称为防御性紧急避险。[②]

（二）假想防卫

在本不存在不法侵害，而行为人误认为存在不法侵害进而实施"防卫"的情形，就是假想防卫。有人认为，假想防卫是指行为人基于对事实的认识错误而实施的防卫行为。[③]由于对防卫时机的认识错误也属于对作为防卫客观前提条件的事实认识错误，因而这一定义实际上将事前防卫和事后防卫纳入了假想防卫的范围，抹杀了事前防卫和事后防卫这两个概念的理论意义和实践功能，显然不妥。所以，应当将假想防卫限于基于对作为正当防卫前提的不法侵害的存在这一事实方面的认识错误而实施的所谓"防卫行为"。假想防卫的成立，除了不具备正当防卫的起因条件外，必须具备正当防卫的其他要件。

但也有学者主张，假想防卫仅指基于对防卫前提和防卫对象的认识错误而实施的防卫行为，认为将基于对防卫时机认识错误而实施的防卫纳入假想防卫的范围并不妥当，是不适当地扩张了假想防卫的范围，主张对基于防卫时机的认识错误导致的防卫不适时按事实认识错误的一般原则来处理。[④]

假想防卫有三个特征：（1）主观上行为人存在防卫意识，认为自己是在对不法侵害人进行正当防卫；（2）客观上行为人的行为损害了未实施不法侵害之人的人身或其他权利，具有社会危害性；（3）行为人的防卫意图是基于错误认

---

① 冯军：《防卫过当：性质、成立要件与考察方法》，载《法学》2019年第1期。
② 冯军：《正当防卫理论与实践问题辨驳》，载《中国检察官》2018年第9期。
③ 王国宾、张大志：《对假想防卫的理性分析》，载《法学杂志》2006年第1期。
④ 陈兴良等：《案例刑法教程》，中国政法大学出版社1994年版，第315—316页。陈兴良教授后来改变了看法，大致认为不存在正当防卫的前提条件，行为人误认为存在该条件，进而实施的所有"防卫行为"都是假想防卫。参见陈兴良主编：《刑法总论精释》（下），人民法院出版社2016年版，第253页。

识而产生的。[①]

假想防卫通常存在三种情形：（1）本来不存在任何侵害，行为人误认为存在不法侵害，进而实施防卫行为。（2）存在着侵害，但该侵害并非不法侵害，或者虽为不法侵害但却不能对其进行正当防卫，行为人误认为存在实施正当防卫的前提条件，进而实施了"防卫行为"。（3）存在不法侵害，也可进行正当防卫，但行为人错误地将无辜第三者当成不法侵害人，实施了"防卫行为"。[②]

假想防卫不成立故意犯罪，因为故意的成立以明知自己的行为会产生危害社会的结果为前提。假想防卫行为人对危害结果具有过失的，按过失犯罪论；没有过失的，是意外事件，不负刑事责任。假想防卫过当成立犯罪的，不应适用刑法关于防卫过当减免处罚的规定，因为它不属于正当防卫。

（三）防卫的适时性

防卫的适时性即防卫行为必须是在不法侵害开始之后，结束以前。不法侵害何时算开始？对这一问题刑法理论上存在争议，通常认为不法侵害着手之时，是不法侵害的开始。但是否已"着手"在很多情形下不易判别。对不法侵害是否已开始的判断，宜在具体个案中进行，且要注意防卫人的视角。可以认为，在不采取防卫措施法益就会受到侵害的场合，不法侵害已经开始。不法侵害是否已结束，应从事中的防卫人的视角去判断，应考虑侵害人是否已脱离现场，其是否存在继续或重新发动不法侵害的可能性。只要继续侵害的可能性没有消除，就应认为不法侵害"正在进行"，没有结束。

不符合这个条件的，理论上称为"防卫不及时"，包括事前防卫或事后防卫两种情形。

事前防卫是在不法侵害开始前即对"不法侵害人"采取"反击"，损害其合法权益的情况。事先准备防卫措施或防卫工具，在不法侵害发生时使用并达到了防卫效果的，属于正当防卫，不是事前防卫。事前防卫不是刑法意义上的防卫，当然不是正当防卫，而是成立故意犯罪，不过在量刑时因酌情考虑事前防卫人在实施行为时不法侵害发生的急迫性程度。

事后防卫是在不法侵害已结束后，行为人对不法侵害人采取打击行为的情况。事后防卫也不是刑法意义上的防卫，而纯属故意犯罪，但事后防卫的被害人

---

① 高铭暄、马克昌主编：《刑法学》，北京大学出版社、高等教育出版社2017年版，第132页。

② 陈兴良主编：《刑法总论精释》（下），人民法院出版社2016年版，第253页。

过错在先，对事后防卫人量刑时应酌情从轻。

（四）防卫意图

防卫意图，即"使国家、公共利益、本人或者他人的人身、财产和其他权利免受正在进行的不法侵害"的意识和目的。这是成立正当防卫的主观要件。日本刑法学者山口厚认为，正当防卫虽不以"补充性"与"损害均衡"作为成立要件，正当防卫成立的前提条件是正面临"紧迫的"非法侵害，预见侵害后，出于积极的加害意思而面对侵害的，则否定紧迫性的存在；正当防卫以防卫意思为必要，只要能认定防卫动机或多或少存在，就有可能认定防卫意思的存在，但在攻击意思或攻击动机压倒其他动机，实际上已不能认定防卫动机存在的情况下，应否定防卫意思的存在。[①]不具备这一要件的行为，可能是防卫挑拨、相互斗殴或偶然防卫。

防卫挑拨是指以加害对方为目的而故意引起对方对自己实施侵害，继而借口正当防卫而加害对方的行为。通说通常否定挑拨防卫中挑拨人具有防卫权，相反，其加害行为通常因认定为犯罪。理由有二：一是挑拨人完全出于加害的意思而实施反击行为，主观上并无防卫意思；二是基于权利不得滥用之法理的考虑限制挑拨人的防卫权。但无论是立足于正当防卫之本质，还是从防卫意思的角度出发，抑或从实务部门处理防卫挑拨案件所要达到的社会效果来说，司法实践中完全剥夺挑拨人防卫权的做法并不值得赞同。因此，为了实现正当防卫之规范目的，应对防卫挑拨的具体情形作出区分，视不同情形有限地赋予挑拨者防卫权。[②]有学者进一步将防卫挑拨分三类并分别讨论防卫权是否成立：（1）不法的防卫挑拨，即行为人先前之挑拨行为引发了他人对自己实施攻击行为，但该挑拨行为本身就构成正在进行的不法侵害；（2）意图式的防卫挑拨，即行为人出于加害他人的目的而实施挑拨行为，引发他人对自己实施攻击行为，但该挑拨行为本身并不构成正在进行的不法侵害，仅在社会伦理上具有可非难性；（3）可非难但非意图式的防卫挑拨，即行为人非出于加害目的而实施了挑拨行为，且该挑拨行为本身并不构成正在进行的不法侵害，仅在社会伦理上具有可非难性，进而引发他人对自己实施了攻击行为。就第一类而言，挑拨者不得主张正当防卫权而对被挑拨者实施反击行为；就第二类而言，也应否定挑拨者享有正当防卫权；而

---

① [日]山口厚：《正当防卫论》，王昭武译，载《法学》2015年第11期。
② 侯竣译：《防卫挑拨中有限防卫权之提倡》，载《四川警察学院学报》2019年第10期。

就可非难但非意图式的防卫挑拨而言，挑拨者可以主张正当防卫权，但应以"迫不得已无法躲避"为必要。[1]

相互斗殴，是相互非法侵害的一种类型，是指双方以相互伤害对方身体的意图而相互攻击之行为。刑法学界通常认为，相互斗殴的双方并无防卫意图，因而不成立正当防卫。但有观点认为，相互斗殴之所以不成立正当防卫，不是因为双方欠缺防卫意识，而是因为任何一方的殴击行为是对方同意的结果。[2]但当一方明确表示不愿再互殴，并实际停止殴击对方的情况下，对方继续殴击己方的，可以成立正当防卫。

（五）防卫未超过必要限度

何为正当防卫的必要限度？刑法学界对此有必需说、基本适应说、相当说等不同学说。必需说认为防卫措施是制止不法侵害所必需的，防卫就未超过必要限度，而不必考虑防卫行为的强度和后果。日本刑法学者山口厚也持这一立场，认为正当防卫须是为了防卫而不得已实施的行为，对此，不应以其最终造成的损害的大小，而应以其是否属于排除不法侵害所必要的行为为根据进而作出判断。[3]基本适应说认为对防卫行为是否超过必要限度的判断，应将防卫行为与不法侵害行为在行为方式、强度、后果等方面进行比较，二者彼此基本相适应的，就不认为防卫行为超过必要限度。相当说原则上接受必需说，同时认为防卫行为与不法侵害行为在方式、强度、后果上不能相差悬殊。相当说实际上是必需说和基本适应说的折中。

我国刑法对正当防卫的规定，并不要求防卫人必须在退避正在进行的不法侵害而不得已的情况下实施防卫，这就是学界所主张的"法无需向不法让步"，或称"不退让"原则，在我国刑法学界几乎具有通说的地位。但我国司法实务并未奉行这一立场，而是在必要性、紧迫性的考虑因素下对"退让义务"做了比较苛刻的要求。[4]但对此不能绝对化。正当防卫本质上是私人暴力，在政治社会中必须严格限制。只有在来不及求助于国家机关的紧迫情况下实施的私人暴力才可能具有合法性。正如本部分其他地方提到的，正当防卫的实施还要考虑所保护之法

① 许梦萍、王剑波：《论防卫挑拨的类型及其处理原则》，载《辽宁大学学报》（哲学社会科学版）2013年第5期。
② 张明楷：《刑法学》，法律出版社2016年第5版，第205页。
③ ［日］山口厚：《正当防卫论》，王昭武译，载《法学》2015年第11期。
④ 对这一问题的分析，参见马乐：《"不退让法"与我国正当防卫条款中的"必要限度"》，载《政法论丛》2019年第5期。

益的性质、不法侵害人与防卫人之间的特定关系等。

与防卫的必要限度相联系的是防卫过当。防卫过当，是指针对不属于严重威胁人身安全的暴力犯罪的不法侵害行为实施的防卫超过必要限度，造成重大损害的情形。防卫过当并不是罪名。

成立防卫过当需要具备刑法所规定的客观要件和主观要件。

客观要件包括：

1. 成立防卫过当的客观要件是防卫行为"明显超过必要限度造成重大损害"。"明显超过必要限度"系针对防卫行为而言，"造成重大损害"系针对防卫结果而言，防卫过当是行为过当和结果过当的统一。

过当的防卫行为以一个适于制止不法侵害的行为为前提，而以一个制止不法侵害所不必要的行为为核心内容。在防卫人作出某一反击行为后，从当时的情况来看已占绝对优势，不法侵害人已不能或不敢继续实施不法侵害行为的情况下，防卫人继续对之实施反击行为的，该反击行为即属不必要。在判断防卫人是否已占绝对优势时，应考虑双方的体力对比、所用工具的性质等因素。并且，为制止不法侵害所不必要的那部分行为在刑法上具有重要意义，为刑法所禁止。这就是"明显超过必要限度"的"明显"的意涵。①

2. 结果过当，是指防卫人为制止不法侵害所不必要的那部分行为造成"重大损害"。"重大损害"不是在防卫行为所保护的法益与所损害的法益之间进行比较的结果，而是就防卫行为给不法侵害人造成的不必要的、多余的损害进行评价的结果，是就多余的损害结果是否具有刑法上的重大性而进行的衡量。所谓多余的损害"在刑法上具有重大性"，系指刑法将其规定为构成要件性结果并禁止其发生。②

3. 防卫过当的成立还要求过当结果可归属于过当行为。

防卫过当的主观要件既可能是故意，也可能是过失。防卫人对防卫行为的认

---

① 参见冯军：《防卫过当：性质、成立要件与考察方法》，载《法学》2019年第1期。

② 张明楷教授对此另有看法。他认为，对于第2款所规定的"正当防卫明显超过必要限度造成重大损害"，不应区分为行为限度与结果限度两个要件，而应作为一个要件并进行综合判断。对于被侵害人利益的优越程度，应根据第3款的提示性规定得出结论：（1）不法侵害是严重危及人身安全的暴力犯罪，法定最高刑为10年有期徒刑的，致不法侵害人死亡的防卫行为不属过当。（2）不法侵害属其他普通犯罪行为，即便法定刑为3年以下有期徒刑，防卫行为致不法侵害人重伤的，通常也不属防卫过当。（3）防卫行为致违反治安管理处罚法的不法侵害人轻伤的，不可能属防卫过当。就具体案件主张防卫过当的司法人员，应善于倾听和采纳"不过当"的结论与理由；对《刑法》第20条进行文理解释，可得出防卫过当包括质的过当和量的过当的结论；量的过当具备防卫过当减免处罚的实质根据，应减轻或免除处罚。参见张明楷：《防卫过当：判断标准与过当类型》，载《法学》2019年第1期。

识，与对防卫行为可能造成过当结果的认识，是可以分开的，即便防卫人对自己的防卫行为有清楚的认识，也可能因为实施防卫行为时神经紧张而疏忽大意，未能认识到自己的防卫行为会造成过当结果，或者由于自身具有某种优势错误地认为自己的防卫行为不会造成过当结果，以致过当结果发生。防卫意识和犯罪故意可以并存。实施防卫行为时，明知自己的防卫行为会造成过当结果，在发生了过当结果的情况下，对该过当结果的发生持放任态度的，间接故意成立；对该危害结果的发生持希望态度的，直接故意成立。因此，防卫过当的主观要件既可能是故意，含直接故意和间接故意，也可能是过失，含疏忽大意的过失和过于自信的过失。[①]

有学者通过对已决案例的研究，认为司法实务对防卫过当的认定存在的主要问题是：仅根据损害结果来认定防卫过当，把防卫过当普遍定性为故意犯罪，防卫过当免除处罚之适用范围较窄，以及重复评价和间接处罚。对防卫过当的司法认定，应从以下几方面改善：从事前的角度，以防卫行为是否属制止不法侵害所必需为标准来界定正当防卫之必要限度；重视防卫意识对防卫过当责任形式之影响，在通常情况下将防卫过当认定为过失犯罪；充分考虑防卫人面临不法侵害时期待可能性降低之程度，扩大防卫过当免除处罚之适用；分析各种从重或者从轻处罚情节之事实基础及实质根据，避免重复评价与间接处罚。[②]

基于行为人的防卫意图，防卫过当的责任减轻，因而应当减轻或免除处罚。

三、特殊正当防卫

即刑法第20条第3款规定的正当防卫，也称"无过当防卫"。

（一）特殊正当防卫所针对的侵害行为

特殊防卫针对的是正在进行的行凶、杀人、抢劫、强奸、绑架以及其他"严重危及人身安全的暴力犯罪"

"严重危及人身安全"具有不确定性，侵害结果除死亡、重伤外，还可能是

[①] 对防卫过当的主观罪过形态，陈兴良教授认为是正当防卫理论中观点分歧最大的问题。参见陈兴良：《刑法适用总论》（上卷），中国人民大学出版社2006年版，第310页。这个问题关系到是否防卫人是否成立累犯、共同防卫过当时是否按共同犯罪处理等实体性判断。司法实践中，防卫过当绝大多数被定性为故意犯罪［故意杀人罪、故意伤害（致死）罪］，少部分被定性为过失犯罪（过失致人死亡罪、过失致人重伤罪）。黎宏认为，在1997年刑法规定特殊防卫之后，"理论上所谓的过失防卫过当在实务中均可纳入《刑法》第20条第3款所规定的特殊防卫的范围，实务中成立犯罪的防卫过当，只应限于故意犯罪的场合"。参见黎宏：《论防卫过当的罪过形式》，载《法学》2019年第2期。

[②] 尹子文：《防卫过当的实务认定与反思——基于722份刑事判决的分析》，载《现代法学》2018年第1期。

其他危害结果。严重危及人身安全的暴力犯罪，未必是有死亡或重伤后果的犯罪。行凶不能被理解为具有死亡或重伤结果的危险。人身自由或人格尊严通常不能对抗生命法益，但在人身自由或人格尊严遭受极端侵害的场合，被侵害人有否定不法侵害人之生命法益的法理可能性。[①]

行凶是指达到严重威胁人身安全的暴力犯罪程度的不法侵害。[②]行凶未必是持凶器攻击他人人身，[③]但是，作为正当防卫针对的不法侵害的行凶必须达到暴力犯罪的危害程度。

（二）特殊正当防卫的构成要件

特殊正当防卫须具备普通正当防卫中除（结果的）适度性之外的所有要件特殊正当防卫行为即便造成不法侵害人死亡的，也不认为是防卫过当。但是，适用特殊防卫时，所采取的防卫行为应是当时的唯一选择，即因情势紧迫，"防卫人不采取特殊手段就不能阻止犯罪行为"。[④]

四、正当防卫的正当化根据

对此问题，德国采取了个人保全原理和法秩序确证原理相结合的二元论。其中，个人保全原理与我国刑法第20条的规定不符。法秩序确证原理在不同层面都存在着难以克服的缺陷，不能成为正当防卫之原理。违法阻却事由之成立，乃对受法所保护的对应利益进行权衡之结果。在违法阻却事由的状态中，所遵从的标准是受到较高评价之利益优于受到较低评价之利益。与不法侵害相较，正当防卫具有本质之优越性；优越利益之保护就是正当防卫的原理。正当防卫的特点决定了：必须将不法侵害人造成的损害、危险以及在受到防卫过程中为对抗防卫所实施的新的不法侵害所造成的损害、危险与正当防卫造成的损害进行比较，全面比较时须充分考虑防卫人所处的本质的优越地位。认为正当防卫中的利益衡量就是将正当防卫造成的损害和不法侵害人造成的损害相比较，属常识性错误。[⑤]

---

① 车浩：《正当防卫制度的理解与适用》，载《中国检察官》2018年第9期。
② 冯军：《防卫过当：性质、成立要件与考察方法》，载《法学》2019年第1期
③ 冯军：《正当防卫理论与实践问题辨驳》，载《中国检察官》2018年第9期。
④ 王银冰：《适用特殊防卫需要把握三原则》，载《检察日报》2015年10月26日，第3版。
⑤ 张明楷：《正当防卫的原理及其运用——对二元论的批判性考察》，载《环球法律评论》2018年第2期。

五、特殊情形下的正当防卫或相关问题

（一）关于持续侵害情形下的正当防卫的认定

周光权教授对此有过专门研究。他认为，针对持续侵害的反击行为造成死伤后果的，在司法判断逻辑上应优先考虑能否适用刑法关于特殊防卫的规定。只有在其适用存在障碍时，才根据检验防卫行为是否明显超过必要限度。应就持续侵害状态下的防卫相当性判断建构一系列规则，无论持续侵害在外观上是否平和，防卫人即使造成对方伤亡的，也应肯定反击行为的防卫性；在持续侵害发生时，防卫人使用类似"挥刀乱捅"防卫手段的，也可能成立正当防卫；当防卫人展示防卫工具时，持续侵害人主动迎上前的，应评价为系其主动升高不法侵害危险，防卫人后续造成的后果应归属于侵害一方；在持续侵害过程中，如果能够认定危险处于累积升高的状态，即使防卫人突然实施防卫强度较高的方法造成不法侵害者伤亡的，也不应一概否定正当防卫的成立。[①]

（二）数人参与防卫行为

数人参与防卫行为的情形异常复杂。"如何处理数人参与防卫行为的情形，涉及正当防卫、防卫过当的判断与共犯关系的处理之间的竞合，尤其是在各参与者的主观方面不一致的情况下，问题更为复杂。首先，正当防卫的成立与否，在共同正犯之间是可以相对化的；其次，应该以实际实施的防卫行为作为判断标准；再次，无论是实行共同正犯还是共谋共同正犯或者狭义的共犯，违法性阻却的效果也是相对的，并不必然连带作用于其他共犯；最后，在数人共同实施了防卫过当行为的场合，如果对过当性存在认识上的不同，就有必要探讨当初的共谋的射程是否及于该过当行为。"[②]

（三）对紧急避险能否实施正当防卫

紧急避险属于各国刑法普遍规定的阻却违法事由，不属于不法侵害，因而对紧急避险人不能实施正当防卫。若对紧急避险人的避险行为基于事实认识错误而实施"防卫"的，属于假想防卫，按事实错误的法理处理。

（四）对自招侵害能否实施正当防卫

对自招侵害之情形，因可评价为在起初招致侵害行为的阶段就已开始实施非

---

① 参见周光权：《论持续侵害与正当防卫的关系》，载《法学》2017年第4期。

② ［日］桥爪隆：《共同正犯与正当防卫、防卫过当》，王昭武译，载《苏州大学学报》（法学版），2017年第1期。

法的相互争斗行为，可否定反击行为存在紧急行为性。①因此，对自招侵害实施的反击行为，原则上排除正当防卫的成立。

六、正当防卫制度的司法实践

正当防卫制度对保护国家、公共利益、公民的人身权利和财产权利或其他权利具有重要意义。但在我国司法实践中，正当防卫的认定存在较大偏差，主要表现为正当防卫和普通犯罪的混淆以及正当防卫和防卫过当的混淆。其原因实对正当防卫的性质缺乏正确认识。此外，还与维稳观念和案件考评机制有密切关系。为纠正正当防卫之司法偏差，应树立正确的司法理念，并通过指导性案例和司法解释等方式，形成正当防卫的司法规则。②

还有学者指出，我国司法对正当防卫的成立要件，基本上都是朝着否定的方向去理解和界定，这极大地压缩了正当防卫的成立空间，由此导致立法和司法的严重分化。"正当防卫在我国的司法异化，其根源并不在于法教义学的建构不足，而在于司法裁判将自身的功能错误地定位为纠纷解决。正当防卫条款的法律效力欠缺，不仅意味着司法裁判应当实现功能定位的调整，从纠纷解决转向对行为的法与不法进行评价，也意味着需要重新认知刑法系统的功能。在具有高度不确定性的风险社会里，刑法系统的功能在于维持与稳定人们的规范性期待。立基于此，刑法教义学体系需要进行全面的反思与重构，实现基本范式的转型。"③

还有学者认为，刑事司法对防卫性质的认定总是习惯于事后"算经济账"，错误理解不法侵害，轻易认定互殴，最终大多朝着否定成立正当防卫的方向作出判决。这种人为限缩正当防卫的成立空间的司法异化现象出现的原因极其复杂，但主要与司法实务将利益衡量原理简单化、缺乏规范评价理念有关。根据我国刑法第20条第2款的规定，认定防卫过当须分别考察防卫必要性和防卫结果这两个独立条件。防卫必要性是防卫过当之决定性标准，对结果的利益衡量仅应是辅助性的。只有在根据事前判断标准认定防卫行为不必要时，才需要进行利益衡量；认定正当防卫，还须顾及客观归责之法理，坚持一系列司法准则。"肯定上述结论，司法实务上才能敢于担当，超越固有思维模式，减少防卫过当的适用可能，改变实务上正当防卫成立过于艰难的局面，从而达到纠正司法偏差的效果，切实

① [日]山口厚：《正当防卫论》，王昭武译，载《法学》2015年第11期。
② 陈兴良：《正当防卫的司法偏差及其纠正》，载《政治与法律》2019年第8期。
③ 劳东燕：《正当防卫的异化与刑法系统的功能》，载《法学家》2018年第5期。

鼓励公民依法行使正当防卫权，使正义'不委屈也可以求全'，并最终有效维护法治秩序。"①

有学者从于欢故意伤害案②中总结司法在正当防卫问题上的错误观念："第一，只能对暴力行为防卫，对非暴力侵害不能防卫。第二，只有暴力侵害发生的一刹那，才能实行防卫。第三，只要双方打斗就是互殴，就不是防卫。第四，只要发生死伤结果，就是防卫过当。"③

第二十一条　为了使国家、公共利益、本人或者他人的人身、财产和其他权利免受正在发生的危险，不得已采取的紧急避险行为，造成损害的，不负刑事责任。

紧急避险超过必要限度造成不应有的损害的，应当负刑事责任，但是应当减轻或者免除处罚。

第一款中关于避免本人危险的规定，不适用于职务上、业务上负有特定责任的人。

本条是关于紧急避险的规定。

一、紧急避险的概念和构成要件

紧急避险是指为了国家、公共利益、本人或他人的人身、财产或其他权利免受正在发生的危险，不得已损害另一个较小的或同等的法益的行为。

紧急避险的构成要件包括：（1）起因要件，即出现了足以使合法权益遭受严重损害的危险；（2）时间要件，即危险正在发生，客观存在并十分紧迫；（3）主观要件，即使合法权益免受正在发射的危险的避险意思和避险目的；

---

① 周光权：《正当防卫的司法异化与纠偏思路》，载《法学评论》2017年第5期。
② 2016年4月13日，山东省聊城市冠县的吴学占在苏银霞已抵押的房子里，指使手下拉屎，将苏银霞按进马桶里，要求其还钱。当日下午，由社会闲散人员组成的10多人催债队伍多次骚扰女企业家苏银霞的工厂，辱骂、殴打苏银霞。苏银霞的儿子于欢目睹其母受辱，从工厂接待室的桌子上摸到一把水果刀乱捅，致使杜志浩等四名催债人员被捅伤。其中，杜志浩因未及时就医导致失血性休克死亡，另外两人重伤，一人轻伤。2017年2月17日，山东省聊城中级人民法院一审以故意伤害罪判处于欢无期徒刑。刑事附带民事诉讼原告人杜洪章、许喜灵、李新新等人和被告人于欢不服一审判决，分别提出上诉，山东省高级人民法院于2017年3月24日立案受理。2017年5月27日，该案二审公开开庭审理。2017年6月23日，山东省高级人民法院认定于欢属防卫过当，构成故意伤害罪，判处有期徒刑5年。参见百度百科"于欢故意伤害案"，2020年1月27日访问。
③ 陈兴良：《正当防卫如何才能避免沦为僵尸条款——以于欢故意伤害案一审判决为例的刑法教义学分析》，载《法学家》2017年第5期。

（4）限制条件，即避险行为应在迫不得已的情况下实施；（5）限度要件，即避险行为未超过必要限度造成不应有的损害；（6）对主体范围的限制，即关于避免本人危险的规定，不适用于职务上、业务上负有特定责任的人。例如，当轮船在海上遭遇海难危险时，成长负有指挥抢险的职责，不得为避免本人遭受危险而牺牲船上其他人的生命；消防员具有救火抢险职责，不得为避免本人遭受危险而逃离火灾现场，对遭遇火灾的人命听之任之。

我国刑法理论通说认为，在紧急避险中，避险行为须针对第三人的合法权益。但正如前面关于正当防卫的有关学术争议的引介中提到的，对传统理论中针对无责任能力人的正当防卫，解释为紧急避险更符合法益权衡原理、人权保障原则和人道主义精神。因而，针对造成危险的无责任能力人实施紧急避险在理论上更为周延。刑法第21条关于紧急避险的规定也没有将紧急避险行为损害的法益限于第三人法益的意思。

二、紧急避险的限度

关于紧急避险的限度问题，有学者提出双层认定机制，即"通过社会相当性理论导入，构建法益衡量与社会相当性判断双层认定机制，才能从根本上解决紧急避险限度认定的合理性问题。就双层认定机制内部关系而言，法益衡量是基础，社会相当性判断是关键。在双层认定机制范畴内，避险行为损害的法益无论大于、等于还是小于保护的法益，只要其造成了不适当损害，在其所属的具体社会范围内缺乏通常性和必要性，且从整体法秩序立场看，也不具有规范价值上的适当性，便属于超过了必要限度要求，成立避险过当"。[1]

紧急避险的相当性，即避险行为应符合社会的一般价值观念。避险行为的相当性应成为紧急避险中的独立要件，具有独特的功能，能在一定程度上限制法益权衡要件的适用。即便行为人保全之法益价值大于所侵犯的法益价值，也并不必然就能将避险行为正当化。当避险行为欠缺相当性要件时，由于其仍然存在违法性的减小和责任程度的降低，因而对其可准用避险过当之从宽处罚原则。[2] "强制采血"即是著例。[3]

---

[1] 吕梁、张云霄：《紧急避险限度认定标准新论》，载《河北法学》2017年第7期。
[2] 谢雄伟：《论紧急避险的相当性要件》，载《广州大学学报》（社会科学版）2014年第9期。
[3] 即在如果不立即输血病人就会丧失生命时，避险人违背无辜第三人的意愿，强行从其身上大量采血以拯救他人生命的情形。

三、对生命的紧急避险

人的生命能否成为避险对象的问题，在刑法学界聚讼纷纭，有学者认为在刑法领域，对生命的紧急避险，存在行为功利主义和规则功利主义两大对立的立场。后者能避免行为前者的弊端，采用后者具有合理性。以后者为基础肯定紧急避险二分说，在生命冲突之场合，从牺牲者之角度出发，"按照牺牲者的要保护性程度依次对避险对象是否处于被牺牲者的特定地位、避险对象是否有牺牲其生命的同意、避险行为人是否具有期待可能性进行逐层考察，判断避险行为人的行为能否成立阻却责任的紧急避险"。[①]

我国刑法学通说认为，对生命的紧急避险无法通过所保护和所牺牲的生命的数量对比合法化，但通说不能对此提供有力论证。这种不足是通说以功利主义哲学为基础诠释紧急避险制度所致。紧急避险实际上并不是基于功利权衡，而是基于理性人自愿负担的社会团结义务才成其为违法阻却事由。对生命的紧急避险正是因超出了这种社会团结义务的限度才无法正当化。其所保护的生命数量多少无关紧要。[②]

但有学者提出了人的生命可以有条件地成为避险对象的立场，认为在人的生命是否能成为避险对象的问题上聚讼纷纭，原因在于"刑法学者同时接受了后果主义的'法益衡量'原则与义务论的'人是目的'原则，但却为二者的张力所困扰"。[③]"一个基于量、质二维度建构的逻辑分类框架（共四种学说）不仅可对现有学说予以涵盖，而且可为回答该问题指明方向。在这种分类下，否定说与折中说因支持对人的平等对待而得以通过初步的检验。但是，进一步的考察表明，否定说要么误解了'人是目的'原则，要么错误地预设了'生命具有绝对最高价值，不能以任何方式予以衡量和比较'为真，所以，其很可能是不成立的。通过区分'不可通约性'与'不可比较性'可以发现：即使生命具有绝对最高价值，并且不同生命因具有独特性而不能在同一尺度上被衡量，也并不意味着，不同生命不能被比较。"[④]

还有学者从政治哲学家桑德尔"正义内在于善"的伦理观念出发，承认特定

[①] 游雯：《对生命的紧急避险新论——以规则功利主义为基础展开》，载《研究生法学》2018年第6期。
[②] 王钢：《对生命的紧急避险新论——生命数量权衡之否定》，载《政治与法律》2016年第10期。
[③] 陈杰：《紧急避险与生命价值的衡量》，载《法治与社会发展》2019年第4期。
[④] 陈杰：《紧急避险与生命价值的衡量》，载《法治与社会发展》2019年第4期。

条件下人的生命成为避险对象的可能性。"破解生命冲突时紧急避险的难题，找到恰当的伦理基础至关重要。以功利主义思想为伦理基础，违背了'生命至高无上不能量化比较'的命题；以依托于罗尔斯式正义论的社会团结义务理论为伦理基础，将正义独立于善，又与社会一般观念不符。而以内置于善的正义观为伦理基础，强调正义须以善为根本，不仅与社会一般观念相符，且能与刑法理论相契合，可以系统性地解决难题。据此，在纯粹利他的攻击型紧急避险、在防御型和竞合型紧急避险中，避险人的行为都有正当化的可能；在纯粹自利的攻击型紧急避险中，避险人的行为并不能被正当化，原则上只能以期待可能性理论来出罪。"[①]

与之接近的观点认为："生命冲突中的杀人行为要么违法，要么因成立紧急避险而被正当化，不可能处于'法外空间'之中。根据宪法中的人权保障、法律面前人人平等以及人格尊严不受侵犯等条款，公民的生命在价值上不得以质量或者数量为标准进行比较。但是，生命冲突中双方生命的值得保护性却可能存在差异。以紧急权体系为分析框架，当冲突一方属于紧急状态的引起者时，其生命的值得保护性会降低，这就为防御性紧急避险中杀人行为的正当化提供了可能；而以攻击性紧急避险为表现形式的杀人行为，则只可能成立责任阻却事由。"[②]

四、恐怖袭击状态下的紧急避险

"康德提出以自由的普遍法则作为法权的基础，影响了现代刑法体系的构建。然而根据康德的理性原则却无法证明紧急避险这一刑法正当事由的合法性，导致刑法体系的分裂。以功利主义法哲学为基础的利益衡量理论，试图取代康德原则为紧急避险提供合法根据，但最终这一标准不得不受到康德原则的修正和限制，因此无法得以贯彻。黑格尔法哲学超越了抽象法权的范畴，对紧急避险中个人福祉的追求提供了合理根据，但在生命选择困境面前，这一观念再次遭遇康德原则的阻碍。根据黑格尔法哲学观念，可以从更高的伦理层次去理解个人福祉与自由的普遍性关系，并从公民义务的层面，为极端紧急状况下公民的牺牲提供了合法根据。这为国家在遭受恐怖袭击中击落被作为犯罪工具的满载乘客的飞机提供了理由，同时这一理由能够处于防御性紧急避险的法教义中，在不违反宪法原

[①] 贾银生、高维俭：《论对生命紧急避险的伦理基础》，载《南昌大学学报》（人文社会科学版）2018年第1期。
[②] 陈璇：《生命冲突、紧急避险与责任阻却》，载《法学研究》2016年第5期。

则的前提下被置于法秩序框架之内。"[1]

五、自招危险能否成为紧急避险的对象

自招危险即行为人有责地导致的危险。自招危险能否成为紧急避险的对象，也是素有争议的问题，存在多种学说。"问题的关键在于破解行为人主观罪过与紧急避险权权利属性之间纠缠的困境，利益衡量和社会相当性理论可提供有效路径。避险挑拨不具备避险意图，不应成立紧急避险，其他类型自招危险均应允许有成立紧急避险的余地。只有以利益衡量为基础，同时济以社会相当性补充，才能真正确立自招危险之紧急避险正当性基础。利益衡量应对法益位阶关系、法益损害程度等内容全面权衡；社会相当性尤其要考虑被转嫁危险第三人的人格尊严等内容。"[2]

六、避险过当

避险过当即避险行为超过必要限度造成不应有的损害的情形。避险过当构成犯罪的，由于行为人行为时具有避险意识，使得其责任减轻，因而应减轻或免除处罚。避险过当的主观方面应与防卫过当的主观方面法理相同。如同防卫过当一样，避险过当也不是罪名，而是影响量刑的情节。

七、其他排除犯罪性事由

正当防卫和紧急避险是我国刑法明确规定的违法阻却事由。此外，依据法律的行为、被害人承诺、正当业务行为、自救行为、自损行为、义务冲突等情况虽然未在刑法典中加以规定，但刑法理论和司法实践都承认不具有违法性，不负刑事责任，因而称为"超法规的违法阻却事由"。

四要件犯罪构成理论本身缺乏类似阶层化犯罪论体系下"违法"与"责任"的明确划分，致使实质违法性难以为四要件犯罪构成中任何要件所容纳，从而导致超法规的违法阻却事由在四要件犯罪论体系中处于尴尬地位；若将其置入四要件犯罪构成中，则会虚化其出罪之功能。因此，将其置于犯罪概念之外在人权保

---

[1]　孙立红：《生命选择案件中的康德悖论及其解决思路》，载《中外法学》2019年第2期。
[2]　张宝、侯华生：《论自招危险之紧急避险的判断路径》，载《中国刑事法杂志》2013年第9期。

障原则的贯彻上具有比较优势。[①]

（一）被害人同意（被害人承诺）

被害人同意，或称"被害人承诺"，是指法益主体（被害人）对他人（行为人）侵害自己有权支配的利益表示允诺或同意，是超法规的违法阻却事由。

排除行为犯罪性的被害人承诺须具备以下要件：（1）承诺者对被侵害的权益具有处分权。但即便是承诺侵害自己的权益时，也有一定限度，如生命权不在可以承诺侵害的范围；经被害妇女同意而将其拐卖的，仍然成立拐卖妇女罪。（2）承诺者须对所承诺事项的意义、范围有理解能力。如儿童的承诺不能成为拐骗儿童罪的辩护理由。幼女的承诺不能成为奸淫幼女型的强奸罪的辩护理由。（3）承诺系被害人的真实意思。戏言性的承诺以及由于被强制或威胁而作出的承诺，不能排除行为的违法性。但仅是承诺动机的错误，依然应认为承诺有效。例如，某男性使用花言巧语骗得某女性的欢心，使该女性同意结婚后，该女性同意双方发生性行为的承诺仍然有效，该男性不成立强奸罪。如果因受骗而对所放弃的权益的种类、范围或危害性发生了错误认识，则所作出的承诺无效。如以给妇女治病之名而行奸淫妇女之实，虽得到了妇女的承诺，但也成立强奸罪。（4）承诺应实际存在。（5）承诺至迟应在结果发生时作出，被害人在结果发生前变更承诺的，原来的承诺无效。事后承诺的，不影响对行为不法性的判断。（6）经承诺而实施的行为未超出承诺的范围。（7）经承诺而实施的行为本身不违反法律、侵害公共秩序或他人合法权益，否则可成立其他犯罪。例如，即便妇女同意数人同时对其实施淫乱行为，但若数人以不特定或多数人可能认识到的方式实施淫乱行为，虽然不成立强奸罪，但可能成立聚众淫乱罪。[②]

除被害人明示同意外，推定的被害人同意也是一种重要的排除违法性事由。在法律形象上，推定性同意兼有被害人同意与紧急避险之二重性，从尊重个人自主权角度思考，应认为被害人同意是其主导形象。推定的同意表现形式多样，对其有效性的判断应根据具体的案件类型确定不同的标准。推定的同意分为为被害人利益的推定同意与为其他人（行为人或第三人）利益的推定同意。推定的同意与同意的适用范围相同，只限于针对有关个人能够处分的法益的犯罪，如非法

① 梁云宝：《超法规的违法性阻却事由之外置化——四要件犯罪论体系下的定位》，载《法学论坛》2011年第6期。
② 徐成溪、刘丽华：《被害人承诺成为排除犯罪事由应具备的条件》，载《中国检察官》2019年第9期。

侵入住宅罪、私自开拆他人邮件、电报罪、盗窃罪、故意毁坏财物罪等，对个人不能处分的国家法益或社会法益的犯罪，不在被害人同意或推定同意的范围。[①]

推定的被害人同意的正当化依据在于对不同利益的比较与衡量，是违法阻却事由领域法益保护主义的一种体现。推定的被害人同意的成立要件包括：行为人具有同意能力、以行为时为准进行推定、处分的是个人法益、现实同意之不可获得、被害人同意的当然性、情势紧迫、有效性和必要性。[②]我国刑法学界普遍认为适用推定的被害人同意，应遵循情势紧迫性和行为之社会相当性原则。"推定的被害人同意的正当化依据在于'无知之幕'背后自利的理性人在紧急状态下为了最大限度保全自身法益，在可以通过损害自身轻微法益以避免重大法益损害之时，会赋予他人侵害自身轻微法益之权利。理性人通过虚拟的'无知之幕'达成的社会契约为其提供了正当性，攻击性紧急避险中的社会连带义务、《民法总则》中的紧急救助条款及紧急状态下的医疗规章为其提供了合法性，二者共同赋予推定的同意与被害人承诺同样的效力，但因并未获得现实的承诺，因而属于法律'拟制的被害人同意'。"[③]

（二）被害人自愿接受危险

根据被害人危险接受理论，行为人参与某种危险活动并导致被害人损害，只要该危险是被害人当时自愿接受的，就可以排除行为人对损害结果的刑事责任。如被害人明知被告人醉酒，仍乘坐其驾驶的汽车，途中死于醉驾事故。由于本案中被害人自愿接受醉驾风险，被告人无需对损害结果承担责任。危险接受理论的主要内容是客观不法之排除，即认为危险接受可阻却客观不法构成要件之成立。其理论根据有二：（1）法哲学根据。基于与被害人刑法哲学原理，危险接受使法益不再受刑法保护，从而排除行为和结果之不法。（2）犯罪论根据。危险接受导致案件缺失可罚之正犯行为或可归责之不法结果。[④]

但张明楷教授对危险接受有更精致的研究。"根据是自己侵害还是他者侵害这一标准，危险接受分为两种情形：被害人自己支配实害结果发生的，被告人的行为属于自己危险化的参与；被告人的行为支配实害结果发生的，则是基于合意

[①] 车浩：《论推定的被害人同意》，载《法学评论》2010年第1期。
[②] 陈梦寻：《推定的被害人承诺：正当化根据及其成立要件》，载《云南大学学报》（法学版）2015年第6期。
[③] 魏超：《论推定同意的正当化依据及范围——以"无知之幕"为切入点》，载《清华法学》2019年第2期。
[④] 庄劲：《被害人危险接受理论之反思》，载《法商研究》2017年第2期。

的他者危险化。被害人承诺、规范的保护范围、被害人自我答责等理论，均不能妥当说明危险接受的法理。在自己危险化的参与的场合，被害人支配实害结果发生的行为不符合任何犯罪的构成要件，故参与者（被告人）的行为不可能成立犯罪。在基于合意的他者危险化的场合，被告人支配实害结果发生的行为，符合过失犯的构成要件且不具有违法阻却事由，原则上不排除犯罪的成立；但是，如果能够认定被害人对被告人实施强制行为，或者具有优越的知识，支配了因果发生进程，对实害结果的发生处于间接正犯的地位，则被告人的行为不成立犯罪。"①

（三）行政许可

行政许可作为违法阻却事由发挥出罪功能之范围，主要集中在环境犯罪等大量具有"行政附属性"的犯罪类型。②"行政附属性"即刑法条文本身不能充分描述行为可罚性的全部要件，而是需要借助于行政法的某些规定才能说明行为可罚性的全部要求。

行政许可既可能阻却构成要件符合性，也可能阻却违法性。以"未经……许可（批准）"为构成要件要素的犯罪，取得行政许可阻却构成要件符合性；不以"未经……许可（批准）"为构成要件要素的犯罪，取得行政特别许可阻却违法性。

以欺骗、贿赂等不正当手段取得的有瑕疵的行政许可是否具有出罪功能？对此，有一种观点是准用有动机错误的被害人承诺。另一种观点认为具有排除犯罪性之效果的行政许可应完全符合实体法的规定，否则不能成为排除犯罪性事由。还有一种观点认为，通过欺骗等不正当手段取得行政许可，是权利滥用的表现，即便在行政法上有效，也不能排除犯罪性。对这一问题，正确的思路应是区分有关犯罪是否以未经许可作为构成要件要素。以未经许可作为构成要件要素的，刑法的规范目的仅是对该种行为进行控制，在以欺骗等不正当手段取得行政许可的场合，并不排除行政许可在刑法上的有效性；不以未经许可作为构成要件要素的，刑法的规范目的是对该种行为的普遍禁止，以有瑕疵的方式取得的行政特别许可在行政法上无效，在刑法上不应成为违法阻却事由。

（四）法令行为

法令行为也称为"依据法律的行为"，是指根据法律、法令、法规的规定，

---

① 张明楷：《刑法学中危险接受的法理》，载《法学研究》2012年第5期。
② 车浩：《行政许可的出罪功能》，载《人民检察》2008年第15期。

作为权利（权力）或义务（职责）实施的行为。法令行为是根据法律实施的行为，因而不具有违法性，不成立犯罪。但有些法令行为形式上与某些犯罪的客观方面相似，因而有必要将其作为违法阻却事由。

通常认为，法令行为包括四类：（1）法律基于政策理由排除违法性的行为，即某类行为原本会侵害法益，但法律基于政策考虑，将其中某种行为规定为合法行为。如赌博行为被国家法律一般地禁止，但基于政策的考虑，有关法律特别允许特定机构以特定方式发行彩票。（2）某种行为本来具有犯罪性，但法律特别规定，符合一定条件时，该种行为属于合法行为。（3）职权行为（职务行为），即公务人员依据法律行使职权或履行职责的行为，包括直接依法实施的职务行为和执行上级命令的职务行为。前者如交警处罚违章司机，后者如法警对死刑犯执行死刑。（4）权利（义务）行为，即根据法律规定作为公民的权利（义务）的行为，如公民扭送现行犯。[①]

人民警察的职务防卫行为，与普通公民的正当防卫有若干重大差异。将其正当性根据等同于正当防卫的观点，会导致严重的实践问题。人民警察的职务防卫行为的正当性，在于其属法令行为，是基于法益衡量的独立的违法阻却事由。"警察紧急权说"[②]易使警察职务防卫行为失去规范约束，导致警察权的超法规扩张，进而损害不法侵害人的权益、破坏现代法治所追求的权力和权利之间的平衡。"正当防卫说"（认为人民警察的职务防卫行为与普通公民的正当防卫无根本差异的观点）忽视了警察职务防卫行为的公权力属性，将其直接和正当防卫行为等同，易使警察职务防卫行为失去必要性和比例性的约束，致使警察职务防卫走向极端化。应以"法令行为说"作为正当性基础，建构警察职务防卫之制度体系，为警察职务防卫提供规范支撑与制度保障。在立法层面，应该在刑法第20条之后增设一条专门规定警察职务防卫免责之内容；在行政性法律、法规层面，应进一步细化《人民警察法》和《人民警察使用警械和武器条例》中关于警察职务防卫之规定。[③]

① 此处对法令行为之范围的界定，参见张明楷：《刑法学》（上），法律出版社2016年第5版，第232页。有将法令行为和履行职务的行为区分为两种不同的违法阻却事由的。参见高铭暄、马克昌：《刑法学》，北京大学出版社、高等教育出版社2017年版，第128页。

② 该学说认为，警察在执行职务过程中，常常会面临一系列紧急情况需及时应对和处理，若面临急迫之情形，以通常方法难以实现目的时，警察可使用通常不被允许的强制力。同时，这种紧急情况下的应对权属于警察内在的权力，亦是一种法律规定的义务。参见刘静坤：《论美国的警察紧急权理论》，载《中国刑事法杂志》2008年第2期。

③ 张永强：《警察职务防卫的正当性根基与规范完善——兼论〈人民警察法〉相关内容的修订》，载《西南政法大学学报》2019年第2期。

（五）正当业务行为

业务即职业上或职责内的事务，具有反复实施的特征。正当业务行为即虽然没有法律、法规的直接规定，但在社会生活中被普遍认为是正当的行为。业务行为有正当和非正当之分。"正当"业务行为意味着业务行为本身是保护、促进或维持正当利益的行为，具有社会相当性，如客观的新闻报道，即便使特定的个人、企业或组织的形象受到损害，也不具有违法性。除新闻报道行为外，常见的正当业务行为包括医疗行为和竞技行为。

（六）自救行为

自救行为也称自助行为，是指权利人为保护自身的权利，在情况紧急而又不能及时请求国家机关救助的条件下，依靠自身的力量对他人的财产施加扣押、毁损或对他人的自由施加拘束等强力影响，而为法律或社会公德所认可之行为。[①]自救行为分为针对财产的自救行为和针对人身的自救行为。自救行为是为了保护自身的权力，且是在不法侵害发生后实施，所以不同于正当防卫。自救行为是在不法侵害发生后针对不法侵害人实施，而紧急避险发生在危险现实存在且紧迫之时，通常针对第三人实施，所以自救行为不同于紧急避险。

自救行为作为违法性阻却事由，其构成要件是：（1）必须有不法侵害状态存在，且被侵害的权利能够被恢复；（2）实施自救行为，主观方面必须是为了保护自己的合法权益；（3）自救行为必须在紧急情况下实施，即在行为人的权利遭受侵害，来不及受到国家机关救助，若当时不实施自力救助，则其权利丧失或保全明显困难的情况下实施；（4）具有社会相当性，其手段或方法为法律或社会公德所认可。[②]

（七）自损行为

自损行为即损害自身利益的行为，典型者如自杀、自伤、损毁自己所有的财物。自损行为不侵害他人、社会或国家的法益，因而不具有违法性，在刑法上属于违法性阻却事由。担当损害自己的法益的同时侵害了他人、社会或国家的法益的，具有违法性，不排除犯罪的成立。例如，军人战时为逃避军事义务而自伤身体的，在自损的同时侵害了国家的军事利益，成立战时自伤罪。故意毁坏与他人共同所有的财物，在损害自己的财产权利的同时也侵害了他人财产权，可能成立

---

① 王政勋：《正当行为论》，法律出版社2000年版，第359页。
② 贺秋华：《自救行为论》，载《中国刑事法杂志》2005年第4期。

故意毁坏财物罪。

（八）义务冲突

刑法上的义务冲突，指的是行为人在负有两项以上不能同时履行之义务时选择履行其中一项义务，不得已放弃其他义务造成某种损害后果的事实状态。如公务员既有执行上级命令的义务，又负有审查上级命令进行审查的义务，并对错误命令提出撤销或改正的建议权（同时也是职责、义务）。当上级命令确有错误时，执行命令的义务和撤销、改正命令的建议义务二者便不能同时得到履行，处于冲突的状态。义务冲突产生的客观原因有法律设置上的矛盾和客观事实上的履行不能两个方面，是行为人无法回避、无法解决的矛盾。因此，义务冲突情形下正确选择的行为应成为排除犯罪性的事由，即便是义务冲突情形下不正确选择的行为造成不应有之损害的，也可作为减轻或从轻处罚的事由。[1]

义务冲突的成立需要满足四个要件：（1）义务人同时承担两个不能同时得到履行(不相容或不能共存)之法律义务；（2）法律义务冲突的出现不可归责于义务人；（3）为了履行一个法律义务，除非违反另一个法律义务；（4）冲突中的法律义务的优先顺位没有制度化和法律化。[2]

义务冲突与紧急避险的区别在于，在义务冲突中，致害的是不履行义务之不作为；在紧急避险中，致害的是行为人的积极作为。

关于义务冲突情形下的致害行为排除犯罪性的根据，国内外学界存在法益衡量说、社会目的说、社会相当性说、欠缺期待可能性说等。

法益衡量说又称"优越利益说"，其理论基础是结果无价值论，主张在义务冲突的情形下应优先履行体现对优越利益的保护的义务。法益衡量说对保护生命之义务与其他义务相冲突的场合，通常是简明、奏效的，但对不能比较大小、轻重的法益来说，无助于问题的解决。

社会目的说认为，违法的实质是行为违反国家承认的共同生活之目的，或者为达到自身之目的而采取不适当的手段。若行为不违背国家所承认的共同社会生活目的，或为达到国家所承认的共同社会生活目的且在义务冲突中所采取的适当手段，则该行为正当。但对什么是适当的手段，有衡量型目的说和手段型目的说的交锋。

---

[1] 简永发：《略论刑法中义务冲突法律性质的根据》，载《法学评论》2008年第5期。
[2] 钱大军、宋双：《论法律义务冲突的构成要件与产生原因》，载《社会科学战线》2005年第2期。

社会相当性说认为，在历史形成的社会伦理秩序的范围内所允许的行为，或作为法秩序之基础的社会伦理规范所允许的行为，即是正当的。社会相当性即行为得到了作为法秩序之基础的社会伦理规范的允许或对于现存的社会秩序的存续、发展来说被认为是适当的。社会相当性说既看重行为结果，也看重行为手段。对义务冲突来说，社会相当性说对所涉法益不可衡量（或比较）的情形来说，比法益衡量说具有显著的优越性。因此，社会相当性说成为现今主流学说。

欠缺期待可能性说认为在义务冲突的场合，不可能期待行为人同时履行相冲突的义务，同时作出相冲突的适法行为。期待可能性理论属于责任论领域的理论，目前处于没落状态。对欠缺期待可能性作为超法规的责任阻却事由，应抱持谨慎态度。[1]

关于义务冲突中义务的来源，应根据功效的不同，将问题分为"未履行义务的来源"和"被履行义务的来源"。除刑法明文规定的不作为义务外，考察未履行义务的范围和种类，应密切联系不作为犯的作为义务的来源。基于"冲突状况的发生不能归责于行为人"之要件，应排除先前行为、法律行为所引起的作为义务；基于罪刑法定原则之要求，道德上的作为义务也应否定。关于被履行义务是否包括道德义务之问题，有肯定说、否定说与折中说三种观点之间的争论。与整体法秩序相协调、保障一定生活利益的道德义务，可以成为被履行义务的来源。[2]

第二节　犯罪的预备、未遂和中止

第二十二条　为了犯罪，准备工具、制造条件的，是犯罪预备。

对于预备犯，可以比照既遂犯从轻、减轻处罚或者免除处罚。

本条是对犯罪预备的规定。但在形式上，该条并非规范地规定犯罪预备的构成要件，而是规定预备行为本身。这种预备行为不仅存在于预备犯和预备阶段的中止犯中，也可能存在于未遂犯以及着手后的中止犯中。本条实际上的立法目的应是规定预备犯的构成要件，但由于没有揭示预备犯成立的主观要件而存在立法

---

[1] 马克昌：《比较刑法学原理——外国刑法学总论》，武汉大学出版社2002年版，第500页。
[2] 黄旭巍：《刑法义务冲突中"义务"的来源》，载《学海》2017年第6期。

瑕疵。

一、犯罪预备的概念及其构成要件

（一）概念

犯罪预备也称为预备犯，是指为了实行犯罪而准备工具、制造条件，由于行为人意志以外的原因未及着手实行即停止下来不再向前发展的犯罪未完成形态。所谓犯罪未完成形态，也称未完成罪，是指犯罪行为在进行过程中、既遂之前停止下来不再向前发展的情形。我国传统刑法理论通说认为未完成罪属于修正的犯罪构成，但实际上它所修正的不是犯罪构成，而是既遂犯的构成特征。未完成罪只存在于具体的、已然的直接故意犯罪中。未完成罪除本条规定的犯罪预备外，还包括接下来的两个条文规定的犯罪未遂和犯罪中止。这三种未完成罪加上犯罪既遂，构成直接故意犯罪的四种停止形态。

预备犯可分为形式预备犯和实质预备犯。前者是指刑法总则规定的预备犯，后者是指刑法分则对某种犯罪的预备行为的特别规定，此时刑法实际上将原本为预备的行为提升为实行行为，规定为独立的犯罪类型。区分形式预备犯与实质预备犯的意义在于：（1）在构成要件方面，形式预备犯的构成要件依附于既遂犯的构成要件；而实质预备犯的构成要件具有独立性。实质预备犯的预备行为是已被类型化、定型化的预备行为，与一般构成要件行为无异；形式预备犯的预备行为欠缺类型化、定型化特征。（2）在法律适用上，处罚形式预备犯的法律根据不仅包括分则有关罪刑条款，而且包括总则中关于预备犯的规定；实质预备犯原则上直接根据有关分则条款处罚，不再援引总则关于犯罪预备的规定。（3）在处罚范围上，由于对形式预备犯的可罚性在理论上原本就被认为与罪刑法定精神抵触，若对形式预备犯的帮助行为、预备行为的可罚性予以肯定，则会不当地干预、限制人们的行为自由；但在刑法一般肯定预备犯可罚性的前提下，肯定实质预备犯的预备行为、帮助行为的可罚性没有法律上的障碍。通常所说的预备犯是指形式预备犯。实质预备犯的立法是立法者面对风险社会的现实，基于保护重大法益等刑事政策考量的结果，如我国刑法中的组织、领导、参加恐怖组织罪、准备实施恐怖活动罪等犯罪、妨害信用卡管理罪。

（二）构成要件

犯罪预备的构成要件包括：（1）行为人实施了犯罪预备行为，即为实行犯罪而准备工具、制造条件的行为。单纯的犯意表示不属于犯罪预备。（2）行为人主观上是为了实行犯罪。预备犯因而被认为是特殊的目的犯。（3）行为人未能着手实行犯罪。着手实行犯罪即开始实施现实地引起法益侵害结果或法益侵害危险的行为。（4）未能着手实行犯罪是由于犯罪分子意志以外的原因。"意志以外"意味着该原因的出现违背行为人的意志。

（三）预备行为的无定型性

犯罪预备行为在手段、方法上并无限制，所以具有无限性、无定形性的特点。为了实行犯罪，无论是准备各种工具，还是制造各种条件，无论是有外在情状的预备行为（有形预备，如准备凶器），还是无外在情状的预备行为（无形预备，如调查被害人上下班路线），无论是自己预备（为自己实行犯罪而为预备行为），还是他人预备（为他人实行犯罪而为预备行为），都是犯罪预备。预备行为的无定形性不可避免地与罪刑法定主义相龃龉。预备行为还必须与实行行为具有密接性。不作这一点要求，将会导致预备犯处罚范围漫无边际。如行为人为了夜间盗窃时搬运赃物体力充沛而白天睡觉的行为，不能认为是盗窃的预备行为。

二、犯罪预备的处罚

根据本条第2款，犯罪预备（预备犯）是普遍可罚。预备犯普遍处罚原则存在正当性、必要性、可操作性和实效性等方面的诸多问题。我国司法实践通过刑事政策、但书规定、目的论限缩解释以及刑事证明、罪疑从无等路径，对预备犯普遍处罚原则予以救济和限缩，基本实现了预备犯例外处罚的实践理性。但突破预备犯普遍处罚原则困境的根本之道仍在立法重构，即对预备犯的刑法规制应实现从普遍处罚到例外处罚、从总则规范到分则规范、从形式预备犯到实质预备犯的模式转换。[1]预备犯之处罚范围事关刑罚权的自律程度，直接影响到刑法辅助性法益保护功能的发挥。以可罚行为之概念的引入消解预备犯缺乏实行性与犯罪构成理论之间的龃龉，是客观主义立法语境下研究可罚性预备行为之理论前提。对形式预备犯处罚界限的划定，应实现预备行为与正常社会生活行为的分离，且在预备行为范围内，以刑法第13条"但书"为底线，确定影响预备行为可罚性之要素，在依据犯罪类型作一般可罚性判断之基础上，以重罪标准进行具体的可罚

---

[1]　梁根林：《预备犯普遍处罚原则的困境与突围——〈刑法〉第22条的解读与重构》，载《中国法学》2011年第2期。

性补正和纠偏。对于具有预备性质的、对实施重罪达成一致的严肃约定行为，应肯定处罚必要性，并严格划清其与犯意表示和一般犯罪约定之间的界限。①

现行立法的逻辑大致是，由于犯罪预备行为未达到着手实行行为的程度，对法益仅具有抽象危险，不可能现实地侵害法益，所以可以从宽处罚，视预备行为本身的充分程度和与实行行为的密接程度等情况以及所准备实行的犯罪的具体情形，可以从轻、减轻处罚或免除处罚。

第二十三条 已经着手实行犯罪，由于犯罪分子意志以外的原因而未得逞的，是犯罪未遂。

对于未遂犯，可以比照既遂犯从轻或者减轻处罚。

本条是关于犯罪未遂的规定。

一、犯罪未遂的特征

犯罪未遂的特征即犯罪未遂的成立要件，包括：（1）行为人已经着手实行犯罪，即开始实施罪状描述的、现实地引起法益侵害结果或危险的行为。着手是实行行为和预备行为的分界点。（2）犯罪未得逞。犯罪未得逞宜理解为犯罪未充实犯罪既遂所需要的构成要件要素，或解释为犯罪未达到既遂，而不宜理解为行为人达到了犯罪目的。

二、实行行为的着手

在故意犯罪的自然进程中，只有着手实行犯罪以后、既遂以前，才可能成立犯罪未遂。未着手而停止下来的，只可能成立预备犯或中止犯。所以如何界定"着手"对区分各预备犯和未遂犯具有重要意义。日本学者桥爪隆认为，"实行的着手"的判断标准应当采取实质的客观说，只要从实质的角度看存在法益侵害的具体危险，该阶段就成立未遂犯。行为人的主观方面亦是这种具体危险的判断材料之一。具体言之，在间接正犯和隔离犯的场合，主张在出现了结果发生的具体危险的阶段始成立未遂犯的"结果说"较为妥当；对构成要件上要求通过特定手段引起既遂结果的结合犯而言，不以实际开始实施构成要件所要求之手段、

① 参见郑延谱：《预备犯处罚界限论》，载《中国法学》2014年第4期。

方法为必要，只要存在实际实施这种手段、方法的危险性，即可肯定实行的着手。①桥爪隆的理论立基于实质的客观说。但从各国未遂犯理论之发展来看，着手问题上出现了从客观论向主观论转变的共同倾向，主观可责性因素已超越危害结果而成为刑事不法成立的首要根据。②

三、未遂犯与不能犯的区分

依我国传统刑法理论，犯罪未遂有能犯未遂和不能犯未遂之分。能犯未遂是指行为人的犯罪行为本身可能达到既遂，由于意志以外的原因而未得逞，如因枪法不准而未击中被害人。不能犯未遂是指犯罪人所实施的行为本身就不可能既遂因而未得逞。根据不能犯的原因，不能犯未遂分为对象不能犯、手段不能犯和主体不能犯。③由于不能犯未遂也是犯罪未遂，所以具有可罚性。也有人将不能犯分为绝对不能犯和相对不能犯。前者是指所有的结果发生均不可能的场合，如行为对象原本不存在，后者是指，比方而言，犯罪对象存在，但不在行为人所认为的地点的场合。但对不能犯问题，刑法学界争议激烈，观点极化。传统刑法理论所持的不能犯未遂可罚的观点，大致是主观说。主观说认为，只要行为人将实现犯罪的意思表现为行为，均成立未遂犯，该行为是否具有危险性在所不问。但对以迷信方法念咒杀人的迷信犯，主观说认为其没有真正的犯罪意思，仅是单纯地表明希望，或是因行为人性格懦弱而不具有性格危险性，因此叫做不可罚的迷信犯。主观的危险说（抽象的危险说）认为，应当以行为人在行为当时所认识到的事实为基础，从一般人的立场判断有无危险性。按行为人的计划实施行为具有发生结果的危险的，就是未遂犯；即便按行为人的计划实施行为也不具有发生结果的危险的，是不能犯。如行为人计划以砒霜杀人，但误认面粉为砒霜的，因按行为人计划实施行为有发生故意杀人罪死亡结果的危险，故为未遂犯；但若行为人认为用面粉能杀人，即便按其计划实施行为也不会有致人死亡的危险，故为不能犯。客观的危险说（旧客观说）以行为和行为后所判明的客观情况为判断基础，以裁判时为标准，从事后、客观的立场来判断行为的危险性，行为人意欲的侵害结果自一开始就不可能实现的，是不能犯；行为自身虽然具有实现侵害结果的可能，但因特定情况而没有发生侵害结果的，是未遂犯。

---

① [日]乔爪隆：《实行的着手》，王昭武译，载《苏州大学学报》（法学版）2016年第2期。
② 劳东燕：《论实行的着手与不法的成立根据》，载《中外法学》2011年第6期。
③ 张明楷：《刑法学》，法律出版社2016年版，第352页。

我国传统刑法理论对迷信犯不可罚的解释与对以根本不具有危险性的其他方法"杀人"的行为的解释并未贯彻同样的逻辑。相对而言，从法益保护和人权保障两种价值均衡的立场出发，客观的危险说较为可取。有学者认为，不能犯只具主观要件不具客观要件，未遂犯则同时具有主观要件和客观要件；不能犯乃"先在"无危险性，未遂犯乃"先在"有危险性；不能犯不可能转化成既遂犯，未遂犯有可能转化成既遂犯；将不能犯当作未遂犯处罚就会损害刑法的人权保障机能，将未遂犯当作不能犯不予处罚就会损害刑法的法益保护机能，将未遂犯当作可罚的"不能犯未遂"就会引起刑法学理论的混乱。不能犯和未遂犯二者都"没有实际的危险"，但不能犯是"先在"地"没有实际的危险"，未遂犯是"后在"地"没有实际的危险"。有无"先在"的危险性是不能犯和未遂犯区分的重要标准。①

四、未遂犯处罚

（一）处罚根据

关于未遂犯的处罚根据为何的问题，客观的未遂论认为是未遂犯导致法益侵害的客观危险性。客观的未遂论又分为形式的客观说和实质的客观说。前者认为未遂犯的处罚根据是发生构成要件结果的现实危险性，是否具有此等现实危险性应以构成要件为基准作形式判断；而后者认为应实质地判断。主观的未遂论认为，未遂犯的处罚根据在于表现为危险或不法状态的、行为人敌对法的意思，即认为未遂犯的处罚根据是犯罪人的犯意或性格危险性所产生的行为无价值，而非行为所引起的法益侵害或危险。客观的未遂论立足于结果无价值，主观的未遂论立足于行为无价值。

在我国，关于未遂犯处罚根据的理论经历了由主客观相统一说的混沌到客观未遂论的勃兴和主观未遂论的坚守的理论嬗变。"无论是根据当代刑法的基本立场，还是参照世界范围内未遂犯理论、立法与判例的变迁，抑或从中国当下的法治语境及客观需要出发，客观未遂论较之于主观未遂论，都是更为妥当和可采的未遂犯处罚根据理论。不能犯的可罚性是检验未遂犯处罚根据论的试金石。关于不能犯的危险性的判断，应当采取具体危险说，以适当地界定可罚的未遂犯与不可罚的不能犯，避免抽象危险说主观主义的倾向以及对于不能犯的可罚性抽象肯

---

① 聂长建：《不能犯与未遂犯区分标准研究》，载《法商研究》2018年第6期。

定而具体否定的局限，防止客观危险说自然主义的倾向以及过于扩张不可罚的不能犯范围的弊端。"①

（二）处罚原则

对未遂犯的处罚原则是"可以比照既遂犯从轻或者减轻处罚"，因此，未遂犯属于"可以"型情节，而不是"应当"型情节。"可以"是对司法者的授权，在确定未遂犯的刑事责任时，对其从轻处罚或减轻处罚是一种倾向，即通常如此；但根据案件的具体情况，司法者也可以对其不从轻、不减轻处罚。在蔡超故意杀人案的裁判要旨中，最高人民法院给出的对未遂犯不予从轻处罚的理由是："就本案而言，一审基于蔡超出于报复的动机实施故意杀人犯罪，且犯罪手段特别残忍，犯罪情节极为恶劣，确属罪行极其严重的犯罪分子，故未根据其未遂情节适用从轻处罚而将其判处死刑立即执行。"②在指导案例657号覃玉顺强奸、故意杀人案的裁判要旨中，最高人民法院声言，被告人的故意杀人行为已经造成极其严重的后果，且主观恶性极深、人身危险性极大，虽然存在未遂情节，但可不对其从轻处罚，而对其判处死刑立即执行。③

第二十四条　在犯罪过程中，自动放弃犯罪或者自动有效地防止犯罪结果发生的，是犯罪中止。

对于中止犯，没有造成损害的，应当免除处罚；造成损害的，应当减轻处罚。

本条是关于犯罪中止的规定。

一、中止犯的成立要件

中止犯的成立要件包括：（1）中止的时间条件：中止可以发生在犯罪预备行为开始之后犯罪既遂之前。当在这一阶段中已经成立犯罪预备或犯罪未遂的，不能再成立犯罪中止。（2）中止的自动性：行为人自动放弃犯罪或自动有效地

---

① 梁根林：《未遂犯处罚根据论：嬗变、选择与检验》，载《法律科学》（西北政法大学学报）2015年第2期。
② 陈兴良、张军、胡云腾主编：《人民法院刑事指导案例裁判要旨通纂》，北京大学出版社2013年版，第320—322页。
③ 参见最高人民法院刑事审判第一、二、三、四、五庭主办：《中国刑事审判指导案例（3）》，法律出版社2009年版，第530页。

防止犯罪结果发生。行为人主观上认为自己客观上能够继续实施犯罪或犯罪可能既遂，但自愿放弃原来的犯罪意图。①中止的自动性是中止犯与预备犯、未遂犯的本质区别之所在。（3）中止行为的充分有效性，即中止行为充分有效地避免了危害结果的发生。在处于犯罪准备阶段的犯罪中止，只需消极的中止行为即可；实行阶段的中止，可能需要有防止危害结果发生的积极中止行为。

二、中止犯中的"造成损害"

对本条中的"没有造成损害"，通常解释为没有造成任何侵害结果；对"造成损害"，通常解释为造成了一定损害，但尚未造成犯罪既遂所要求的结果。张明楷教授主张对"造成损害"做严格解释，认为"损害"仅限于刑法规范禁止的实害，不包括危险；只有当行为符合某种重罪的中止犯的成立条件，同时构成某种轻罪的既遂犯时，才能认定为中止犯中的"造成损害"；"造成损害"之行为必须是中止前的犯罪行为，而不应当是中止行为；重罪之中止犯因"造成损害"构成轻罪之既遂犯时，不论轻罪和重罪是何种关系，均应当认定为重罪的中止犯；在对"造成损害"之中止犯减轻处罚时，应考虑与轻罪法定刑的协调关系。②从中止犯立法既要保护法益，又要鼓励行为人悬崖勒马、回头是岸之规范目的出发，联系罪刑法定等原则，张明楷教授的观点站得住脚。

三、中止犯减免处罚的根据

对中止犯减免处罚之根据的理解，直接影响到中止犯的成立条件，我国刑法理论之主流观点采取法律说（违法减少、责任减少）和政策说（金桥理论）的并合说。与既遂犯相比，虽然中止犯的违法性与有责性明显减少，但中止之前的犯罪行为所形成的违法性和有责性不可能因为事后的中止行为而减少，所以中止犯的违法性和有责性并不轻于未遂犯；金桥理论存在明显的缺陷，其与法律说的并合难以说明中止犯减免处罚之根据。在我国，应首先讨论中止犯免除处罚的理由，再讨论为何对造成损害的中止犯不得免除处罚。中止犯免除处罚之根据在于其违法性和有责性比既遂犯减少，以及行为人的自动中止表明其不具有特殊预防必要性。对造成损害之中止犯减轻处罚，乃因其先前行为形成了轻罪的既遂犯，

---

① 参见陈兴良主编：《刑法总论精释》（上），人民法院出版社2016年版，第456页。
② 张明楷：《中止犯中的"造成损害"》，载《中国法学》2013年第5期。

行为人必须对轻罪的既遂犯承担责任，因而不能免除处罚。[①]

第三节　共同犯罪

一、共同犯罪制度的规范目的和适用范围

（一）规范目的

由于对共同犯罪本质问题的理解存在差异，因此对我国共犯制度和理论的目的的设定和理解也有差异。在三阶层犯罪论体系基础上立论的行为共同说认为，"共同犯罪是不法形态"，"刑法总则有关共同犯罪的立法所要解决的问题是，应当将不法事实归属于哪些参与人的行为"，"就具体案件而言，认定二人以上的行为是否成立共同犯罪，只是解决二人以上参与人的客观归责问题，或者说，只是认定二人以上的行为是不是造成法益侵害结果（包括危险）的原因"。[②]该说认为共同犯罪中的主观归责（判断各共犯人对客观不法有无责任）的判断与单独犯罪没有什么区别，所以，关于责任的判断并不是共同犯罪所特别关注的事项。而作为传统的共同犯罪认定方法的犯罪共同说，由于同时在不法与责任层面混合认定共同犯罪，因而认为共犯制度和理论要同时解决两个问题：一是根据什么条件确定刑事责任的范围，二是以什么方式使没有直接实施刑法分则条文规定的犯罪的行为人对这个犯罪负刑事责任。以此为基础，我国刑法中关于共同犯罪的制度的实质内容可以概括为三个方面：（1）确认犯罪实行行为之外的犯罪参与行为（组织行为、共谋行为、教唆行为、帮助行为）的罪责；（2）确认"按照全部罪行处罚"共犯责任原则；（3）根据各共犯人的作用大小，适用不同的处罚原则。[③]

（二）适用范围

我国刑法总则关于共同犯罪的规定主要适用于任意共犯，即本可由一人完成但实际上由多人参与完成的犯罪。必要共犯，即本来就是由多人共同完成，而单个人不能完成的犯罪，由于有刑法分则或其他分则性罪刑条款的特别规定，原则上直接根据分则或其他分则性条款定罪量刑，排除总则关于共同犯罪的规定的适

---

① 参见张明楷：《中止犯减免处罚的根据》，载《中外法学》2015年第5期。
② 张明楷：《共同犯罪的认定方法》，载《法学研究》2014年第3期。
③ 阮齐林：《刑法学》，中国政法大学出版社2011年版，第164—169页。

用。其法理基础在于，刑法总则中关于共同犯罪的规定属于一般规定，分则条款或其他分则性罪刑条款关于共同犯罪的规定属于特别规定，特别规定优先于一般规定适用。

共同过失犯罪在事实上存在，并不适用刑法总则中关于共同犯罪的规定。

二、关于共同犯罪的本质问题的论争

关于共同犯罪的刑法理论纷争迭出，司法实践纷繁复杂，因此有学者指出，共同犯罪是"世界各国公认的刑法理论与实务最为黑暗的篇章"。[①]共同犯罪不仅涉及刑法的目的、犯罪构成、责任原则（主观与客观相统一原则）等刑法问题，还涉及刑事证据和刑事程序等问题。

犯罪，无论是单独犯罪还是共同犯罪，其本质都是法益侵害。但此处讨论的共同犯罪的本质问题，是指在共同犯罪中，各个行为人之间到底在什么方面"共同"的问题。[②]关于该问题，刑法学界目前存在着三种不同的回答，分别认为共同犯罪的"共同"是犯罪的共同、意思的共同和行为的共同，依次可以称为"犯罪共同说""共同意思主体说"和"行为共同说"。现在的学术论争主要是犯罪共同说和行为共同说的对峙。

（一）犯罪共同说

根据犯罪共同说，共同犯罪就是数人以实现特定犯罪构成要件的意思，共同实现该犯罪的构成要件的行为。这种观点强调构成要件的定型性，认为共同犯罪的成立除应考虑行为人是否具有共同犯罪的意思外，还应考虑客观犯罪事实是否在同一犯罪构成范围之内；若各共犯人的犯罪意思和客观行为属于不同的犯罪构成，则不能成立共犯关系。也就是说，成立共同犯罪，要求各共犯人所成立的犯罪的罪名必须同一；共同犯罪就是"数人一罪"。

犯罪共同说内部又分为完全犯罪共同说和部分犯罪共同说。

1. 完全犯罪共同说认为，数人共同实施一个或同一的故意犯罪的场合，才成立共同犯罪（同一罪名的共犯）。该说强调相同的犯罪事实、相同的犯罪意思。按照该说，甲以杀人故意、乙以伤害故意共同对丙施暴将丙打死的场合，甲和乙不成立共同犯罪，应分别以故意杀人罪和故意伤害罪论处。但甲和乙的行为分别

---

① 梁根林：《刑法总论问题论要》，北京大学出版社2018年版，第273页。
② 黎宏：《刑法总论问题思考》，中国人民大学出版社2016年版，第412页。

地看可能都不足以导致丙的死亡，丙的死亡是甲、乙二人的暴力共同作用的结果。将甲和乙的行为分别看待并不妥当。为了弥补这一缺陷，持上述观点的多数学说重视数人之间共同实行之事实，认为上述情形仍成立较重犯罪的共同正犯，但在量刑时，对具有较轻犯罪意图的人按较轻犯罪进行处罚。在上述情形中，甲、乙二人成立故意杀人罪的共同犯罪，但对乙应在故意伤害（致死）罪的限度内量刑。但这一处理方法又违背了责任主义（主客观相统一）；定此罪，但又根据彼罪的法定刑量刑的做法，实际上割离了犯罪与刑罚，即违反罪刑法定主义，又背离罪行均衡原则。

2. 鉴于完全犯罪共同说存在上述缺陷，部分犯罪共同说代之而起。该说依然强调共同犯罪就是数人共同实施具有相同犯罪构成的行为，但并不要求所实施的犯罪完全相同，而是只要其中有一部分相同就足够了。也即是说，数人所实施的不同犯罪之间若具有构成要件上的重合，则在此重合的范围内可以成立共同犯罪。在上述案例中，若到底是谁的行为致人死亡无法查清，由于故意杀人罪的故意中包含了较轻的故意伤害罪的故意，杀人行为中也包含较轻的伤害行为，故甲和乙在故意伤害（致死）罪的范围内成立共同正犯。由于甲的行为超出了甲、乙二者之间重合的范围，同时成立故意伤害（致死）罪和故意杀人罪的想象竞合，最终按较重的故意杀人罪定罪处罚。

（二）共同意思主体说

该说认为，共同犯罪就是二个以上异心别体的人为了实现一定的犯罪目的，通过共同谋议而形成"共同意思主体"，由此共同体中的一人以上的人在共同目的之下实施犯罪时，就承认共同意思主体的活动，所有的共同人都成为共同正犯，依民法的合伙理论，共同意思主体中的每个人，对于共同意思主体中的其他人所引起的结果，都承担共同正犯的刑事责任。刑事责任本应归于该"共同意思主体"，但由于该"共同意思主体"是各个共犯者个人为实现犯罪目的而暂时形成的违法存在，不能对其论科罪责，故只能对构成它的每个个人追究罪责。按照这一学说，共同犯罪的成立要求各共犯人之间有犯意联络和犯罪共同，各共犯的犯意融为一体，各共犯人根据该犯意彼此分担犯罪构成要件内外之行为的实施。依此，片面共犯和过失共犯都不属于共同犯罪。该学说还要求，成立共同犯罪，各共犯人之间须有犯罪行为的分担。以自己共同犯罪之意思联络，分担犯罪构成要件以内之行为者，为实行共同正犯；以帮助他人犯罪的意思联络，分担犯罪构成要件以外的行为者，为帮助犯；以教唆他人犯罪的意思联络，分担教唆他人犯罪之行为者，为教唆犯。

根据这一学说，甲以杀人故意、乙以伤害故意共同对丙施暴致丙死亡的情形下，由于甲、乙二人并未形成"共同意思主体"，虽有共同对丙施暴的行为，并不构成共同犯罪。甲、乙的行为分别构成故意杀人罪和故意伤害（致死）罪。

共同意思主体说与近代刑法所坚守的个人责任原则相龃龉。根据该学说，仅参与共谋的人也成立共同正犯，根据不明，法理不清。因此，该学说目前应者寥寥。

（三）行为共同说

行为共同说认为，共同犯罪就是二人以上根据共同行为来实现各自所追求的犯罪，是实施犯罪的一个方法类型，是为了实现自己的犯罪而利用他人的行为，因而扩大自己的行为的因果影响范围的一种形式，纯属共犯人相互之间的"个别利用关系"。该说主张二人以上根据共同的"行为"实现各自的犯罪意思，就成立共同犯罪，并不要求是就同一"犯罪"而共同进行，当然也不要求具有共同的故意，所以，共同犯罪就是"数人数罪"。该说内部又有主观主义的行为共同说和客观主义的行为共同说之分。

根据主观主义的行为共同说，共同犯罪中的"共同"，是与构成要件无关的自然行为的共同，也可说是前构成要件或前法律的自然行为的共同；各行为人为了实现各自的犯罪意图而共同实施行为时，共同犯罪即可成立，如甲出于杀人、乙出于放火的故意而共同实施行为时，二者成立共犯，只是在定罪时依照各自的主观意思确定各自的犯罪性质而已。该说将"偏离构成要件行为的共同"也理解为共犯，造成共同犯罪认定上的恣意性，使共同犯罪之范围漫无边际，也偏离各国刑法关于共同犯罪概念的规定。该学说目前已无人提倡。

从客观主义刑法观出发的"客观主义的行为共同说"是当今流行的行为共同说。根据这种学说，从参与共同犯罪的各个行为人来看，共犯的本质是共同实行各自的犯罪，各个共犯人之间既不要求罪名同一，也不要求有共同的犯罪意思。共同犯罪并非因为借用他人的可罚性或与他人共同负担责任而受罚，而是由于为了实现自己的犯罪而利用他人的行为，扩大自己行为的因果性影响范围，是故，对所发生的结果也能全部归于各参与人。根据该说，共同犯罪并不一定只在具有刑事责任能力的行为人之间发生；共同犯罪不一定在同一特定犯罪构成范围内发生；作为共同犯罪的主观要件，各共犯人之间只要具有共同行为的意思就足够了，并不要求有相同的犯罪故意。基于这些推论，13岁的甲和15岁的乙共同将丙杀害的，丁以杀人故意、戊以伤害故意共同对己施暴致己死亡的，或A以杀人的故意利用B的过失致C死亡的，都成立共同犯罪。

（四）客观主义的行为共同说影响的扩大和部分犯罪共同说的顽强抵抗

近年来，在共同犯罪的本质问题上，客观主义的行为共同说在刑法学界的影响有扩大的趋势。但在司法实务界，虽然出现了以客观主义的行为共同说为论理根据的共同犯罪司法裁判，但完全犯罪共同说依然是刑事法官的秉持的理论工具。刑法学界的大部分学者依然坚守犯罪共同说的理论堡垒，并对行为共同说展开批判。

主张行为共同说的学者认为，该说具有以下几方面的相对优势：（1）该说彻底贯彻了个人责任原则；（2）该说是因果共犯论（惹起说）和限制从属性说的逻辑归结；（3）该说不会扩大共同犯罪的成立范围；（4）该说在司法实践中具有较强的现实适应性。

但有学者通过行为共同说与（部分）犯罪共同说的比较，认为行为共同说并无相较于犯罪共同说的"比较优势"，对司法实践中出现的涉及共同犯罪的疑难案件，"犯罪共同说"也能够迎刃而解。因此不必背离司法实践的通行理解和做法，而去倡行行为共同说。不仅如此，以行为共同说作为认定共同犯罪之成立的理论依据，不仅与相关刑法理论认识存在冲突，而且与刑法规定相抵牾。行为共同说与相关刑法理论认识的冲突表现为：（1）该说将共同犯罪理解为各个行为人在实施自己的犯罪，强调共同犯罪是数行为人根据共同的行为实现各自所追求的犯罪，不过是实施犯罪的方法类型。这无从体现理论和实务所公认的共同犯罪的特殊性，即与单独犯罪相比，在共同犯罪中，因数行为人的行为具有整体性、行为对象具有同一性，相互配合、相互支持，而使共同犯罪具有更严重的社会危害性；在刑法中规定共同犯罪，就是要体现对共同犯罪的处罚应重于单独犯罪（"部分行为全部责任"）这一精神。（2）行为共同说将数行为人所实施的行为之间存在的共犯关系理解为相互利用的关系，未能准确地认识相互配合、相互合作的共犯关系实质。（3）行为共同说将共同犯罪的本质理解为数人数罪，无论是与客观主义的共犯分类还是与主观主义的共犯分类都是相抵触的，两种共犯分类法都预设共同犯罪中数行为人的行为指向同一性质的犯罪。（4）学界普遍认为刑法分则的罪刑规范模式是"单独犯罪的既遂形态"，分则规定的犯罪构成（基本的犯罪构成）经总则关于犯罪停止形态和共同犯罪的条款的修正而成为修正的犯罪构成。行为共同说与这一罪刑规范模式不能兼容。（5）行为共同说将共同犯罪理解为三阶层犯罪论中的不法形态，会引发对具有相当的合理性的四要件犯罪论的颠覆。不仅如此，行为共同说还与我国刑法的规定存在冲突：（1）与我国刑法对共同犯罪人的分类及其处罚规定存在冲突。这些规定立基于各共同犯罪人在实施同一犯罪中所起的不同作用。行为共同说认为共同犯罪是各行为人通过共同的行为追求和实现各自的犯罪，显然是与此不相容的。（2）行为共同说认为共同犯罪仅是不法形态，因此责任形态并不影响共同犯罪的成立。这样，故意犯与过失犯、过失犯与过失犯都可以成立共同犯罪。而我国刑法并不承认共同过失犯罪。（3）行为共同说与我国刑法关于犯罪集团的规定并不契合。（4）行为共同说将导致我国刑法对共同犯罪的规定变得不必要，因为行为共同说认为共同犯罪仅是违法形态，其实质是单独犯罪，无必要追问和回答谁与谁成立共同犯罪、共同犯什么罪的问题。[①]

三、中国刑法共同犯罪理论上的知识转型

共同犯罪的本质问题，不仅是一个刑法理论问题，而且有明确的实践面向。对这一问题的回答，为关于共同犯罪的刑法立法、进而刑事司法提供了基本的理论支点。迄今为止，我国刑法教科书中对共同犯罪成立条件的阐述，体现的是完全犯罪共同说在刑法学界的支配性地位。但正如张明楷教授所指出的，我国传统的认定共同犯罪的方法对共同犯罪的不同形态不作区分，统一确定共同犯罪之成立条件；这种认定共同犯罪的方法对不法与责任、正犯与狭义共犯不作区分，仅判断共犯人是否实施了共同的犯罪行为，而不分别考察共犯人的行为与危害结果之间是否存在因果关系，抽象认定是否成立共同犯罪。[②]同时在不法层面和责任层面混合认定共同犯罪，且先判断责任，再判断不法的做法，并不妥当。如未达刑事责任年龄的甲入户盗窃，请已达刑事责任年龄的乙为其盗窃望风，甲窃得数额较大的财产。根据传统认定方法，甲、乙不成立共同犯罪，因而乙不是共犯，不能以共犯论处。乙由于没有直接实行盗窃行为，因而也不是正犯。乙并非作为

---

① 陆诗忠：《我国〈刑法〉中的"共同犯罪"："犯罪共同说"抑或"行为共同说"》，载《华东政法大学学报》2016年第1期。
② 张明楷：《共同犯罪的认定方法》，载《法学研究》2014年第3期。

幕后人直接控制或支配了构成要件的实现，因而也不成立间接正犯。因此，无论如何，对乙的行为都不能论以盗窃罪。这是不能令人接受的。显然，若乙为已达刑事责任年龄的丙的入室盗窃望风，获得同样较大数额的财产，乙成立盗窃罪共犯，没有疑问。原所举案例中乙的行为明显应受更重的道义非难。

传统的共同犯罪认定方法将二人以上的行为作为整体，进而判断该整体是否成立共同犯罪，并且同时确定共同犯罪的性质；得出肯定的结论后，对各共犯人依该犯罪定罪，再考虑各共犯人在共同犯罪中所起的作用以裁量刑罚。这种整体认定共同犯罪的方法也存在诸多问题。例如，对是否存在"共同的"犯罪行为和"共同的"犯罪故意，司法实践中可能难以判断。对是否是帮助行为的判断，离开正犯行为往往就无法进行。传统认定方法还忽视对因果关系的具体考察，导致共犯的范围或既遂犯的范围被不当地扩大。[①]

我国传统刑法理论对是否成立共同犯罪的判断方法的致命缺陷在于忽视了这一判断本身"是一个客观归责原则的事实"，"在是否成立共同关系的判断当中，混入了作为责任要素的故意内容，从而将客观归责和主观事实混为一谈"。[②]

鉴于犯罪共同说在理论逻辑和司法实践中存在和遭遇的问题，行为共同说在我国刑法理论中的影响出现了扩大的趋势。[③]行为共同说是在阶层犯罪论体系的基础上立论的，而犯罪共同说是在平面组合式犯罪论体系的基础上展开的。目前，总体上后者处于守势，前者处于攻势，但前者也并非无懈可击。[④]部分刑法学者期待的关于共同犯罪的刑法知识转型目前基本上是一个愿景。

第二十五条　共同犯罪是指二人以上共同故意犯罪。

二人以上共同过失犯罪，不以共同犯罪论处；应当负刑事责任的，按照

---

① 关于我国刑法中传统的共同犯罪认定方法的实质、基本特点和缺陷，参见张明楷：《刑法学》（上），法律出版社2016年第5版，第379—381页。
② 黎宏：《刑法总论问题思考》，中国人民大学出版社2016年第2版，第419—420页。
③ 支持行为共同说的论著包括：黎宏：《刑法总论问题思考》，中国人民大学出版社2007年版，以及该书第2版；阎二鹏：《共同犯罪本质之我见》，载《中国刑事法杂志》2010年第1期；张明楷：《刑法学》，载《法学研究》，法律出版社2011年第4版，以及该书第5版；钱叶六：《正犯与共犯关系论》，载《中外法学》2013年第3期，等等。
④ 有学者论证说，行为共同说所宣扬的相对于犯罪共同说的"优势"不仅不能成立，而且对司法实践中所出现的有关共同犯罪疑难问题，犯罪共同说同样可以迎刃而解。参见陆诗忠：《我国〈刑法〉中的"共同犯罪"："犯罪共同说"抑或"行为共同说"》，载《华东政法大学学报》2016年第1期。

他们所犯的罪分别处罚。

本条是关于共同犯罪概念的规定。

一、共同犯罪的成立条件

通常，我国刑法学教科书对共同犯罪的界定直接援用本条第1款，并认为共同犯罪的成立要件包括：（1）行为人必须为二人以上，达到刑事责任年龄，具有刑事责任能力，单位可以成为共同犯罪的主体；（2）共同的犯罪行为，即各行为人的行为都指向同一犯罪，互相联系，互相配合，形成一个统一的犯罪活动整体；（3）共同的犯罪故意，即各共同犯罪人认识他们的共同犯罪行为和行为会发生的危害结果，并希望或放任此等危害结果的发生，且共同犯罪的成立以各行为人之间的意思联络为必要，但不要求所有共同犯罪人之间有意思联络。[①]这种解释体现的是关于共同犯罪之本质问题的"犯罪共同说"，强调共同犯罪的成立需各行为人具备相同的犯罪事实和相同的犯罪意思。

但受三阶层犯罪论体系影响的学者认为，作为共同犯罪主体之"二人以上"中的"二人"，无需达到刑事责任年龄、具有刑事责任能力、存在违法性认识的可能性以及具备期待可能性；"共同"是指行为之共同而非犯罪之共同，故行为共同说具有合理性；"共同故意"乃共同实行的意思；"犯罪"系违法性意义上之犯罪。共同犯罪之认定应当坚持从违法到有责、从正犯到共犯、从物理因果性到心理因果性之顺序。不仅故意内容不同的可以成立共同犯罪，故意犯与过失犯乃至与意外事件者，均可成立共同犯罪，最终应否承担责任，则是有责性判断阶段个别判断的问题之共犯人之间无需意思联络，应当承认片面的教唆犯、帮助犯和共同正犯。[②]

片面共同犯罪（片面共犯）即两个以上的人共同实施犯罪，一方具有共同犯罪的故意，而他方并无此意的犯罪类型。因为犯罪共同说要求共同犯罪的成立须具备共同故意，所以一般地否定片面共同犯罪的成立；行为共同说对共同犯罪的成立只要求具备共同的行为，而不要求具有共同故意以及意思联络，因此一般地

[①] 例如，高铭暄、马克昌主编：《刑法学》，北京大学出版社、高等教育出版社2017年第8版，第164—166页；王作富主编：《刑法》，中国人民大学出版社2016年第6版，第124—126页；阮齐林：《刑法学》，中国政法大学出版社2011年第3版，第173—177页。

[②] 参见陈洪兵：《"二人以上共同故意犯罪"的再解释——全面检讨关于共同犯罪成立条件之通说》，载《当代法学》2015年第4期。

承认片面共同犯罪。片面共犯包括片面共同正犯、片面教唆犯、片面帮助犯。

二、共同过失犯罪

刑法第25条第2款实际上承认，共同过失犯罪在事实上是存在的。所谓共同过失犯罪，是指二人以上因共同过失行为造成过失犯的犯罪结果的情形。过失犯罪虽在事实上存在，但不以共同犯罪论处，"应当负刑事责任的，按照他们所犯的罪分别处罚"。也就是说，过失共同犯罪不适用"部分行为、全部责任"的法理和处罚原则，对应当负刑事责任的，按照他们所犯之罪分别处罚。"不以共同犯罪论处"的核心含义即为不适用"部分行为、全部责任"的共犯处罚原则。部分行为、全部责任，即作为犯罪实行之方法，即便每个人皆分担了一定的任务，但全体人员都应为共同实行的整个犯罪承担实行者的责任。①

三、本条中的"犯罪"

分析刑法第25条第1款和第2款的用语，可以认为这一条文中的"犯罪"并不必然是符合犯罪全部构成要件的意义上的犯罪。第2款中"应当负刑事责任的"这一修饰语（短语）是对"二人以上共同过失犯罪"中的"犯罪"的范围的限缩，这说明事实上存在不应当负刑事责任的共同过失犯罪行为人。由于同一条款中的同一词语应保持语义一致，据此，从第2款反推到第1款，认为共同犯罪就是二个以上符合犯罪主体要件的自然人或单位以共同故意和共同行为实施的侵害法益的行为的观点，似乎站不住脚。实际上，立基于三阶层犯罪论体系的行为共同说所言的"共同犯罪"中的"犯罪"未必是完全意义上的犯罪，即符合犯罪成立的所有条件的犯罪，而是指违法意义上的犯罪（客观意义上的犯罪）；而立基于平面组合式犯罪论体系的犯罪共同说所言的"共同犯罪"中的犯罪是完全意义上的犯罪，即符合特定犯罪构成的全部要件的犯罪，是违法且有责意义上的犯罪。

四、共同犯罪人的分类

刑法理论上对共同犯罪人的分类有两种方法，即分工分类法和作用分类法。

（一）分工分类法

分工分类法，即根据参与共同犯罪的各共犯人在共同犯罪中的分工而对他们

---

① 参见[日]西原春夫：《犯罪实行行为论》，戴波、江溯译，北京大学出版社2006年版，第286页。

进行分类的方法。依分工分类法，一般将共同犯罪人分为正犯和（狭义）共犯。正犯也称实行犯，是直接实施刑法分则罪刑条款中的罪状部分描述的行为（构成要件行为）的人，是实现构成要件的行为之过程中的中心人物，对法益侵害结果或法益侵害危险起着直接的支配作用。[①]（狭义）共犯包括教唆犯和帮助犯。教唆犯是故意挑唆并引起他人实施符合刑法中的罪刑条款规定的构成要件行为的人。教唆犯在共同犯罪中最基本的作用是"造意"，即对他人进行挑唆，使其产生实施构成要件行为的罪念。帮助犯是为正犯实现构成要件的行为提供帮助的人，这种帮助可以是物质性帮助（有形帮助），也可以是精神性、心理性帮助（无形帮助），前者如为正犯实行犯罪提供作案工具，后者如为正在行凶的人呐喊助威。明知他人将实施杀人、爆炸等犯罪行为而为其事后"跑路"提供资金的，属于无形帮助，因为正犯并不是将该资金用于犯罪本身，他因有了该资金而强化了脱逃法律制裁的侥幸心理，这种心理对其犯意起到了强化作用。

依分工分类法对共犯（人）的这种分类，是与共同犯罪中共犯（人）的分工相对应的。传统刑法理论认为，共同犯罪人参与犯罪的行为分为正犯行为（实行行为）、教唆行为和帮助行为。根据各国刑法立法和刑事司法实践，实行行为之外的犯罪参与行为，除了教唆行为和帮助行为外，尚有组织行为和共谋行为。组织行为是指在集团犯罪和其他共同犯罪中，以组织、策划、指挥等非实行行为加攻于犯罪实施的行为。[②]共谋行为，是指"二人以上为了实行特定的犯罪，以将各自的意思付诸实现为内容，互相就犯罪的实行共同发挥作用的意思沟通，从而共识形成犯罪行为"的行为，通过共谋，"单纯共谋者与实行担当者一体化的紧密联系得以产生，并且对于共谋行为的内容及随后采取的行为达成一致"。[③]但是，当今刑法理论判断是否是正犯的主流学说是实质客观说，即不再单纯地以有无符合罪状描述的构成要件的行为这一形式标准区分正犯与（狭义）共犯，而是规范性地、从价值角度对实行行为加以理解，参酌各行为人在共同犯罪中是否处于主要地位、对结果的发生是否起重要作用、是否支配了结果发生过程等因素，

[①] 通常所说的正犯是指直接正犯，即不借助他人行为而亲自实行构成要件行为的人。传统理论认为，不实行犯罪，而是利用他人作为工具实现犯罪的人。目前，由于犯罪事实支配说用于解释正犯，成为通说，因而间接正犯的理解也发生变化，即将其理解为行为人通过欺骗或强制手段支配直接实施犯罪者，自己不必出现在犯罪现场，也不必参与共同实施犯罪的情况。例如，20岁的甲明知在200米外的草丛中活动的是其仇人丙，却对其带去一起打猎的15岁的乙说："看，那里有头野猪。"乙以为然，遂举枪瞄准"野猪"射击，至丙死亡。

[②] 袁建伟：《湖北经济学院学报》（人文社会科学版），2015年第9期。

[③] 刘艳红：《共谋共同正犯论》，载《中国法学》2012年第6期。

对是否成立正犯进行实质性的判断。[1]因此，在犯罪的共谋阶段积极出谋划策，对犯罪计划的形成起主要作用的，或按犯罪计划组织、指挥犯罪的，即使没有犯罪的实行行为，也应认定为正犯。这是切合犯罪实际的，因为这样的单纯共谋者、单纯组织者行为的客观危害性和行为人的主观恶性均比普通实行犯更严重。组织犯在国外刑法理论中又称为"正犯背后的正犯"。

（二）作用分类法

作用分类法，是根据各共同犯罪人在共同犯罪中作用的大小，而对他们进行分类的方法。在作用分类法下，共同犯罪人分为主犯和从犯。主犯是组织、领导犯罪集团进行犯罪活动或在共同犯罪中起主要作用的犯罪分子（共犯人）；从犯是在共同犯罪中起次要或辅助作用的犯罪分子（共犯人），通说认为包括次要的实行犯和帮助犯。

这两种共犯分类法各有优长。分工分类法客观反映了各共同犯罪人在共同犯罪中的实际分工和联系形式，可以很好地解决对各共同犯罪人的定性问题；而作用分类法充分揭示了各共同犯罪人在共同侵犯某种法益的行为中所起的作用，可以很好地解决对各共同犯罪人的量刑问题。[2]但这两种分类法并非全然无关。"从规范判断角度审视，径直切入共犯人的具体分工情况，通常是正确界定共犯人在共同犯罪中所起作用及其主从犯地位的便捷路径。"[3]组织犯、主要实行犯可直接认定为主犯；我国司法实践认为，教唆犯由于是犯罪的造意人，没有教唆，就不会有后来的犯罪，所以教唆犯通常作为主犯处理；在教唆他人帮助第三人犯罪、帮助教唆人向被教唆人传达教唆内容等情形，宜将教唆犯认定为从犯。

我国刑法对共同犯罪人的分类，以作用分类法为主，以分工分类法为辅，将共同犯罪人分为主犯、从犯、胁从犯、教唆犯。其中，主犯、从犯的分类是作用分类法得出的分类结果，胁从犯属于从犯的特殊类别。教唆犯是分工分类法下的共犯类别，我国司法实践多按主犯对待，但并不排除将教唆犯作为从犯甚或胁从犯处理的可能。

五、我国共犯制度的内容和适用范围

我国刑法总则中的共同犯罪制度由第25条至第29条构成，其实质内容是确

---

① 黎宏：《日本刑法精义》，法律出版社2008年第2版，第255页。
② 刘艳红：《共谋共同正犯论》，载《中国法学》2012年第6期。
③ 黄祥青：《主从犯认定中的事实整理与价值考量》，载《法律适用》2011年第12期。

认实行行为之外的犯罪参与行为的罪责；确认按全部罪行处罚的共犯责任原则（"部分行为、全部责任"原则）；并根据各共犯人在共同犯罪中的作用大小，实行区别对待的处罚原则。

我国共犯制度主要适用于任意共犯。所谓任意共犯，是指本可由一人实施的犯罪，由二人以上共同实施的情形。与之相对的是必要共犯，即根据刑法分则规定，只能由二人以上共同实行的犯罪，这种犯罪单个人无法完成。必要共犯包括对向犯、聚众共同犯罪和集团共同犯罪。对向犯是指以二人以上相互对向的行为为要件的犯罪，如重婚罪、代替考试罪、行贿罪和受贿罪、贩卖淫秽物品牟利罪。聚众犯罪未必是共同犯罪。①只处罚首要分子的聚众犯罪，如聚众扰乱公共场所秩序、交通秩序罪（第291条），若首要分子只有1人的，是单独犯罪。在聚众犯罪中，除了处罚首要分子外，至少还处罚积极参加者的，才属于必要共犯，如聚众扰乱社会秩序罪、聚众持械劫狱罪。集团犯罪也未必是必要共犯。由犯罪集团实施的抢劫、强迫交易等犯罪，属于任意共犯；组织、领导、参加黑社会性质组织罪和组织、领导、参加恐怖活动组织罪属于必要共犯。

任意共犯是刑法总则共犯制度的主要适用范围。必要共犯的犯罪构成要件和法定刑都由分则特别规定，司法中应直接根据分则的有关条款和总则中的其他条款定罪量刑，原则上不再援引总则中关于共同犯罪的条款。

第二十六条　组织、领导犯罪集团进行犯罪活动的或者在共同犯罪中起主要作用的，是主犯。

三人以上为共同实施犯罪而组成的较为固定的犯罪组织，是犯罪集团。

对组织、领导犯罪集团的首要分子，按照集团所犯的全部罪行处罚。

对于第三款规定以外的主犯，应当按照其所参与的或者组织、指挥的全部犯罪处罚。

本条是关于主犯的范围及其处罚原则的规定。

一、主犯的范围

主犯是组织、领导犯罪集团进行犯罪活动或在共同犯罪中起主要作用的犯罪

---

① 张明楷：《刑法学》，法律出版社2016年第5版，第386页。

分子。主犯包括两类，一类是组织、领导犯罪集团进行犯罪活动的犯罪分子，即犯罪集团的首要分子；另一类是其他在共同犯罪中起主要作用的犯罪分子。起主要作用，是指对造成法益侵害或法益侵害危险起主要作用，包括物理性的作用和心理性的作用，对这种法益侵害结果或危险施加了主要的原因力。首要分子的行为通常表现为组织、领导、策划，其行为的本质在于其行为对犯罪事实的支配力。[①]

组织、领导犯罪集团的首要分子只存在于犯罪集团的犯罪中，没有犯罪集团，当然不会有此类主犯。组织，是指纠合多人组成犯罪集团；领导，是指策划、指挥犯罪集团的犯罪活动。犯罪集团是指三人以上为共同实施犯罪而组成的较为固定的犯罪组织。具备下列条件的，方可认为存在犯罪集团：（1）由三人以上组成。犯罪集团至少由3人组成，由二人共同实施的犯罪，不可能是集团犯罪，只能是普通的共同犯罪。在理论上说，犯罪集团的成员数量可以达到数万、数十万，但在国家稳定发展的形势下，这种极端情形不会发生。司法实践中的犯罪集团成员规模以一位数、两位数居多。（2）组成和存在的目的在于共同实施一种或几种犯罪。（3）犯罪组织较为固定。成为一个犯罪组织，意味着这个组织中既有组织者、领导者、指挥者，又有普通成员，有组织的规矩和权威体系从组织内部调控着该组织的犯罪的实施。较为固定，是言其为反复实施犯罪而长期存在或准备长期存在，以区别于为共同实施极为有限次数的犯罪而临时纠集、事毕即告解散的犯罪团伙。根据组织的严密程度，犯罪集团分为普通犯罪集团、黑社会性质组织和黑社会组织。

犯罪集团的犯罪具有组织性，并表现出有预谋、有计划的特征，因而犯罪能量巨大，社会危害严重，因而历来是国家打击的重点对象。

第二类主犯是除犯罪集团首要分子之外的其他在共同犯罪中起主要作用的犯罪分子。犯罪集团的首要分子只限于组织、领导整个犯罪集团进行犯罪活动的犯罪分子，而不包括该犯罪集团的某个部门、某个行动单位的组织、领导者，后者可以称为"在犯罪集团中起主要作用的犯罪分子"。除此之外，这类主犯尚包括一般共同犯罪中的主犯，以及聚众共同犯罪中起主要作用的犯罪分子。

① 肖杨宇：《首要分子：渊源、类别与行为性质》，载《河南大学学报》（社会科学版）2010年第2期。

二、主犯与正犯

正犯是与狭义的共犯（教唆犯和帮助犯）相对的概念。限制的正犯概念认为，只有实施符合分则罪状规定的行为的人，才是正犯。扩张的正犯论认为，凡是对犯罪的完成有影响的人，都是正犯，因而正犯包括实行犯、教唆犯和帮助犯。倘若如此，对教唆、帮助行为，没有总则的一般规定也可以定罪处罚，这样就破坏了构成要件的定型性，不当地扩大了刑法处罚的范围。此乃单一的正犯概念；区分的正犯概念将正犯与共犯区分。在今天德、日刑法学关于认定正犯的各种理论中，重要作用说和行为支配说具有代表性。重要作用说认为在共同犯罪中起重要作用者是正犯。行为支配说以限制的正犯概念为基础并坚持构成要件观念，主张确定谁是正犯、谁是共犯要考虑谁对犯罪进程具有实质性支配。各行为人客观行为贡献的方式与大小，主观上对犯罪之期待以及操纵、主导程度，是在判断是否存在行为支配时应考虑的因素。

主犯概念之教义学功能在于量刑，正犯概念的教义学功能则在于解决犯罪参与者构成要件符合性之问题。我国关于共犯的刑事立法具有多重解释的空间，单一制和区分制的解释结论都不违背现行立法；以重要作用说和行为支配论为代表之当今德日学理上正犯概念的实质化倾向，使正犯概念之教义学功能发生了异化，不仅面临体系内部逻辑自治之难题，也暴露出以德日为代表的区分制立法模式的弊端；在限制正犯概念立场下，通过对正犯进行形式化的解读，建构正犯、主犯分离体系，不仅符合现行立法的规定，也可确保正犯、主犯各自的教义学功能的独立。①

三、主犯的处罚原则

（一）组织领导犯罪集团的首要分子

对组织、领导犯罪集团的首要分子，按照集团所犯全部罪行处罚。这是因为，集团所犯全部罪行都是在首要分子的组织、策划、指挥下实施的，既然首要分子对集团所犯全部罪行具有支配力，理应对集团所犯全部罪行负责。集团所犯的全部罪行，不等于集团成员所犯的全部罪行。集团成员超出集团犯罪计划或集团首要分子的概括故意实施的犯罪行为，不属于集团所犯的罪行，而是成员个人

① 阎二鹏：《共犯教义学中的德日经验与中国现实——正犯与主犯教义学功能厘清下的思考》，载《法律科学》（西北政法大学学报）2017年第5期。

的罪行，由行为人个人承担刑事责任。

犯罪集团首要分子对集团成员在其一般性、概括性故意范围内，根据其总体策划、指挥犯下的罪行，即便不知罪行的详情，也应承担刑事责任。如某黑社会性质组织首要分子要求不惜采取一切手段维护本集团控制的市场。该集团成员因而为本集团的利益采取暗杀、爆炸等手段将排除竞争的，纵使首要分子不知暗杀、爆炸等罪行的具体预谋、准备、实施过程和结果的具体情况，也应对这些罪行负责，因为这些罪行属于其概括故意范围内的该集团犯下的罪行。只要集团成员实施的犯罪行为没有明显溢出首要分子确定、指示的范围，首要分子概应承担刑事责任。犯罪集团首要分子对集团成员在其确定、指示范围内实施犯罪，发生加重结果的，也应对该加重结果负责。

犯罪集团首要分子退出的，适用共犯关系脱离理论，对其退出后发生的集团犯罪行为，包括预备行为和实行行为，如其退出前的组织、领导、指挥行为对之具有原因力的，也应承担刑事责任。在犯罪集团发展过程中成为集团首要分子的，对其成为首要分子前已经完成的集团犯罪不承担首要分子的刑事责任。

（二）其他主犯

除犯罪集团首要分子之外的其他主犯，按照其参与或组织、指挥的全部犯罪处罚。对组织、指挥共同犯罪的主犯，按照其组织、指挥的全部犯罪处罚。这种情形的主犯包括犯罪集团中除首要分子外，组织、指挥犯罪集团之特定犯罪的主犯，以及其他在共同犯罪中但当组织、指挥行为和角色的主犯，这类共同犯罪的参与者应在三人以上。对未担当组织、指挥行为和角色，但在共同犯罪中起主要作用的主犯，按其参与的全部犯罪处罚。对这类主犯的处罚，仿佛单独犯罪。

第二十七条　在共同犯罪中起次要或者辅助作用的，是从犯。
对于从犯，应当从轻、减轻处罚或者免除处罚。

本条是对从犯及其处罚原则的规定。

从犯包括在共同犯罪中起次要作用的犯罪分子和在共同犯罪中起辅助作用的犯罪分子。"在共同犯罪中起次要作用"，通常被解说为次要的实行犯，但在独立处罚共同教唆行为的场合，在共同教唆中起次要作用的教唆者也是从犯。在共同犯罪中起辅助作用，是指在共同犯罪中为犯罪的实行提供方便、创造条件，以促进犯罪的实施和完成，而行为人自身并不参与实行行为，即帮助犯。

"次要"作用和"辅助"作用在质的方面相同，之所以将二者并置，是顾及共同犯罪人在共同犯罪中的分工。

对从犯的处罚原则是"应当从轻、减轻处罚或者免除处罚"，即对从犯量刑应当从宽，从宽的幅度包括从轻、减轻处罚和免除处罚。到底是适用从轻处罚、减轻处罚抑或免除处罚，应依罪行均衡原则，视个案的具体情况而定。

第二十八条　对于被胁迫参加犯罪的，应当按照他的犯罪情节减轻处罚或者免除处罚。

本条是对胁从犯及其处罚原则的规定。

一、胁从犯及其处罚原则

胁从犯是被胁迫参加犯罪，在共同犯罪中起较小作用的犯罪分子。胁从犯在参与共同犯罪过程中，由于受到胁迫，没有完全的意志自由，其行为的期待可能性降低，因而责任程度降低，应当按照其犯罪情节减轻处罚或免除处罚。若在共同犯罪中身体受完全之控制而致自由意志完全丧失，这时被控制者纯然是他人犯罪的工具，不应承担刑事责任。在只受精神强制（胁迫）而参与犯罪的场合，无论这种强制的烈度如何，不可能完全丧失意志自由，因而原则上应负刑事责任，其中符合紧急避险等排除犯罪性事由的，应予免责。从罪责刑相适应原则出发，既然对胁从犯"应当……减轻处罚或者免除处罚"，对胁从犯的胁迫应达到相当的强度。对胁迫强度的判断应以威胁的内容的性质、该威胁内容的实现对被胁迫人的影响、被胁迫人避免威胁内容实现的可能性等方面考虑。如乙的女儿在两千公里外的地方打工，甲对乙说："你今夜为我将胡某骗到河边，在河边走的时候将其推进河里淹死。否则，我杀死你的女儿。"乙害怕，照办，致胡某死亡。从威胁内容实现的紧迫性和避免威胁内容实现的可能性看，都不应认为此等威胁足以使被威胁者作出杀人行为，因此乙不宜被认定为胁从犯。

胁从犯既然是被胁迫参加犯罪，就不可能在共同犯罪中起最主要作用，即便在其为单独实行行为人的情况下，由于胁迫是比通常情形的教唆在主观恶性和客观危害方面都更严重的教唆行为，我国刑法传统也认为"造意为首"，通常将教唆者认定为主犯，这时将胁迫者认定为主犯、将被胁迫者认定为从犯并无不妥。在以实行行为为中心的客观主义刑法观看来，这种情形下的实行行为人的罪责也未必重于教唆者（胁迫者）的罪责，将二者均列为主犯，二者的作用也有大小之分。由此可见，胁从犯不应被列为独立的共犯类型。立法者将胁从犯作为特殊的共犯规定在刑法典中，"用意不在于定罪时作为修正犯罪构成的根据，而在于量刑上作为适用较宽缓刑罚的事由"。[①]

二、胁从犯不是独立的共犯类型

"被胁迫参加犯罪的"是共同犯罪的一个法定量刑情节，而不是法定的独立共犯人。理由之一是"我国现行刑法典没有从正面为胁从犯概念正名，胁从犯的生成只是刑法理论的一厢情愿"；理由之二是"主犯与从犯两个概念在逻辑关系上是一对相互矛盾的概念，二者的外延之和已经完全涵盖了'犯罪'这一邻近属概念，胁从犯在作用分类法中没有自身的立足之地，只能渗透到主犯或从犯之中"；理由之三是"胁从犯的'被动性'决定了主观故意的间接性，司法部门仅凭借主观因素界定被胁迫犯，必然导致立法与司法的脱节"。[②]

三、胁从犯与被迫行为

被迫行为是英美刑法中的概念，不应当与我国刑法中的胁从犯相提并论。胁从犯并不包括被迫行为。在被迫行为之场合，行为人并未失去意志自由，仅是受到一定的抑制。被迫行为不应当与不可抗力混同。被迫行为是我国刑法中紧急避险之题中之义，故对其不存在借鉴和移植问题。[③]

第二十九条　教唆他人犯罪的，应当按照他在共同犯罪中所起的作用处罚。教唆不满十八周岁的人犯罪的，应当从重处罚。

如果被教唆的人没有犯被教唆的罪，对于教唆犯，可以从轻或者减轻处罚。

本条是关于教唆犯的处罚原则的规定。

---

① 赵微：《论胁从犯不是法定的独立共犯人》，载《中国刑事法杂志》2005年第2期。
② 赵微：《论胁从犯不是法定的独立共犯人》，载《中国刑事法杂志》2005年第2期。
③ 郭泽强、邵劭：《反思被迫行为之借鉴意义——与李立众先生商榷》，载《国家检察官学院学报》2001年第1期。

从四要件论的立场出发，教唆是指唆使具有刑事责任能力但无犯罪故意的人产生犯罪故意。从立基于阶层犯罪论的"行为共同说"出发，所谓教唆犯，就是故意挑唆并引起他人实施符合构成要件的违法行为的人。[①]教唆的形式多样，凡故意使他人产生犯罪意思的利诱、贿买、勾引、强迫等行为，均属教唆。

一、对教唆犯，按其在共同犯罪中的作用处罚

本条对教唆犯贯彻了具体问题具体分析的方法。教唆者与被教唆者构成共同犯罪的，对教唆犯，应按照他在共同犯罪中所起的作用处罚。教唆犯在共同犯罪中起主要作用的，按主犯处罚；教唆犯在共同犯罪中起次要或辅助作用的，按从犯处罚；当教唆者受胁迫而教唆他人犯罪时，教唆者处于胁从犯的地位。

在雇凶犯罪（雇凶杀人、雇凶伤害等）中，雇凶者处于教唆犯的地位。我国刑法传统一直传承着造意为首的思想，认为雇凶者应承担比实行犯更重的刑事责任。机械地、"一刀切"地将买凶者作为主犯处理，对教唆犯的量刑重于实行犯的司法实践，并不科学。共同犯罪的本质也是法益侵害，雇凶者在共同犯罪中的罪责是否重于实行犯，应具体分析其在法益侵害过程和结果中所起的作用，不能将"造意为首"当作教条来替代具体的分析作业。在考虑雇凶者在共同犯罪中的作用时，应考虑其是纯粹的教唆者，还是同时具有组织者、指挥者甚至实行者的行为担当和角色。通常，纯粹的雇凶者的罪责轻于实行行为人，但在雇凶者多方雇凶、不达目的不罢休之犯意特别坚决等场合，单纯雇凶者的罪责可能重于正犯的罪责。在雇凶者同时担当组织者、指挥者甚至共同实行者的场合，（其他）实行特定犯罪构成要件行为的人的犯罪进程和犯罪结果往往处于受其支配的地位和状态，因此其罪责一般重于（其他）实行行为人。[②]

二、从重处罚教唆未成年人犯罪的教唆犯

在不法的意义上理解"犯罪"，未达刑事责任年龄者也可以成为教唆的对象，但这时教唆人在刑法上的地位应依被教唆者有无规范意识而定。被教唆者有规范意识的，教唆者是教唆犯；被教唆者无规范意识的，教唆人应被认定为间接正犯。当无法判断被教唆人有无规范意识时，按存疑有利于被告人的原则处

---

① 张明楷：《刑法学》，法律出版社2016年第5版，第414页。
② 参见黄祥青：《主从犯认定中的事实整理与价值考量》，载《法律适用》2011年第12期。

理。^①按间接正犯处理时，由于被教唆人没有规范意识，纯然是教唆人犯罪的工具，对教唆人按仿佛其个人犯罪的情况处罚。教唆未达刑事责任年龄但有规范意识的未成年人犯罪，或者教唆已达刑事责任年龄的未成年人犯罪的，从重处罚。

从目的论解释之角度出发，有必要将未达到刑事责任年龄者实施的法益侵害行为解释为本条第1款后段中的"犯罪"，即不法意义上之犯罪；在区分不法和罪责的基础上，承认某些场合下的"犯罪"包括无罪责的不法行为，也完全符合"犯罪"一词的通常用法。但在某些条款中将"犯罪"解释为行为，仅是在区分罪行和罪名、罪质和罪量，并不意味着将"犯罪"理解为不法意义上的犯罪。以未达到刑事责任年龄者事实上可能具备规范意识为由，将引诱其犯罪者认定为教唆犯，有损法之安定性。原则上将引诱未达到刑事责任年龄人犯罪者认定为间接正犯，并不违反限制从属性说。本条第1款后段中的"教唆"是广义的教唆，其含义和第301条第2款（引诱未成年人聚众淫乱罪）中的"引诱"相同，包括第347条（走私、贩卖、运输、制造毒品罪）第6款中的"利用、教唆"这两种情形。故引诱未达到刑事责任年龄者犯罪之间接正犯虽不成立教唆犯，但其利用行为仍属广义的教唆，应从重处罚。^②

三、教唆未遂的，可以从轻或减轻处罚

本条第2款中的"被教唆的人没有犯被教唆的罪"，理论上通常称为"教唆未遂"。我国刑法理论通说认为，教唆未遂包括以下几种情形：（1）被教唆人拒绝了教唆人的教唆；（2）被教唆人当时虽接受了教唆人的教唆，但实际上并没有进行任何犯罪活动；（3）被教唆人当时允诺实施被教唆的罪，实际上实施的却是其他犯罪；（4）教唆人进行教唆时，被教唆人已有实施被教唆的罪的故意，也就是教唆人的教唆行为与被教唆人实施的犯罪之间无因果关系。^③这是将教唆未遂这一概念建立在教唆行为已经完成的前提之上。^④据此，通说认为教唆

---

① 参见付立庆：《违法意义上的犯罪概念的实践展开》，载《清华法学》2017年第5期。

② 黄旭巍：《〈刑法〉第29条第1款后段的教义学分析——兼与付立庆教授商榷》，载《法律科学》（西北政法大学学报）2018年第6期。

③ 这种观点至少可以追溯到赵秉志主编：《新刑法教程》，中国人民大学出版社1997年版，第221页。这种观点直到目前还在坚持四要件犯罪论体系的学者之间承传。参见高铭暄、马克昌主编：《刑法学》，北京大学出版社、高等教育出版社2017年第8版，第179页；王作富主编：《刑法学》，中国人民大学出版社2016年第6版，第138—139页。

④ 有将"教唆未遂"这一概念理解为教唆行为本身的未遂（如教唆信息未完全发出，被教唆人只收到部分教唆信息，未能完全清楚教唆人的教唆意图时，由于教唆人意志以外的原因，教唆未完成）的。参见韩玉胜、李凤梅：《教唆未遂的理论界定》，载《国家检察官学院学报》2006年第4期。

犯独立可罚，因此我国刑法在教唆犯问题上贯彻了共犯独立性说。[①]教唆犯独立可罚的理论立场，侧重于教唆人的主观恶性，与客观主义刑法观有所抵牾。导致这一立场的原因之一是对"被教唆的人没有犯被教唆的罪"作纯粹的字面解释，即解释为被教唆的人不构成被教唆的罪的预备、未遂、中止、既遂等诸停止形态的任何一种形态。既然如此，教唆未遂就成了教唆者的单独犯罪。这样一来，第29条第2款就成了关于单独犯罪的规定。考虑到本条处于刑法总则第二章第三节"共同犯罪"中，这种解释显然是成问题的。

为了贯彻共犯从属性立场，有学者将"被教唆的人没有犯被教唆的罪"解释为"被教唆的人没有犯罪既遂"。[②]由于犯罪停止形态除既遂以外，尚有预备、未遂、中止，这种解释可能还需要进一步斟酌。在被教唆的人犯被教唆的罪（预备）的情形，被教唆人的预备行为对法益仅具有抽象危险，教唆行为距离法益比预备行为更远，从刑法谦抑主义的立场出发，其可罚性或许只能例外地得到承认。

周光权教授认为，本条第2款规定的"被教唆的人没有犯被教唆的罪"，"只能解释为教唆犯教唆他人犯罪，被教唆人已经着手实行犯罪，但没有达到既遂状态。如此解释既有助于维持共犯的实行从属性，坚持刑法客观主义，也不会放纵犯罪。对于教唆信息完全没有传递给被教唆人、被教唆人明确拒绝教唆、被教唆人虽接受教唆但尚未开始实施预备行为等情形，教唆行为对法益的危险仅仅停留在教唆者内心，不能成立非共同犯罪的教唆未遂。将上述教唆行为评价为教唆未遂，是对刑法第29条第2款的曲解，没有体系地解释刑法规范，有走向刑法主观主义的危险"。[③]这可被认为是新的有力学说，既坚持了刑法客观主义的立场，又坚持了我国刑法实际上隐含的正犯–共犯区分制。

在刑法第29条第2款关于教唆未遂的规定的解释问题上，汇聚着刑法客观主义与刑法主观主义、共犯问题上的单一制和区分制、共犯从属性说和共犯独立性说三对矛盾的交锋。在某种程度上可以说，对该款的解释是检验刑法学者所持刑

---

① 与通说大体一致的观点认为，刑法第29条第2款中"被教唆的人没有犯被教唆的罪"解释为被教唆的人没有按照教唆犯的意思实施犯罪，具体包括下列四种情形：（1）教唆犯已实施教唆行为，但教唆信息（内容）未传达到被教唆的人；（2）被教唆的人拒绝接受教唆；（3）被教唆的人虽接受教唆，但未为犯罪做准备；（4）被教唆的人接受教唆，但嗣后改变犯意或因误解教唆犯的意思而实施了其他犯罪，且所犯之罪不能包容被教唆之罪。参见刘明祥：《"被教唆的人没有犯被教唆的罪"之解释》，载《法学研究》2011年第1期。

② 张明楷：《刑法学》，法律出版社2007年第3版，第342页。在该书2016年第5版中，张明楷教授认为"被教唆的人没有犯被教唆的罪"是指被教唆的人犯被教唆的罪未遂。参见该书2016年版，第454页。

③ 周光权：《"被教唆的人没有犯被教唆的罪"之理解——兼与刘明祥教授商榷》，载《法学研究》2013年第4期。

法理论的试金石。

共同犯罪形态纷繁，共同犯罪理论观点纷呈，因而共同犯罪被称为刑法的"绝望之章"，教唆犯问题又被称为这"绝望之章"的"绝望之节"。

四、刑法分则条款规定的犯罪模式

刑法总则中特别规定犯罪的预备、未遂、中止以及共同犯罪，意味着分则中的罪行关系条款以单独犯罪的既遂为基本模式。当然，分则中有关于实质预备犯、实质帮助犯、必要共犯的规定。

第四节　单位犯罪

第三十条　公司、企业、事业单位、机关、团体实施的危害社会的行为，法律规定为单位犯罪的，应当负刑事责任。

第三十一条　单位犯罪的，对单位判处罚金，并对其直接负责的主管人员和其他直接责任人员判处刑罚。本法分则和其他法律另有规定的，依照规定。

刑法第30条和第31条是对单位犯罪的原则性规定。

一、法条内涵

第30条是关于单位负刑事责任的范围的规定，第31条是关于单位犯罪处罚原则的规定。第30条的基本精神是在单位犯罪领域贯彻罪刑法定原则，具有"刑法以处罚自然人犯罪为原则，以处罚单位犯罪为例外"的意涵。单位犯罪必须有法律的明文规定。刑法分则条款或其他分则性罪刑条款规定的犯罪，没有明示单位可以成为犯罪主体的，该种犯罪的主体就仅限于自然人。犯罪单位应当承担刑事责任。第31条规定了单位犯罪的处罚原则，即以双罚制为原则，以单罚制为例外。单位犯罪的，原则上不仅对单位判处罚金，还要对其直接负责的主管人员和其他直接责任人员判处刑罚。对直接责任人员判处的刑罚，可能轻于自然人犯同样的罪。直接负责的主管人员是指单位犯罪中起决定、批准、授意、纵容、指挥等作用的人员，一般是单位的主管负责人，也可以是法定代表人；其他直接责任人员，通常是指单位具体职能部门中实施单位犯罪行为、具体完成单位犯罪计划的人员。但刑法分则和其他分则性罪行关系条款对单位犯罪的处罚另有规定的，依照其规定。"另有规定"即实行单罚制的情况，即依该特别规定只处罚直接负责的主管人员和其他直接责任人员，或只处罚直接责任人员（单位过失犯罪之情形）。不处罚单位的理由主要是此等单位犯罪非为单位牟利或处罚单位会殃及无辜。我国刑法中对单位犯罪并无只处罚单位的情况。

二、单位犯罪不是单位和直接负责人员的共同犯罪

有学者将单位犯罪视为单位犯罪不是单位和直接负责人员的共同犯罪。"根据我国刑法的相关规定，单位犯罪不应理解为单纯的以单位为主体的单一犯罪，而应是由单位与直接实施犯罪的单位责任人员为主体共同构成的、单位犯罪与自然人犯罪并列的嵌套式共同犯罪。在这种特殊的共同犯罪形态中，一方面是单位本身因为其存在赋予了单位成员以单位特有的犯罪能力而成为犯罪主体，另一方面则是单位相关主管与责任人员因其个人以违反刑法要求的方式履行职责而成为嵌套在单位之内的与单位共同实施犯罪的自然人主体。"[1]这种解释显然不妥。单位是拟制的人格主体，不能离开其成员独立存在。在单位犯罪中，直接责任人员既是单位的机关，又是自然人，即受单位意思约束的自然人。若将单位犯罪视为单位与直接责任人员的共同犯罪，单位共犯行为与直接责任人员的共犯行为应有形式上的区分，但这不可能。这种观点也会为单罚制失去理据。

关于单位刑事责任的现行立法的理论前提是将单位犯罪视为一个犯罪行为，因而存在诸多理论死结。通常所说的"单位犯罪"实际上是一种特殊的犯罪聚合体，包括两个犯罪行为，即客观实在的由单位成员实施的自然人犯罪和法律拟制的单位犯罪，后者即源初意义上的"单位犯罪"。这两个犯罪因"为单位谋利"的单位成员行为在法律评价上的双重性而被立法者人为地聚合在一起，但单位责任与单位成员责任在构成和追诉上应各自独立和分离，二者并不牵涉或者互为前提。[2]

三、单位犯罪中单位意思的界定

单位犯罪，必须是出于单位的犯罪意思。这是单位犯罪的主观要件。区分单

---

① 陈忠林、席若：《单位犯罪的"嵌套责任论"》，载《现代法学》2017年第2期。
② 参见叶良芳：《论单位犯罪的形态结构——兼论单位与单位成员责任分离论》，载《中国法学》2008年第6期。

位犯罪与自然人犯罪的关键在于：在单位业务活动中发生之违法行为，到底是单位自身之意思，还是作为单位成员之自然人意思的体现。只有在出于单位意思的场合，才可能认定为单位犯罪。在认定单位意思时，原则上必须依据单位属于拟制人格主体的基本原理，将作为单位代表机构即单位领导的自然人的意思视为单位本身的意思；但在单位领导的意思完全背离单位之基本宗旨和目的，违反单位相关制度等时，则不能如此考虑，而只能看作单位领导自然人的意思。在认定单位意思时，不能仅考虑单位领导的自然人意思，还必须参考单位自身的特征，如结构、政策、措施、习惯等。①

刑法学中的罪数论，是数罪并罚制度最重要的理论基础。但刑法典总则第二章"犯罪"对罪数问题并未着墨。因此，关于刑法适用中的罪数问题，刑法分则有特别规定的，依照规定；刑法分则没有特别规定的，实际上委诸刑法理论和刑事司法实践经验的合力。罪数形态纷繁复杂，难以抽象出具有普遍适用性的判断罪数的规则，这是刑法典总则第二章"犯罪"对罪数并无只言片语的根本原因。

我国刑法理论的通说在罪数判断标准上采"犯罪构成"说，即行为人的行为符合几个犯罪构成就是几罪。但该通说也存在不能贯彻到底的情况。根据本书作者的观点，罪数的判断要兼顾刑法分则的特别规定、刑事司法传统和刑法理论；纵使是刑法分则关于罪数（数罪并罚）的特别规定，在解释和适用时也应受到刑事司法传统和刑法理论的制约。我国刑事立法、刑事司法实践和司法传统都不喜欢数罪并罚，只有在实现罪行均衡等刑法基本原则所必需的情形下，才将犯罪人的数行为作为数罪进行并罚。数罪也未必并罚。在刑法理论上，罪数的判断应坚持禁止重复评价、罪行相称等原则，且要符合普通人的法情感。

---

① 参见黎宏：《单位犯罪中单位意思的界定》，载《法学》2013年第12期。

第三章 刑罚

报应乃刑罚的本质。报应，即恶有恶报、种恶因得恶果。[①]刑罚具有惩罚性和教育性。

谴责犯罪，剥夺犯罪人权利，矫正、感化犯罪人，补偿被害人，安抚被害人和一般社会大众，威慑现实的和潜在的犯罪人，都是刑罚的功能。

刑罚的直接目的是预防犯罪，包括个别预防和一般预防。个别预防即特殊预防，系通过对犯罪人适用、执行一定刑罚，使其永久地或在一定期间内丧失再犯罪的能力。刑罚的特殊预防目的以刑罚的保安功能、威慑功能和再社会化功能为保障。一般预防系通过对犯罪人适用、执行一定刑罚，而对社会上的潜在犯罪人产生的阻遏其犯罪的作用。通常认为，一般预防之刑罚目的以刑罚的威慑功能为基础。刑罚之根据、受刑主体的范围、刑罚之体系和种类、刑罚具体适用原则之厘定、刑罚之执行，均受刑法目的制约。

第一节 刑罚的种类

第三十二条 刑罚分为主刑和附加刑。

第三十三条 主刑的种类如下：

（一）管制；

（二）拘役；

（三）有期徒刑；

（四）无期徒刑；

（五）死刑。

---

① 参见李希慧：《论刑罚目的及其实现》，载《法治研究》2011年第2期。

第三十四条　附加刑的种类如下：

（一）罚金；

（二）剥夺政治权利；

（三）没收财产；

附加刑也可以独立适用。

第三十五条　对于犯罪的外国人，可以独立适用或者附加适用驱逐出境。

第32条至第35条是关于我国刑罚体系的规定。

刑罚体系即刑事立法在刑罚目的指导下，为发挥刑罚之积极功能而设计、选择刑种并进行分类，按轻重顺序排列而成的序列。我国刑罚体系由主刑和附加刑组成。主刑是对犯罪分子适用的主要刑罚方法。主刑由轻到重依次为管制、拘役、有期徒刑、无期徒刑和死刑。主刑都是自由刑或生命刑。附加刑是附加于主刑适用的刑罚方法；附加刑也可依法独立适用。附加刑包括罚金、剥夺政治权利、没收财产。对犯罪的外国人可以独立适用或附加适用驱逐出境。

对各种主刑、附加刑的适用，刑法典均设专节规定。唯关于驱逐出境只有一个条文。驱逐出境即除引渡外基于一定事由强制已在本国国内拘留的外国人离开本国领土的措施，有行政性驱逐出境和刑事性驱逐出境之分。现行《出境入境管理法》（2013年7月1日起施行）第81条第2款就规定："外国人违反本法规定，情节严重，尚不构成犯罪的，公安部可以处驱逐出境。公安部的处罚决定为最终决定。"是为行政性驱逐出境。刑事性驱逐出境是对犯罪的外国人适用的刑罚措施，可以独立适用或附加于主刑适用。对外国人是否适用驱逐出境，首先要以刑法第61条关于量刑原则的规定判断，尤其是应重点考虑犯罪性质，如对危害国家安全、严重破坏经济秩序、严重破坏社会秩序的犯罪外国人，应适用驱逐出境。对所有犯罪的外国人适用驱逐出境并不恰当。外国人在我国居留的情况多样。对在我国境内居住了一代以上的外国人，家庭生活亦主要在我国领域内的，不宜适用驱逐出境。

关于第35条规定的驱逐出境是不是附加刑的问题，学界有分歧。肯定说似乎是通说。①但有学者坚持否定说，认为驱逐出境是一种预防外国人犯罪的保安处分。"保安处分与刑罚的运作机理不同，二者在预防犯罪的目的上具有一致性。从体系位置、刑法措辞、早期实践都无法得出刑法中的驱逐出境属于附加刑。"该学者还认为，肯定刑法第35条规定的驱逐出境属于附加刑的观点，"破坏了刑法体系的和谐、突破了刑罚名称的专属性、制约了驱逐出境的适用，应还原驱逐出境为一种剥夺资格的保安处分的性质。作为保安处分的驱逐出境展示了我国刑法中保安处分可以代替刑罚执行的可能性，是推动我国刑法认可替代主义的'希望之光'"；"在立法未将大量行政保安处分转化为刑事保安处分的现状下，应许可法院适用与刑事保安处分同类的行政保安处分的相关规定。"②这是一家之"力说"。根据此说，行政性驱逐出境和刑事性驱逐出境的区分就不成立。

第三十六条　由于犯罪行为而使被害人遭受经济损失的，对犯罪分子除依法给予刑事处罚外，并应根据情况判处赔偿经济损失。

承担民事赔偿责任的犯罪分子，同时被判处罚金，其财产不足以全部支付的，或者被判处没收财产的，应当先承担对被害人的民事赔偿责任。

本条是关于赔偿经济损失和民事赔偿优先的规定。

赔偿经济损失的适用须满足两个前提，一是犯罪行为使被害人遭受了经济损失，二是对犯罪分子判处了刑罚。所以，赔偿经济损失是"又罚又赔"。犯罪分子同时被判处罚金和赔偿经济损失，其财产不足以全部支付的，或同时被判处没收财产和赔偿经济损失的，首先应以其财产承担对被害人的民事赔偿责任。

第三十七条　对于犯罪情节轻微不需要判处刑罚的，可以免予刑事处罚，但是可以根据案件的不同情况，予以训诫或者责令具结悔过、赔礼道歉、赔偿损失，或者由主管部门予以行政处罚或者行政处分。

本条是对免予刑罚处罚情形之非刑罚处罚措施的规定。

---

① 例如，高铭暄、马克昌主编：《刑法学》，北京大学出版社、高等教育出版社2017年第8版，第247页；张明楷：《刑法学》，法律出版社2016年第5版，第541—542页；陈兴良主编：《刑法总论精释》（下），人民法院出版社2017年第3版，第769—770页。
② 晋涛：《刑法中驱逐出境保安处分化的证成》，载《法学》2019年第11期。

非刑罚处置措施即人民法院对犯罪情节轻微不需要判处刑罚的犯罪分子，直接适用或建议主管部门适用的刑罚以外的其他处理方法。其适用前提是犯罪分子犯罪情节轻微而免予刑事处罚。非刑罚处置措施的决定权属于人民法院。

非刑罚处置措施包括训诫、责令具结悔过、责令赔礼道歉、责令赔偿损失和由主管部门予以行政处罚或行政处分。其中，训诫、责令具结悔过、责令赔礼道歉属于教育性非刑罚处置措施，责令赔偿损失属于民事性非刑罚处置措施，行政处罚和行政处分属于行政性非刑罚处置措施。

作为非刑罚处置措施的责令赔偿损失的适用前提是构成犯罪但免予刑事处罚，不以被害人提起（刑事附带）民事诉讼为前提。与前条规定的赔偿经济损失相比，赔偿损失是"不罚只赔"。

非刑罚处置措施也属于人民法院强制犯罪分子承担刑事责任的方式。[①]

第三十七条 因利用职业便利实施犯罪，或者实施违背职业要求的特定义务的犯罪被判处刑罚的，人民法院可以根据犯罪情况和预防再犯罪的需要，禁止其自刑罚执行完毕之日或者假释之日起从事相关职业，期限为三年至五年。

被禁止从事相关职业的人违反人民法院依照前款规定作出的决定的，由公安机关依法给予处罚；情节严重的，依照本法第三百一十三条的规定定罪处罚。

其他法律、行政法规对其从事相关职业另有禁止或者限制性规定的，从其规定。

本条是刑法上关于从业禁止的规定。

一、适用对象

从业禁止性质上属于保安处分，适用于利用职业便利或违背职业特定义务要求而实施犯罪被判处刑罚，且在刑罚执行完毕或被假释后短期内仍有可能实施危害行为的犯罪人。

"职业便利"的外延宽于"职务便利"。利用职业便利，不仅包括利用职务

---

① 陈兴良：《刑法学》，法律出版社2007年第3版，第474页。

上的地位、权力形成的主管、管理、经手、经营的职务便利，也包括利用与职务行为没有关系，但由于职业原因较熟悉工作环境、工作流程等的便利。[①]违背职业要求的特定义务，是指违背从事特定职业时应遵守的规范、章程和该职业的普遍要求。

适用从业禁止令的犯罪人的刑罚包括拘役和有期徒刑。被判处死刑、无期徒刑的罪犯，法官作刑事判决时不会预设其会被减为有期徒刑，所以不会适用职业禁止令。管制适用于性质或情节较轻的犯罪；被判处管制的罪犯，数罪并罚的管制最长期限为3年，而职业禁止的期限为3至5年，适用职业禁止可能剥夺犯罪人的生计，并不妥当。

假释之日是指假释裁定送达之日。在刑罚执行完毕或被假释时，应由人民法院根据行为人具体情况，确定是否执行刑法从业禁止令及执行的时间、空间范围。违反刑法从业禁止令的，应根据不同情况给予行政处罚或刑事处罚。[②]违反人民法院依法作出的从业禁止令的，通常情形下由公安机关给予行政处罚；情节严重的，依照刑法第313条的规定按拒不执行判决、裁定罪定罪处罚。

被假释者能否适用从业禁止令？从业禁止令是在刑事判决中确定的，其确定的事实依据是利用职业便利实施犯罪，或实施违背职业要求的特定义务的犯罪的具体情况和预防再犯罪的需要；假释的事实根据犯罪分子刑罚执行期间的悔改表现。适用从业禁止令的前提之一是犯罪人在刑罚执行完毕或被假释后有再犯罪的危险，这种关于再犯危险性的判断的事实依据也是已然犯罪的具体情况；假释的适用条件"没有再犯罪的危险"，这一判断的事实依据也是罪犯在刑罚执行期间的悔罪表现。因此，罪犯被假释后仍要执行原刑事裁判确定的从业禁止令。

二、从业禁止的性质

从业禁止显然不是刑罚方法，也不是行政处罚，因为行政处罚应由行政机关作出。它与判处缓刑、裁定假释时适用的禁止令以及刑事诉讼法上对被取保候审人的禁止令[③]（《刑事诉讼法》）在规范目的、适用对象、内容、期限等方面都不相同。

---

① 卢建平、邢永杰：《职务侵占罪"利用职务便利"认定中的若干争议问题》，载《黑龙江社会科学》2012年第2期。
② 卢建平、孙本雄：《刑法职业禁止令的性质及司法适用探析》，载《法学杂志》2016年第2期。
③ 2018年修正的《刑事诉讼法》第71条第2款、第3款、第4款。

通常认为，2015年《刑法修正案（九）》增设的从业禁止在性质上属于保安处分措施，其规范目的在于"防止犯罪分子利用职业和职务之便再次犯罪，从预防犯罪角度，赋予法院按照犯罪情况对这类犯罪采取预防性措施的权力"。[①]

三、从业禁止、禁止令、前科制度三位一体的预防前科人员犯罪体系

2015年《刑法修正案（九）》增设的从业禁止制度，作为一种非刑罚处罚措施，在预防犯罪和防卫社会方面，与《公司法》《证券法》等法律法规规定的前科制度有相似之处，也为前科制度的体系化提供了一些经验和思路。禁止令、从业禁止、前科制度基于预防犯罪、防卫社会的共同宗旨，以行为人之人身危险性为理论基础，通过在不同阶段、针对不同犯罪类型、不同刑种设置了相对严密的犯罪人资格限制、剥夺体系，架构出当前三位一体双轨并行之格局。在横向上，从业禁止与前科并存，形成犯罪人从业资格剥夺之双轨格局；在纵向上，禁止令、从业禁止、前科制度三位一体，构建了对于犯罪的立体预防体系。未来应在现有立法格局之基础上，对限制犯罪人从业资格之相关制度予以宏观的外部整合和微观的内部完善。[②]

第二节　管制

第三十八条　管制的期限，为三个月以上二年以下。

判处管制，可以根据犯罪情况，同时禁止犯罪分子在执行期间从事特定活动，进入特定区域、场所，接触特定的人。

对判处管制的犯罪分子，依法实行社区矫正。

违反第二款规定的禁止令的，由公安机关依照《中华人民共和国治安管理处罚法》的规定处罚。

第三十九条　被判处管制的犯罪分子，在执行期间，应当遵守下列规定：

（一）遵守法律、行政法规，服从监督；

---

① 刘茸、李婧：《臧铁伟："禁止从事相关职业三到五年"不是新刑种》，人大新闻网2015年8月29日，2020年2月28日访问。

② 于志刚：《从业禁止制度的定位与资格限制、剥夺制度的体系化——以〈刑法修正案（九）〉从业禁止制度的规范解读为切入点》，载《法学评论》2016年第1期。

（二）未经执行机关批准，不得行使言论、出版、集会、结社、游行、示威自由的权利；

（三）按照执行机关规定报告自己的活动情况；

（四）遵守执行机关关于会客的规定；

（五）离开所居住的市、县或者迁居，应当报经执行机关批准。

对于被判处管制的犯罪分子，在劳动中应当同工同酬。

第四十条被判处管制的犯罪分子，管制期满，执行机关应即向本人和其所在单位或者居住地的群众宣布解除管制。

第四十一条管制的刑期，从判决执行之日起计算；判决执行以前先行羁押的，羁押一日折抵刑期二日。

第38条至第41条构成我国刑法中的管制刑制度。第38条规定管制的期限、管制犯禁止令和社区矫正，第39条规定管制犯的义务和权利，第40条规定管制之解除，第41条规定管制刑期的计算和折抵。

一、管制是对犯罪人不予关押，但依法限制其人身自由，使其在当地群众的监督下改造的刑罚方法

管制作为一种刑罚，是我国的独创，是具有中国特色的刑罚方法，具有显著的开放性和社会性。开放性，是指被执行管制刑的犯罪人不是在监狱中服刑、与社会隔离，而是将其放在社会中执行管制刑，管制刑的执行并未使犯罪人与社会隔离。社会性是指管制刑的执行要吸收、依靠和利用社会力量，要依靠人民群众对管制犯的监督和帮教。管制刑的社会性同时赋予其行刑民主的特色。对管制犯依法实行社区矫正，是管制刑开放性和社会性的集中体现。管制刑的开放性、社会性、民主性，以及管制犯在劳动中同工同酬的制度设计，使管制犯能够更好、更快地融入社会。

二、管制刑的不足和完善

有论者认为，管制刑是我国宽严相济刑事政策之"宽"的典型代表，符合轻刑化、非监禁化和行刑社会化之刑罚发展潮流，应当充分肯定其价值。但我国刑法所规定的管制刑宽严失衡，存在适用对象和适用条件不明确、执行主体虚化、

行刑内容过于宽松而缺乏惩罚性等不足，严重制约其功能的发挥。因而应从宽严相济刑事政策之视角出发，立法上进一步明确管制刑适用之对象和条件、改造管制刑之行刑主体、设立符合我国国情且具有适当惩罚性的管制内容、确立不服从管制的较严厉的法律后果。[1]此论虽出于10多年前，但管制刑之执行主体虚化等问题，至今并未完全解决。

三、管制犯的刑期折抵

由于管制只是限制人身自由，而羁押是剥夺人身自由，所以被判处管制的犯罪分子先行羁押的，羁押一日折抵刑期二日。

第三节 拘役

第四十二条 拘役的期限，为一个月以上六个月以下。

第四十三条 被判处拘役的犯罪分子，由公安机关就近执行。

在执行期间，被判处拘役的犯罪分子每月可以回家一天至两天；参加劳动的，可以酌量发给报酬。

第四十四条 拘役的刑期，从判决执行之日起计算；判决执行以前先行羁押的，羁押一日折抵刑期一日。

第42条到第44条规定拘役刑制度，包括拘役的期限、执行机关、执行期间的权利和拘役的刑期折抵。

拘役是对犯罪分子予以关押，短期剥夺人身自由的刑罚方法。拘役犯待遇的特别之处就是执行期间每月可回家一天至二天，参加劳动的可酌量发给报酬。"可以酌量发给报酬"并不是拘役犯的权利，而是执行机关的职权。

拘役应在拘役所执行。拘役若在看守所执行，会产生已决犯和未决犯事实上的同等待遇，违反对未决犯而言的无罪推定原则。

刑期折抵时拘役犯的先行羁押，除了因同一犯罪行为而被刑事拘留、逮捕外，尚包括因同一行为而被行政拘留、海关扣留等剥夺人身自由的措施。[2]管制

---

① 利子平、竹怀军：《宽严相济刑事政策视野下管制刑的不足与完善》，载《刑法论丛》2008年第15卷。
② 张明楷：《刑法学》，法律出版社2016年版，第525页。

犯和有期徒刑犯的先行羁押，应作同样的解释。

拘役这种短期自由刑的弊端明显：（1）不仅由于时间短而不足以教育、改善受刑人，而且给受刑人贴上了犯罪人之标签，不利于其回归社会；（2）因时间短、严厉性不足而无威慑力，难以产生一般预防之效果；（3）由于时间短，执行机关并不重视拘役刑的执行；（4）若无合格的执行官指导，受刑人反而会浸染恶习，导致人身危险性增大；（5）受刑人大多处于社会底层，处于社会上层的人往往只被判处罚金，这导致刑罚之不公正。因而在整个世界范围内都有废除短期自由刑之呼声。[①]

第四节　有期徒刑、无期徒刑

第四十五条　有期徒刑的期限，除本法第五十条、第六十九条规定外，为六个月以上十五年以下。

第四十六条　被判处有期徒刑、无期徒刑的犯罪分子，在监狱或者其他执行场所执行；凡有劳动能力的，都应当参加劳动，接受教育和改造。

第四十七条　有期徒刑的刑期，从判决执行之日起计算；判决执行以前先行羁押的，羁押一日折抵刑期一日。

第45条至第47条构成我国的徒刑制度，内容包括期限、执行场所和执行内容以及有期徒刑的刑期计算和折抵。

一、有期徒刑、无期徒刑之内涵

有期徒刑是剥夺犯罪人一定期限的自由，对其强制劳动改造的刑罚方法。有期徒刑的基本内容是对犯罪人进行强制性劳动改造。有期徒刑是我国适用最普遍的刑罚方法，是我国刑罚体系的支柱。在目前刑法规定的所有个罪中，除了危险驾驶罪外，所有个罪的法定刑中都有有期徒刑。

无期徒刑是剥夺犯罪人终身自由的刑罚措施，是自由刑中最严厉的刑罚。无期徒刑可以分为判决型无期徒刑和减刑型无期徒刑。前者是指刑事判决书确定的

---

① 张明楷：《数罪并罚的新问题——〈刑法修正案（九）〉第4条的适用》，载《法学评论》2016年第2期。

无期徒刑，后者是指死缓犯死刑缓期二年执行期满后裁定减刑时确定的无期徒刑。未成年人犯罪不适用死刑，一般也不判处无期徒刑，只有罪行极其严重的才可适用无期徒刑。无期徒刑虽然名义上"无期"，但由于存在减刑、假释、赦免制度，实际上是"有期"的，终身服刑的情况极为罕见。2015年《刑法修正案（九）》对贪污罪、受贿罪规定了被判处死缓的贪污、受贿数额特别巨大或有其他特别严重情节的贪污犯、受贿犯，规定人民法院根据犯罪情节等情况可以同时决定在其死刑缓期二年执行期满依法减为无期徒刑后，终身监禁，不得减刑、假释。因此，被依法判决死刑缓期二年执行期满依法减为无期徒刑后，终身监禁，不得减刑、假释的贪污罪、受贿罪的死缓犯，其减刑后的无期徒刑是名副其实的无期徒刑。终身监禁是此等特殊类型罪犯的减刑型无期徒刑的特殊执行方式，并非独立的刑种。

二、有期徒刑分等问题

有期徒刑分等，即在法定有期徒刑幅度之基础上进行轻重等级之划分。有期徒刑分等和刑格既有联系又有区别。广义之刑格包括法定刑不同刑种之外部等级划分和同一刑种内部之等级划分，即刑种之等级和刑度之等级。狭义的刑格仅指法定刑同一刑种之内部等级划分。[1]有期徒刑分等系自由刑单一化和"重重轻轻"之刑事政策的要求，对刑罚裁量、追诉时效之计算等有实质合理性的意义。有学者认为有期徒刑分等应当以类种罪的社会危害性为依据；我国刑法中应该以5年和10年作为轻等、中等和重等有期徒刑的界限点。[2]这个具体主张或许不足为信，但刑格和有期徒刑分等制度的建立在刑事立法和司法方面确有其价值。

三、无期徒刑与引渡合作

当今世界各国刑法中，无期徒刑出现了两种发展趋势，一是部分国家（如西班牙、葡萄牙、塞尔维亚、克罗地亚、挪威等）立法废止了无期徒刑，二是部分国家（如美国及其绝大部分州）采用不得减刑、假释之终身监禁方式强化无期徒刑之适用。这两种趋势导致无期徒刑之适用在某些情况下可能成为某些国家拒绝引渡之理由。在引渡实践中，一些国家对无期徒刑之审查和甄别关注的仅是无期徒刑之可变通性，即对被判处无期徒刑者实行减刑、假释之可能性，而不要求此

---

① 杨新培：《论刑格》，载《法学研究》1994年第6期。
② 赖早兴、贾健：《有期徒刑分等研究》，载《江海学刊》2009年第4期。

种减刑、假释具有必定性。我国主管机关在境外追逃中应注重对被请求国法制、司法实践、法律理念之研究，有针对性地提供相关说明和证据，努力化解遇到或可能遇到之具体法律问题或障碍。①

第五节 死刑

第四十八条 死刑只适用于罪行极其严重的犯罪分子。对于应当判处死刑的犯罪分子，如果不是必须立即执行的，可以判处死刑同时宣告缓期二年执行。

死刑除依法由最高人民法院判决的以外，都应当报请最高人民法院核准。死刑缓期执行的，可以由高级人民法院判决或者核准。

本条是关于死刑适用对象、死刑执行方式和死刑核准程序的规定。

本条中的"罪行极其严重"、"应当判处死刑"和"不是必须立即执行"，迄今并无专门的司法解释，学界见仁见智。因此，在很大程度上，关于死刑适用对象的争议问题，最终是诉诸对刑事司法实践经验的总结。

一、关于"罪行极其严重"

（一）关于"罪行"

对"罪行"这一概念的理解，对于理解"罪行极其严重"具有根本性意义。在后面的阐释中，将会发现对"罪行极其严重"的不同阐释，多半是因为对这一概念的理解不同所致。

有学者试图从"罪行"的一般含义入手分析死刑适用条件，认为"罪行"有两个方面的含义，即立法层面的抽象个罪和司法层面的具体犯罪。前者是"罪行的法律表达方式，表现为特定的犯罪构成类型"，后者是符合特定犯罪构成要件的行为，是罪行的现实的社会存在形式。②至于罪行和罪名的关系，当一个罪名只包括一种罪行时，罪名的成立就是罪行的确定，二者具有同一性；但是，当一个罪名包括数种罪行时，罪名就成立罪行的上位概念，司法过程中不仅要判定行为成立何种

---

① 黄风：《无期徒刑与引渡合作》，载《法商研究》2017年第2期。
② 参见赵廷光：《论死刑的正确适用》，载《中国刑事法杂志》2003年第3期。

罪名，而且要进一步判定该行为构成该罪名涵盖范围内的何种罪行。基于此，所谓"罪行极其严重"，意指行为构成法定最高刑为死刑的罪行；量刑情节是决定能否适用死刑的唯一根据。据此得出的结论是：有减轻或从轻处罚情节的，便不能适用死刑；有从重处罚情节的，才可能适用死刑。在微观上，我国刑法规定的从宽情节多于从重情节，具有轻刑主义的倾向，因此就全部罪行而言，从宽处罚的概率比从严处罚的概率高得多。①这一揭示"罪行极其严重"之内涵的进路具有积极意义，对于人们认识"罪行"概念的一般含义及其与罪名的关系具有理论价值，但由于我国刑法分则除了3个条文中规定的绝对确定死刑的情况②外，与配置死刑的罪行对应的都是相对较宽的量刑幅度（除死刑外，备选项至少还有无期徒刑）③，其结论对司法过程中的死刑作业不能提供具有可操作性的指引。

相当一部分学者将这里的"罪行"理解为犯罪的行为、犯罪行为造成的危害后果以及犯罪人的主观恶性和人身危险性。④这种对"罪行"的理解大致是基于1979年《刑法》第43条"死刑只适用于罪大恶极的犯罪分子"中的用语"罪大恶极"，将"罪行"理解为客观的"罪"加上主观的"恶"。根据有关司法官员的解释，"罪大"是指"犯罪行为及其后果极其严重，给社会造成的损失特别巨大"；"恶极"是指"犯罪分子的主观恶性和人身危险性特别大，通常表现为犯罪分子蓄意实施严重罪行、犯罪态度坚决、良知丧尽、不思悔改、极端蔑视法制秩序和社会基本准则等"。⑤以旧刑法关于死刑适用对象的条款中的"罪大恶极"为基础来解释新刑法对应条款中的"罪行"和"罪行极其严重"，不能说明新刑法何以将旧刑法相关条款中的"罪大恶极"改为"罪行极其严重"。"罪大恶极"更为清晰明了，通俗易懂，变为"罪行极其严重"不是与罪刑法定原则的明确性要求背道而驰吗？将"罪大恶极"改为"罪行极其严重"，或许是要使刑事法官在考虑是否适用死刑时将被告人的人身危险性排除在考虑范围之外，原因是人身危险性即再犯可能性，其判断根据只能是被告人有无前科、平时表现如何以及有无悔罪表现等方面的情况。人身危险性仅是未来再犯罪的可能性，不属于

---

① 参见赵廷光：《论死刑的正确适用》，载《中国刑事法杂志》2003年第3期。

② 根据第121条，劫持航空器致人重伤、死亡或者使航空器遭受严重破坏的，处死刑；根据第240条第1款，拐卖妇女儿童，情节特别严重的，处死刑，并处没收财产；根据第317条，暴动越狱或聚众持械劫狱的首要分子和积极参加者，情节特别严重的，处死刑。

③ 截止《刑法修正案（十）》施行之日，刑法分则中规定"处无期徒刑或死刑"的有第239条（绑架罪）第2款和第383条（贪污罪）第1款第3项。根据第386条，对受贿罪，根据受贿所得数额和情节，按照第383条的规定处罚；索贿的从重处罚。

④ 参见陈兴良：《刑法疏议》，中国人民公安大学出版社1997年版，第138—139页。

⑤ 参见胡云腾：《死刑通论》，中国政法大学出版社1995年版，第213页。

已然的罪行，所以不应影响是否作出对被告人适用死刑的决定。"罪行极其严重"这一表述表明，适用死刑的依据是犯罪的客观危害和主观恶性，并不包括人身危险性。[①]"一个客观危害和主观恶性都极其严重的犯罪行为，就是'极其严重的罪行'，在一个具有通常情形的案件中，就应当适用死刑。如果行为人犯下'极其严重的罪行'，却在犯罪中造成了自己再犯可能性的丧失。例如，在故意炸死多人的犯罪活动中也炸掉犯罪人自己的手脚，那么，仍然应该对其适用死刑。"[②]刑法第49条第2款规定的以特别残忍手段致人死亡的审判时已满75周岁的人不在排除死刑适用之列的但书，以及刑事司法中对没有再犯可能性的犯罪人适用死刑的案例，都是这一立论的有力论据。

一些学者将"罪刑"理解为仅指犯罪行为的客观危害，即认为"罪行极其严重"仅指旧刑法中"罪大恶极"的"罪大"的一面，不再包括"恶极"的一面，强调的是客观上的犯罪行为及其危害结果。[③]基于对死刑的适用对象是"罪大恶极"的犯罪分子这一"前理解"，持这一观点的个别学者批评现行刑法第48条第1款中作为死刑适用条件的"罪行极其严重"，认为这一立法用语存在"严重缺陷"，应作扩大解释，使其除了指犯罪行为的客观危害外，还涵盖行为人的主观恶性和人身危险性。[④]持类似观点的学者认为，"实际上，从刑法的相关规定来看，我国有关死刑（包括死缓）适用的必要条件，已经不再像过去那样要求罪责兼备即'罪大恶极'，而只要客观上具有严重犯罪即'罪大'就够了"。[⑤]这种解释是不顾刑法体系性的结果。"从刑法的体系性规定出发，就不可能得出'罪行'仅仅是'行为的客观危害'这一结论。"[⑥]对关于死刑适用对象的条款中的用语"罪行"，应采用体系解释的方法，结合刑法总则中关于罪责刑相适应原则（第5条）、故意犯罪（第14条）、过失犯罪（第15条）、不可抗力和意外事件（第16条）的规定中的"罪行"、"犯罪"，以及分则中出现"罪行"一语的条款中的"罪行"来理解。

（二）罪行"极其严重"

如何理解"极其严重"，或"极其严重"如何具体化，是把握死刑适用法定

[①]　参见夏勇：《死刑立即执行与死刑缓期执行之界限》，载《法治研究》2015年第1期。
[②]　冯军：《死刑适用的规范论标准》，载《中国法学》2018年第2期。
[③]　张文、刘艳红：《〈公民权利和政治权利国际公约〉对中国死刑立法的影响（续）》，载《中国青年政治学院学报》2000年第2期。
[④]　参见赵秉志：《死刑改革探索》，法律出版社2006年版，第33—35页。
[⑤]　黎宏：《死缓限制减刑及其适用》，载《法学研究》2013年第5期。
[⑥]　冯军：《死刑适用的规范论标准》，载《中国法学》2018年第2期。

条件的关键。从程度上看，表示程度的副词"极其"和"特别"都具有主观色彩和模糊性，但"极其"比"特别"语感更强，所揭示的事物所达到的数量更大、性质更重。在我国刑法典中，"极其"一语只出现在关于死刑适用条件的第48条第1款中。其他涉及死刑问题的条款，如第49条第2款（审判时已满75周岁的人不适用死刑的条款的但书部分）、第113条①、第141条（生产、销售假药罪）、第144条（生产、销售有毒、有害食品罪），关于适用死刑的罪行的用语中用的是"特别"，如"以特别残忍手段""对国家和人民危害特别严重、情节特别恶劣""特别严重情节"等。因此，关于死刑适用之一般前提条件的条文中使用"极其"一语修饰罪行的严重程度，有在分则配置死刑的罪刑条款描述的死刑适用条件的基础上进一步收窄适用死刑的罪行范围，严格死刑适用标准的立法意图。对于何为罪行"极其严重"，学术界亦无统一的看法，至少有以下几种观点：

1. "死刑罪行说"

有学者认为，罪行"极其严重"是指"行为人的行为构成法定最高刑为死刑的罪行"。②这一观点可以称为"死刑罪行说"。"死刑罪行说"对于法定刑为绝对确定的死刑的罪行来说，似乎没有问题，但对死刑仅是法定刑选项中的一项的罪行来说，它并不能提供具有可操作性的判准。如刑法第115条规定"放火、决水、爆炸以及……致人重伤、死亡或者使公私财产遭受重大损失的，处十年以上有期徒刑、无期徒刑或者死刑"。"放火、决水、爆炸以及……致人重伤、死亡或使公私财产遭受重大损失"的罪行，就属于法定最高刑为死刑的罪行。行为人的行为致1人重伤，或致3人重伤，或致1人死亡，或致1人死亡1人重伤……或致多人死亡，或致多人死亡并使公私财产遭受重大损失，都属于法定最高刑为死刑的罪行。现在的问题是，在这个光谱上，从哪一点开始，才算罪行"极其严重"？显然，致1人重伤通常不能认为罪行"极其严重"。

2. "特别严重说"

有学者认为，所谓罪行"特别严重"，是指犯罪人的犯罪行为对国家和人民

---

① 该条要旨是，在危害国家安全犯罪中，除煽动分裂国家罪、颠覆国家政权罪、煽动颠覆国家政权罪、资助危害国家安全犯罪活动罪和叛逃罪外，"对国家和人民危害特别严重、情节特别恶劣的，可以判处死刑"。因此，法定最高刑为死刑的危害国家安全罪包括背叛国家罪，分裂国家罪，武装叛乱、暴乱罪，投敌叛变罪，间谍罪，为境外窃取、刺探、收买、非法提供国家秘密、情报罪，资敌罪，共计7个罪名。

② 参见赵廷光：《论死刑的正确适用》，载《中国刑事法杂志》2003年第3期。另可参见钊作俊：《死刑适用论》，人民法院出版社2003年版，第55页。

的利益危害"特别严重",情节"特别恶劣"。①这种观点可以称为"特别严重说"。"特别严重说"谱系上属于政法法学的话语体系,在表面上符合刑法分则配置有死刑的罪刑条款的规定,有充分的规范依据,但实际上是以刑法分则中的描述罪行严重程度的"特别"置换总则关于死刑适用前提条件的条款中的"极其",这种对罪行严重程度的一般解释不能起到在宏观上指导、制约和规整死刑适用的效果,使刑法第48条第1款中的"罪行极其严重"虚化了。

3. "双最标准说"

有学者提出,将全国范围内已知的同类案件进行比较,只有属于同类犯罪中的"最严重犯罪的最严重的情节"时,才能考虑适用死刑。②这就是所谓的"双最标准说"。③这一标准的问题是,从横向上看,同类犯罪具体情节各异,异质的情节之间如何进行比较,已确认某一犯罪是否属于"最严重犯罪的最严重情节"?从纵向上看,"最严重犯罪的最严重情节"依然是相对的。昨天某人犯下的某罪是"最严重的犯罪的最严重情节",今天可能就不适宜戴上这顶"桂冠"了,因为今天发生了一个情节更严重的同类"最严重犯罪"。张明楷教授主张"死刑总是与极其严重犯罪的最严重情节相联系",④与"双最标准说"相比,可以称为"单最标准说",也存在类似的问题。

4. "罪行对比说"

此说为冯军所倡。根据其见解,"罪行极其严重"是指犯罪行为及其所造成的危害后果在违法性和有责性方面都极其严重;"要根据刑法分则中配置死刑的条文所描述的罪状,参照刑法分则中把死刑作为绝对确定的法定刑来配置的条文所描述的罪状,综合判断行为人的犯罪行为是否属于'罪行极其严重'"。⑤如

---

① 王作富主编:《刑法》,中国人民大学出版社2016年第6版,第183页。最高人民法院指导案例第393号"闫新华故意杀人、盗窃案"的裁判要旨声言:"所谓罪行极其严重,是指犯罪性质极其严重,犯罪手段、后果等情节极其严重,被告人的主观恶性和人身危险性极大。罪行极其严重是死刑适用的实质条件,包括三个方面的内容:一是被告人的行为触犯了刑法规定的可以判处死刑的罪名,且行为性质极其严重;二是被告人所犯罪行的情节特别严重,且造成了特别严重的社会危害后果;三是被告人的主观恶性和人身危险性极大。"——见最高人民法院刑事审判第一、二、三、四、五庭主办:《中国刑事指导案例(3)》,法律出版社2009年版,第131—132页。这个指导案例所持的观点大致可以归为"特别严重说"。在后来的指导案例"孙习军等故意杀人案"中,最高审判机关重申上述立场,进一步指出适用死刑的基础依据是被告人犯罪行为的客观危害性,而被告人的主观恶性和人身危险性是适用死刑的调节依据。——参见陈兴良、张军、胡云腾主编:《人民法院刑事指导案例裁判要旨通览》,北京大学出版社2013年版,第319页。

② 参见赵秉志:《死刑改革探索》,法律出版社2006年版,第181页。

③ 参见冯军:《死刑适用的规范论标准》,载《中国法学》2018年第2期。

④ 张明楷:《刑法学》(上),法律出版社2016年版,第530页。

⑤ 冯军:《死刑适用的规范论标准》,载《中国法学》2018年第2期。

前所述，目前我国刑法分则中把死刑作为绝对确定的法定刑与罪状搭配的共计3个条文。实际上，在这三个条文中，第240条（拐卖妇女、儿童罪）第1款中的"情节"严重到何种程度，才是情节"特别严重"而适用死刑，也存在如何寻找参照系的问题。大致可以解释为，第240条第1款规定的拐卖妇女、儿童罪的八种情节，具备其中之一的属于比标准犯罪构成"严重"的犯罪构成，具备其中两种或多种情节的属于"特别严重"的犯罪构成。因此，拐卖3名以上妇女、儿童，并将其中至少1名妇女、儿童卖往境外的，可以评价为拐卖妇女儿童"情节特别严重"。配有死刑的其他何种犯罪的情节可以与这一情节对比进行评价，得出"罪行极其严重"的结论？这一问题恐怕会让刑法学者和刑事法官感到为难。

5. "最严重的死刑罪说"

概说将"罪行极其严重"理解为配置死刑的某一种犯罪中"比较而言最严重的罪行"。[①]　这种观点存在的问题与"双最标准说"类似。

6. "国际标准说"

鉴于围绕我国刑法中关于死刑适用的条件或标准的争议很大，有学者将目光投向了国际人权法，主要是1966年12月16日联合国大会通过的《公民权利和政治权利国际公约》第6条第2款和联合国经济和社会理事会1984年5月25日第1984/50号决议批准的《关于保护面对死刑的人的权利的保障措施》第1条，前者规定："在未废除死刑的国家，判处死刑只能是作为对最严重的罪行的惩罚，判处应按照犯罪时有效并且不违反本公约规定和防止及惩治灭绝种族罪公约的法律。这种刑罚，非经合格法庭最后判决，不得执行。"后者规定："在没有废除死刑的国家，只有最严重的罪行可判处死刑，但应理解为死刑的范围只限于对蓄意而结果为害命或其他极端严重的罪行。"[②]基于这两个国际人权规范，学者认为"死刑只能作为对最严重罪行的惩罚"大致就是死刑适用的标准。[③]稍后，又有学者在这两个国际人权文件有关条款的基础上，加上《旨在废除死刑的〈公民权利和政

---

① 贾宇：《中国死刑必将走向废止》，载《法学》2003年第4期。
② http://www.doc88.com/p—3718714632329.html，2019年6月18日访问。
③ 参见邱兴隆：《国际人权与死刑——以国际人权法为线索的分析兼及中国的应对》，载《现代法学》2001年第2期。

治权利国际公约〉第二任择议定书》①，断言它们构成了死刑适用的国际标准。②

　　显然，关于死刑适用的"国际标准说"的提出，是在学界对我国刑法第48条第1款中"罪行极其严重"见仁见智的情况下诉诸外部智识资源的结果。可以肯定地说，有关国际文件中"死刑只能作为对严重罪行的惩罚"或类似规定，不同的国家会有不同的理解，正如国内不同学者对我国刑法第48条第1款中的"罪行极其严重"异见纷呈一样。综观中国大陆以外的国家和地区的刑法立法，关于死刑适用的规定具体表现为以下几种形式：（1）除将死刑规定为主刑外，还规定适用死刑的罪行特征。这类立法例不多。如古巴刑法典规定死刑为主刑，并规定"死刑是例外，法院只对罪行极其严重的案件适用"。（2）规定死刑为主刑，但不一般地规定死刑的适用对象、条件等。如美国联邦法典中规定了死刑的裁量，但仅规定死刑适用于规定了死刑的犯罪，而并未规定死刑适用的具体问题。（3）仅规定死刑为主刑，并未规定死刑如何适用。如中国台湾地区现行"刑法典"。③所以，无论是从国际人权法上看，还是从比较法角度来看，都不存在关于死刑适用的可操作的所谓"国际标准"。

　　鉴于刑法第48条第1款关于死刑适用条件的规定充满了主观性、模糊性，要对其达成理论上的共识是不可能的。时至今日，最高审判机关对于何为"罪行极其严重"也未作出过任何解释。但判处死刑（包括死缓）的案件，裁判文书在叙述行为人的罪行时，最后都会无一例外地评价行为人"罪行极其严重"，以作为对行为人判处死刑的事实根据的一部分。刑法第48条第1款的立法目的，学界和司法实务界普遍认为是将"少杀慎杀"的死刑政策以法律的形式固定下来。无论将"死刑只适用于罪行极其严重的犯罪分子"定性为"死刑适用条件"，还是理解为"死刑适用对象"，抑或"死刑适用标准"，抑或"对象兼标准"，④其实务操作上的难点都是"罪行极其严重"。对总则部分中的"罪行极其严重"的内

　　① 《旨在废除死刑的〈公民权利和政治权利国际公约〉第二任择议定书》于1989年12月15日由联合国大会第44/128号决议通过，已于1991年7月11日生效。该议定书规定，在其缔约国管辖范围内，任何人不得被处死刑；缔约国应采取一切必要措施在其管辖范围内废除死刑。除了在批准或加入时声明可对在战时犯下最严重军事性罪行被定罪的人适用死刑外，该议定书不接受任何保留。根据这个国际文件的宗旨，说它规定了死刑适用的标准显然是荒谬的。
　　② 参见黄芳：《论死刑适用的国际标准与国内法的协调》，载《法学评论》2003年第6期。
　　③ 关于中国大陆以外的国家和地区刑法立法关于死刑问题的规定，参见黄晓亮：《走出理论迷思与实践困局：被误读的"罪行极其严重"》，载《法学评论》2015年第5期。
　　④ 关于刑法第48条第1款中"死刑只适用于罪行极其严重的犯罪分子"的性质的理论纷争的概括，参见黄晓亮：《走出理论迷思与实践困局：被误读的"罪行极其严重"》，载《法学评论》2015年第5期。实际上，将其定性为"死刑适用条件"的学者中，有将其定性为死刑适用的前提条件的，也有将其定性为死刑适用的充分条件的。

涵如此观点纷纭，反映的是它对罪刑法定原则的严重背离。分则中对个罪的死刑配置，除了为数极少的绝对确定的死刑配置外，其标准或条件也是不明确的。由于总则中关于死刑适用的标准或条件的规定的主观性和模糊性，以及分则中规定的死刑适用的具体条件通常阙如，因此，司法中的死刑适用有可能在一定程度上基于司法者的主观判断，甚至死刑适用主要基于司法者对"罪行极其严重"的个人理解和判断。这样一来，死刑的滥用就是可能的。实际上，药家鑫案、李昌奎案等引起撕裂性论战的案件的死刑判决，已经隐含着死刑滥用的现实危险。更有甚者，最高审判机关关于死刑适用的指导性案例之间都存在不协调和矛盾的现象。[1]

既然如此，对如何理解刑法第48条第1款前半段的问题，可能不应首先侧重于其司法适用或司法功能，而应首先侧重于其立法功能。

说不应首先侧重于其司法功能，理由至少有二：一是正如前面的分析所揭示的，其作为刑事司法裁判根据，将导致同案不同判的结果，由此导致死刑滥用，违背其将"少杀慎杀"之死刑政策法律化的立法目的；二是从比较刑法学的角度看，一些国家或地区除规定死刑为主刑并在特定个罪的法定刑中配置死刑外，对死刑如何适用并不作规定。不可能认为，我国"少杀慎杀"死刑政策所体现出来的精神不为这些国家或地区的刑法立法所认肯。如果没有刑法第48条第1款前半段的规定，死刑的适用会溢出"罪行极其严重的犯罪分子"这个范围吗？从罪刑均衡的角度看，只要刑罚体系中存有死刑，死刑就当然地适用于"罪行极其严重"的犯罪分子。因此，将其视为注意性规定未尝不可。这样理解死刑判决也是可行的，死刑判决在叙述所查明的行为人犯罪事实（包括犯罪情节）后，都会说行为人的"罪行极其严重"，它既是事实陈述，也是规范上的评价。死刑判决的法律根据中包括刑法第48条第1款和刑法分则中配置了死刑的相关罪刑条款。在司法判决中，关于刑法第48条第1款中"罪行极其严重"的判断，与司法个案中"罪行极其严重"的判断实际上是同一个判断，而非前者为一般判断，后者为特别判断。但由于刑法总则中第48条第1款前半段的存在，前者在形式上具有普遍性，后者在形式上具有特殊性。

---

[1]　黎宏教授的研究表明，最高人民法院发布的两个指导性案例（指导案例4号"王志才故意杀人案"和指导案例12号"李飞故意杀人案"）"存在一个致命的不足，即两个案例之间缺乏均衡，可能导致司法实践无所适从"，这是因为两个指导性案例在案件事实上存在明显差异，但都适用了死缓限制减刑。参见黎宏：《死缓限制减刑及其适用——以最高人民法院发布的两个指导案例为切入点》，载《法学研究》2013年第5期。

说首先应侧重于其立法功能，是说应首先将其功能看作立法环节的。刑法的基本原则或其它基本规定不但约束司法者，还约束立法者，这个观点不会有疑问。死刑的内容是剥夺犯罪人的生命（当然，执行方式可能有多种选择），因而可以说属于刑法的基本问题。从立法方面观照"死刑只适用于罪行极其严重的犯罪分子"的功能，意味着立法机关在刑法立法时应将配置死刑的犯罪限制在"极其严重"的"罪行"的范围内；随着社会经济、政治形式的变化和治安形势的好转，原来"极其严重"的犯罪可能不再属于"极其严重"的犯罪，或变得极为罕见，在这种情况下，立法机关应及时取消这些犯罪的死刑。我国2011年《刑法修正案（八）》和2015年《刑法修正案（九）》共取消22种个罪的死刑，体现的正是这一思想。这个思路也是与有关国际人权文件的基本倾向相一致的。前面所列举的《公民权利和政治权利国际公约》《关于保护面对死刑的人的权利的保障措施》中有关条款的精神，实际上是对缔约国关于配置死刑的犯罪的范围的刑法立法权的限制，而不是对缔约国司法上如何适用死刑的限制。联合国人权事务委员会关于《公民权利和政治权利国际公约》第6条的一般性意见——缔约国没有彻底废除死刑的义务，但在任何情况下都有义务将死刑的适用范围限制为"最严重犯罪"——的基本作用对象也是缔约国关于死刑的立法权，是对死刑立法权的限制和约束。

基于以上立论，统一死刑司法适用的正确路径，并不是绞尽脑汁探究"罪行极其严重"的内涵，这或许首先是立法者根据国家的政治、经济和社会治安形势进行判断的问题，而是分别就刑法分则配置死刑的犯罪探究死刑适用的具体标准或适用死刑的具体情节的统一。

二、"应当判处死刑"

对"应当判处死刑"的内涵，刑法理论上也是聚讼不已，争论的焦点在于"应当判处死刑"与"罪行极其严重"到底是什么关系。

有学者认为，所谓"应当判处死刑"，是指在"罪行极其严重"的前提下，符合以下三种情形才能对犯罪分子适用死刑："一是行为人所犯罪行已构成法定刑为绝对确定死刑之罪，并且不具有法定减轻处罚情节的情形；二是行为人所犯罪行已构成法定刑中挂有死刑之罪，同时具有法定从重处罚情节或者多个从重处罚情节的情形；三是行为人所犯罪行已构成刑法第103条和第433条规定的'可以判处死刑'之罪，不但'对国家和人民危害特别严重，情节特别恶劣'，而且还具有其他从重处罚情节的情形。"[1]根据这个判断，"罪行极其严重"与"应当判处死刑"之间是递进关系，即在"罪行极其严重"的基础上还需具备其他条件才"应当判处死刑"。这个判断标准除第一种情形外，可能难以操作。例如，行为人强奸妇女的过程中由于被害人体质特殊而造成被害人重伤，另有1次奸淫幼女行为的，属于第二种情形所描述的情况（具备致人重伤和奸淫幼女两个从重处罚情节），但在这种情况下对行为人判处无期徒刑更为适当。

与这种观点相类的是认为二者系不同层次的概念，即罪行极其严重的犯罪分子并非都要判处死刑；虽然罪行极其严重，但适用死刑尚需具备或排除一定的量刑情节。[2]

另有观点认为，"应当判处死刑的犯罪分子"就是刑法第48条第1款前段规定的"罪行极其严重的犯罪分子"。[3]根据这一观点，"罪行极其严重"与"应当判处死刑"是同位关系，即罪行极其严重是判处死刑的充分条件，在"罪行极其严重"这个条件之外无需其他条件就"应当判处死刑"。从罪刑法定观点来看，这种观点站不住脚，因为，如果罪行极其严重是判处死刑的充分条件，可能使刑法第48条中"罪行极其严重"的判断在刑事司法个案中架空量刑情节的判断，也可能架空刑法第61条关于量刑基本原则落实过程中的其他判断。

三、"不是必须立即执行"

刑法第48条第1款中关于死缓适用条件的"不是必须立即执行"究竟是什么意思，学者之间也是见仁见智。至少有如下几种学说：

（一）"社会危害性标准说"

此说认为在判断对被告人判处死刑是否必须立即执行时，关键是看被告人的犯罪行为社会危害程度的大小，之所以可对被告人判处死刑缓期二年执行，是因为其犯罪行为的社会危害性不及应判处死刑立即执行的犯罪的社会危害性。例

---

① 参见赵廷光：《论死刑的正确适用》，载《中国刑事法杂志》2003年第3期。本书作者注：刑法第433条规定战时造谣惑众罪，2015年8月29日全国人大常委会通过的《刑法修正案（九）》废除了该罪的死刑。

② 张正新：《中国死缓制度的理论与实践》，武汉大学出版社2004年版，第91页。

③ 参见黎宏：《死缓限制减刑及其适用——以最高人民法院发布的两个指导案例为切入点》，载《法学研究》2013年第5期。另参见孟庆华：《死刑缓期执行的若干适用问题探讨》，载《海峡法学》2010年第6期。该文认为"罪行极其严重"与"应当判处死刑"在刑法解释论上的含义是一致的。

如，有学者提出，罪行极其严重的犯罪行为的社会危害性在程度上存在一个区间，这个区间或许有一个最低标准线（下线），达到这个标准线就可认为罪行极其严重，但该区间没有上限。被告人犯罪行为的社会危害性可能在下限附近徘徊，也可能远远超过了最低标准线，判处死缓的就是那些社会危害性刚刚超过该区间的下限的犯罪行为，其余的则应该判处死刑立即执行。[①]

（二）"特殊预防和平息民愤说"

该说认为，对被告人是否可判处死缓，关键是看死刑缓期执行是否具有一定的效果。具体是从两方面考量：一是立即对被告人执行死刑，其是否会再犯新罪；二是不立即对其执行死刑，是否会引起新的社会震荡。被告人会再犯新罪，说明其对其有特殊预防的需要；引起强烈的社会震荡，说明就其犯罪行为来说，有平息民愤的需要。[②]此说最大的问题在于，再犯可能性仅是一种"可能性"，不一定能转化为现实性；行为人以非常残忍的手段致多人死亡的，纵使审判时双腿已残，丧失了再犯可能性，仍应适用死刑（立即执行）。"平息民愤"的说法，有舆论审判的嫌疑；"极其严重"的罪行纵使未引起社会的注意，因而没有民愤，也有适用死刑（立即执行）的可能。即使不立即执行会引起新的社会震荡，该种社会震荡的发生与被告人已经不再有直接关系，其对这种社会震荡不存在法律上的责任，以会引起新的社会震荡为由对其判处死刑立即执行，与责任主义相悖。

（三）"再犯可能性说"

持该说的学者认为，适用死刑立即执行的犯罪与适用死刑缓期二年执行的犯罪在客观方面没有区别，二者唯一的区别在于被告人的主观恶性和犯罪后的悔罪态度。[③]

冯军教授提出了一个新颖的观点，"要从《刑法》第50条第1款关于死刑缓期执行期间执行死刑的规定中推导出'不是必须立即执行'的条件，即如果应当被判处死刑的犯罪分子确实不存在再次实施情节恶劣的故意犯罪的危险，对他就'不是必须立即执行'死刑；但是，如果行为人在犯下某一应当判处死刑的极其严重的罪行之后，又犯下另一情节恶劣的故意犯罪的，对他就'必须立即执行'

① 参见胡云腾：《死刑通论》，中国政法大学出版社1995年版，第236—237页。
② 任志中、周蔚：《死缓适用实质条件之理论建构——宽恕理论之提倡》，载《中国社会科学院研究生院学报》2011年第7期。
③ 任志中、周蔚：《死缓适用实质条件之理论建构——宽恕理论之提倡》，载《中国社会科学院研究生院学报》2011年第7期。

死刑"①，也是着眼于再犯可能性。

"再犯可能性说"的优点在于可操作性强，但不够周延。根据刑法第17条之一，对于以残忍手段致人死亡的审判时已满75周岁的人，并不排除适用死刑。因此，对以特别残忍手段致人死亡，即便审判时其双手已残，实际上已不具有再犯可能性，也可适用死刑。这足以证明"再犯可能性说"并不周延。

（四）"罪行与刑事责任结合说"

该说认为是否应对被告人判处死刑缓期二年执行，要综合考量其罪行和刑事责任。能够被判处死缓的罪行应明显低于被判处死刑立即执行的罪行；能够被判处死刑缓期执行的被告人应具有法定的从轻或减轻处罚处罚情节。②

（五）"无差别说"

此说认为应扩大死缓的适用范围，对所有应判处死刑的被告人都应判处死缓，使死刑立即执行与死缓不存在差别。③这个学说本身就存在明显的内部矛盾，死刑立即执行与死刑缓期二年执行只要作为死刑的不同执行方式存在，它们必然是有差异的。这个观点体现的是一条理论上不能自圆其说的、别扭的限制死刑适用的思路。

（六）"审判经验说"

此说认为刑法对"不是必须立即执行"死刑的犯罪分子的范围没有作出明确规定，只能根据刑事审判经验来确定其范围。根据刑事审判经验，应当判处死刑但具有下列情形之一的，可以视为"不是必须立即执行"的犯罪分子："犯罪后自首、立功或者有其他法定从轻情节的；在共同犯罪中罪行不是最严重的或其他在同一或同类犯罪案件中罪行不是最严重的；被告人过错导致犯罪人激愤犯罪的；犯罪人有令人怜悯之情形的；有其他应当留有余地的情况等。"④这一学说被认为是我国刑法学界的通说。有学者对什么是"有令人怜悯的情节"和"其他应留有余地的情况"作了具体阐述，认为前者包括"平时表现较好，犯罪动机不十分恶劣，因犯下特别严重罪行"⑤"罪犯智力发育不健全"⑥"因婚姻家庭纠

① 参见冯军：《死刑适用的规范论标准》，载《中国法学》2018年第2期。
② 任志中、周蔚：《死缓适用实质条件之理论建构——宽恕理论之提倡》，载《中国社会科学院研究生院学报》2011年第7期。
③ 孟庆华：《死刑缓期执行的若干适用问题探讨》，载《海峡法学》2010年第6期。
④ 高铭暄、马克昌主编：《刑法学》，北京大学出版社、高等教育出版社2017年第8版，第240页。
⑤ 高铭暄主编：《刑法专论》，高等教育出版社2006年版，第530页。
⑥ 参见樊凤林主编：《刑罚通论》，中国政法大学出版社1994年版，第165—166页。

纷等民间纠纷激化引发的犯罪，被害人及其家属对被告人表示谅解的"①，以及"罪行虽然极其严重，但民愤尚不特别大"②；"其他应当留有余地的情况"是指"罪该处死，但缺少直接证据"③"犯罪人有可能为破获其他重大案件、惩治其他犯罪人起到'活证据'的举足轻重作用"④，或"可以用作犯罪学和犯罪心理学的活材料"⑤，等等。⑥

通说的问题也很明显，如犯罪后自首、立功或有其他法定从轻情节的，未必就不适用死刑立即执行，因为自首、立功都属于"可以"型从宽情节。2011年《刑法修正案（八）》将原第68条第2款"犯罪后自首又有重大立功表现的，应当减轻或者免除处罚"删除，其立法动机就是为对严重犯罪判处重刑甚至死刑松绑。犯下极其严重的配置死刑的犯罪的人，由于在犯罪亚文化中浸淫等原因，可能是其他重大犯罪的知情人，他可以利用原第68条第2款轻易地逃脱死刑。

基于犯罪人可以被用作犯罪学和犯罪心理学研究的活材料等理由而对应当判处死刑的犯罪人判处死刑缓期二年执行，使得对犯罪人所判处的刑法刑罚取决于犯罪之外的其他情况，接受这种观点的刑事司法实践让人惊恐。甘肃白银市高承勇连环强奸杀人案，在长达14年的时间里，行为人先后强奸、杀害女性11人。这样的犯罪人最有资格被称为"犯罪学和犯罪心理学研究的活材料"，就因为这个原因而判其死缓吗？

四、死刑适用标准的难以界定性是废除死刑的一个理由

综上，对我国刑法中关于死刑适用最主要的一般条款的理解，观点纷呈。⑦对该条款来说，正如罗曼·托马西奇所言："如果说民众对立法存在普遍共识的

① 高铭暄主编：《刑法专论》，高等教育出版社2006年版，第530页。
② 参见全国人大常委会法制工作委员会刑法室编：《中华人民共和国刑法——条文说明、立法理由及相关规定》，北京大学出版社2009年版，第61页。
③ 高铭暄主编：《刑法专论》，高等教育出版社2006年版，第530页。
④ 参见陈华杰：《把握死刑适用标准的若干思考》，载《人民司法》2007年第1期。
⑤ 参见王勇：《论死刑的限制适用》，载陈兴良、胡云腾主编：《2004年中国刑法学论文集第一卷：死刑问题研究》（下册），中国人民公安大学出版社2004年版，第749页。
⑥ 关于这一问题的学术观点归纳，参见冯军：《死刑适用的规范论标准》，载《中国法学》2018年第2期。
⑦ 实际上，关于我国刑法第48条的争议问题，并不限于以上三个方面。例如，对于"死刑只适用于罪行极其严重的犯罪分子"中的"死刑"究竟是指死刑立即执行，还是涵括了死刑立即执行和死刑缓期二年执行，刑法学界也存在争议。通常认为，刑法第48条前半段中的"死刑"包括死刑立即执行和死刑缓期二年执行。但有学者认为，这里的"死刑"是指死刑立即执行。基于这一理解，"罪行极其严重"似乎就是适用死刑的充要条件。参见吴照美、张琳：《死缓适用标准的实证研究——以刑事指导案例为视角的分析》，载《中国刑事法杂志》2014年第6期。

话，那也只不过是存在于修辞性或规范性的宣言的层次。"①刑法研究者和刑事法官都是民众中的分子，如果说他们对刑法第48条第1款存在什么共识，那这种共识可能仅是修辞性的。我国司法实践中的死刑适用在某种程度上说处于脱法运行的状态，其最主要的表现便是对死刑适用的条件（或标准、前提）的理解诉诸刑事司法经验。这是相当让人惊惧的。不过，适用死刑的司法判决通常都会将行为人的行为描述（同时也是评价）为"罪行极其严重"。这个措辞具有煽情的效果，这种效果使得死刑判决能获得民众朴素的正义感的支持。通观保留死刑的国家或地区的死刑适用条件（或标准）的立法例，几乎可以认为，死刑的适用最终不得不在某种程度上诉诸司法者体现在自由裁量权中的正义感，关于死刑案件的刑事司法经验是这种正义感的主要载体。

刑法第48条关于死刑适用条件（或标准、前提）的模糊性和不确定性，与2007年1月1日前最高人民法院将部分死刑案件的核准权下放给各高级人民法院、解放军军事法院这一因素结合在一起，导致严打时期我国死刑适用标准不统一、死刑适用数量大、死刑滥用、冤错案件频发等问题。聂树斌案②、呼格吉勒图案③、滕兴善案④等轰动全国的案件都发生在这一时期，对中国司法公信力和司法

---

① Tomasic, R., "The Sociology of Legislation", in R. Tomasic (ed), Law and Society in Australia, Sydney: Law Foundation of New South Wales and George Allen and Unwin, 1980, pp. 19—49, at 23.

② 1994年8月，河北石家庄市西郊液压件厂旁边玉米地发生一起强奸杀人案，聂树斌因涉嫌该案于同年10月被逮捕。1995年3月，聂树斌被石家庄市中级人民法院判处死刑，并于同年4月27日被处决。2005年1月18日，河南省荥阳市警方抓获河北省公安厅网上通缉犯王书金。王书金供述其犯下的多起强奸杀人案，其中一起即1994年8月，在其打工的石家庄市液压件厂旁边的一块玉米地里，奸杀一名30多岁的妇女。2005年1月19日，河南荥阳市警方将王书金移交河北省广平县警方。1月22日，广平县警方押着王书金，到原石家庄市液压件厂旁边的一块玉米地，指认了其当年的作案现场。2005年4月，聂树斌案案爆"一案两凶"。2007年4月，王书金因强奸杀人被河北邯郸市中级人民法院判处死刑后提出上诉，上诉理由是检察机关未起诉他在石家庄西郊玉米地犯下的强奸杀人案。2016年12月2日，最高人民法院第二巡回法庭对原审被告人聂树斌故意杀人、强奸再审案公开宣判，宣告撤销原审判决，改判聂树斌无罪。

③ 1996年4月9日，在呼和浩特第一毛纺厂家属区公共厕所内，一女子被奸杀。报案人呼格吉勒图被公安机关认定为凶手。同年5月23日，呼和浩特市中级人民法院以呼格吉勒图犯故意杀人罪，判处死刑。呼格吉勒图提出上诉。同年6月5日，内蒙古自治区高级人民法院裁定驳回上诉，维持原判。6月10日，呼格吉勒图被执行死刑。2005年10月23日，呼和浩特市赛罕区警方将作案数十起、奸杀9名女子的赵志红抓获。赵志红交代的第二起犯罪事实就是1996年4月9日发生在呼和浩特市第一毛纺厂家属区公共厕所内的强奸、杀人案。2006年8月，内蒙古自治区政法委"呼格吉勒图流氓杀人案"复查组正式确认呼格吉勒图案为冤案。随后，内蒙古高级人民法院启动再审程序，宣告撤销原审判决，改判呼格吉勒图无罪。

④ 1987年4月27日湖南省麻阳县城锦江河边，警方根据报案发现若干被肢解的女性尸块。专案组经过对失踪人员的排查，认定被害人是曾在麻阳县城广场旅社做过服务员的贵州省松桃县人石小荣。麻阳县高村镇马兰村农民、滕兴善因以屠夫为业并有人反映其曾到该旅社嫖娼而被当作嫌疑人。1989年1月28日，滕兴善因该案被执行死刑。1993年年中，石小荣突然回到了贵州松桃县老家。原来她被人贩子从麻阳拐卖到山东鱼潭县。2016年1月18日，湖南省高级人民法院对该案作出再审判决，宣告滕兴善无罪。

形象造成的负面影响无以复加。

死刑适用对司法者正义感的依赖和脱法运行状态，应成为废除死刑的重要理由。废除死刑是中国共产党人的奋斗目标。中国共产党早在1922年《中共中央第一次关于时局的主张》中就表明了对死刑的态度："改良司法制度，废止死刑。"目前我国刑法还保留死刑，这是遵从主流民意的结果。

死刑存在的思想基础有二：一是"以眼还眼、以牙还牙"的朴素正义观，其间融进了对死刑威慑力的迷信，认为死刑具有最强威慑力，是预防犯罪的最有效手段；二是对死刑"平民愤"功能的期待。从理论上说，死刑不具有最强威慑力，不可能最有效地预防犯罪。犯罪是个人、社会等因素综合作用的结果，故预防犯罪不可能专任刑罚；死罪发生时，犯罪人并非都是向死刑存置论所预设的那样，明确地将被处死刑的后果与犯罪带来的好处相权衡，其犯下死罪可能是基于激情、政治确信、成功逃避刑法制裁的侥幸心理、情景提供的诱惑等多种因素。犯下死罪的人在确知自己犯下死罪后，可能会在迟早都有一死的心理支配下，再犯更多的死罪。一个世纪以前的沈家本就说过，化民之道，在政教不在刑威。到目前为止，也无实证研究充分证明死刑具有预防最严重犯罪的功能。至于对死刑寄予"平民愤"功能的期待，前已论及，这种不正当的念想本质是舆论审判，应予摒弃。

五、死刑适用的核准程序

刑法第48条第2款规定的是死刑的核准程序。其立法目的首先是从程序上进一步落实"少杀慎杀"死刑政策，严格控制死刑案件的质量。

死刑除了依法由最高审判机关判决的以外，都应报请最高审判机关核准；判处死刑缓期执行的，可以由高级人民法院判决或核准。根据刑事诉讼法，死刑案件有级别管辖的限制，即死刑案件由中级以上人民法院管辖；全省（自治区、直辖市）性的可能被判处死刑的案件，由高级人民法院管辖；全国性的可能被判处死刑的案件，由最高人民法院管辖。现行刑事诉讼法专章规定了死刑复核程序。

自20世纪80年代"严打"开始至2006年12月31日，各省（自治区、直辖市）

高级人民法院、解放军军事法院根据最高人民法院的授权，①核准部分死刑案件。授权的法律根据都是当时的《人民法院组织法》第13条。②鉴于死刑案件核准权下放已经造成的问题和这些问题可能恶化的弊端，加强刑事法治，全国人大常委会2006年10月对《人民法院组织法》的修正删除了作为最高人民法院将死刑案件核准权下放的法律依据的原第13条后半段，并自2007年1月1日起施行。这一立法举措对于尊重和保障人权，维护社会政治稳定，促进国家法制统一，从制度上保障死刑裁判的慎重和公正，具有重要意义。为了因应立法的变化，最高人民法院于2006年12月13日发布《最高人民法院关于统一行使死刑案件核准权有关问题的决定》，宣布自2007年1月1日起，最高人民法院根据全国人大常委会的有关决定和人民法院组织法原第13条的规定对高级人民法院和解放军军事法院核准部分死刑案件的授权一律废止；自2007年1月1日起，死刑除依法由最高人民法院判

---

① 1983年9月7日，《最高人民法院关于授权高级人民法院核准部分死刑案件的通知》授权各高级人民法院和解放军军事法院在严打刑事犯罪期间，对非由最高人民法院判决的杀人、强奸、抢劫、爆炸以及其他严重危害公共安全和社会治安判处死刑的案件行使核准权。该文件实际上替代了1980年3月18日，《最高人民法院关于对几类现行犯授权高级人民法院核准死刑的若干具体规定的通知》，后者的要旨是最高人民法院授权高级人民法院对现行杀人、放火、抢劫、强奸等犯有严重罪行应当判处死刑的案件行使核准权。1991年6月6日《最高人民法院关于授权云南省高级人民法院核准部分毒品犯罪死刑案件的通知》授权云南省高级人民法院核准云南省的毒品犯罪死刑案件，但最高人民法院判决的和涉外的毒品犯罪死刑案件除外。1993年8月18日《最高人民法院关于授权广东省高级人民法院核准部分毒品犯罪死刑案件的通知》对广东省高级人民法院的授权、1997年6月23日《最高人民法院关于授权贵州省高级人民法院核准部分毒品犯罪死刑案件的通知》对贵州省高级人民法院的授权，以及1996年3月19日《最高人民法院关于授权广西壮族自治区、四川省、甘肃省高级人民法院部分毒品犯罪死刑案件的通知》对各自治区、省的授权，与对云南省高级人民法院的授权相同。1997年9月26日《最高人民法院关于授权高级人民法院和解放军军事法院核准部分死刑案件的通知》延续1983年9月7日作出的授权，并进一步明确此后授权各高级人民法院、解放军军事法院核准死刑案件的范围：自1997年10月1日修订后的刑法正式实施之日起，除最高人民法院判处的死刑案件外，各地对刑法分则第一章规定的危害国家安全罪，第三章规定的破坏社会主义市场经济秩序罪，第八章规定的贪污贿赂罪判处死刑的案件，高级人民法院、解放军军事法院二审或复核同意后，仍应报最高人民法院核准。对刑法分则第二章、第四章、第五章、第六章（毒品犯罪除外）、第七章、第十章规定的犯罪，判处死刑的案件（最高人民法院判决的和涉外的除外）的核准权，最高人民法院依据《人民法院组织法》第13条的规定，仍授权由各高级人民法院和解放军军事法院行使。但涉港、澳、台刑案件在一审宣判前仍须报最高人民法院内核。对于毒品犯罪死刑案件，除已获得授权的高级人民法院可以行使部分死刑案件核准权外，其他高级人民法院和解放军军事法院在二审或复核同意后，仍应报最高人民法院核准。
1981年6月10日《全国人大常委会关于死刑案件核准问题的决定》第一项规定"对犯有杀人、抢劫、强奸、爆炸、放火、投毒、决水和破坏交通、电力等设备的罪行，由省、自治区、直辖市高级人民法院终审判决死刑的，或者中级人民法院一审判决死刑，被告人不上诉，经高级人民法院核准的，以及高级人民法院一审判决死刑，被告人不上诉的，都不必报最高人民法院核准"，不过，该项特别将高级人民法院对这些类型的死刑案件行使核准权的时间限制在1981年至1983年。所以，1984年后，高级人民法院和解放军军事法院行使的死刑案件核准权均来自最高人民法院的授权。
② 当时的《人民法院组织法》第13条规定："死刑案件除由最高人民法院判决的以外，应当报请最高人民法院核准。杀人、强奸、抢劫、爆炸以及其他严重危害公共安全和社会治安判处死刑的案件的核准权，最高人民法院在必要的时候，得授权省、自治区、直辖市的高级人民法院行使。"2006年10月，全国人大常委会修正《人民法院组织法》，将原第13条修改为第12条，同时删除原第13条的后半段。

决的以外，各高级人民法院和解放军军事法院依法判决和裁定的，都应报最高人民法院核准。

为了确保死刑案件审判质量，最高人民法院于2007年发布《关于复核死刑案件若干问题的规定》①、《关于死刑复核流程管理的规定（实行）》。根据这些规定，死刑复核案件审理程序更为严格，与实行承办法官负责制的刑事案件不同，合议庭三名法官必须人人阅卷，写出书面审查报告和阅卷报告，并就事实证据、法律适用、定罪量刑和审判程序，展开讨论，提出处理意见。对疑难、复杂案件，在上报主管副院长审核后，还需提交审判委员会讨论决定。②

为了落实中央关于由最高人民法院统一行使死刑案件核准权的重大决策，确保死刑案件质量，最高人民法院联合最高人民检察院、公安部、司法部发布了《关于进一步严格依法办案确保办理死刑案件质量的意见》，明确提出办理死刑案件应当遵循的原则要求，包括坚持惩罚犯罪与保障人权相结合；坚持保留死刑、严格控制和慎重适用死刑；坚持程序公正与实体公正并重，保障犯罪嫌疑人、被告人的合法权利；坚持证据裁判原则，重证据、不轻信口供；坚持宽严相济刑事政策。该规定还就侦查、提起公诉、辩护和提供法律帮助、执行以及办案责任追究等环节如何落实这些原则提出了具体要求。

为了充分保障可能被判处死刑的被告人的辩护权，最高人民法院联合司法部发布了《关于充分保障律师依法履行辩护职责确保死刑案件办理质量的若干规定》，强化了死刑案件中律师的参与和保护职责履行。

为依法公正、准确、慎重地办理死刑案件，最高人民法院联合最高人民检察院、公安部、国家安全部、司法部发布了《关于办理死刑案件审查判断证据若干问题的规定》《关于办理刑事案件排除非法证据若干问题的规定》。③这两个文件对办理死刑案件提出了更高的标准、更严的要求。前者在死刑案件中全面、严格地贯彻证据裁判原则，明确了死刑案件中证据必须达到确实、充分的证明对象的范围，并对证据的分类审查和认定以及证据的综合审查和运用提出了要求。

死刑核准权由最高人民法院统一行使之后，死刑复核程序的独立化、实质化

---

① 该规定由于已被《最高人民法院关于适用〈中华人民共和国刑事诉讼法〉的解释》（2013年1月1日开始施行）的有关规定替代，自2015年1月19日起失效。
② 参见董瑞丰：《死刑复核权上收"盘点"》，载《瞭望》2007年第36期。
③ 这两份文件是以一个通知的形式同时发布的。2017年6月20日，最高人民法院联合最高人民检察院、公安部、国家安全部、司法部发布了《关于办理刑事案件严格排除非法证据若干问题的规定》。

大为增强，正当性品质得以提升。程序性死刑控制策略使核准死刑的数量迅速下降。[1]但由于我国刑法规定了大量配置死刑的犯罪，死刑复核权的上收和最高人民法院死刑复核案件的剧增，使得死刑复核业务机构和业务人员成为最高人民法院最大的业务机构和数量最多的人员群体，最高人民法院成为世界上规模最大的最高法院。对刑事案件巨量的、直接的介入，可能削弱其作为最高审判机关应当具有的权力制约、公共政策形成方面的宏观政治功能和保障国家法制统一的宏观司法功能。[2]通过前面的有关部分的分析，由于刑法第48条第1款的模糊性、不确定性等原因，最高审判机关统一全国死刑适用的法律标准，或许可以说是初步的。由于死刑核准权上收后最高人民法院以五个业务庭审理死刑复核案件，每个业务庭分片对口不同的省、自治区、直辖市，业务庭内还进一步分为若干合议庭，换言之，最高人民法院并不是以一个单一的审判单位的形式审理死刑复核案件的。因此，从理论上说，死刑核准权上收前各省（自治区、直辖市）不够统一的问题，会以不同的方式存在于最高审判机关内部。

第四十九条　犯罪的时候不满十八周岁的人和审判的时候怀孕的妇女，不适用死刑。

审判的时候已满七十五周岁的人，不适用死刑，但以特别残忍手段致人死亡的除外。

本条是关于死刑适用对象的消极限制。死刑不适用于犯罪时不满18周岁的人和审判时怀孕的妇女，原则上也不适用于审判时已满75周岁的人。不适用死刑，是指既不适用死刑立即执行，也不适用死刑缓期二年执行。

一、死刑不适用于犯罪时不满18周岁的人

未满18周岁的人，身心仍处于发育和渐趋成熟的过程中，尚未定型。无论其犯罪对法益的侵害有多严重，因其身心发育的特点和所处阶段，成功地将其挽救、使其走上社会生活正轨的可能性大，特殊预防实现的可能性大，因而不适用死刑，包括不适用死缓。这是我国对未成年人犯罪的"教育为主、惩罚为辅"刑

---

[1] 周斌：《赵秉志：收回死刑复核权显著减少死刑数量》，载《法制日报》2012年8月29日，第1版。
[2] 参见左卫民：《死刑控制与最高人民法院的功能定位》，载《法学研究》2014年第6期。

事政策的重点内容。

二、审判时怀孕的妇女不适用死刑

这是从人道主义出发作出的规定。如果对怀孕的妇女适用死刑，同时也就等于对其腹中胎儿适用死刑，而胎儿是无辜的。

对"审判时"应作符合立法目的和立法本意的扩张解释。"审判时"显然不能按字面解释为人民检察院将案件起诉到人民法院、人民法院决定开庭审理之日到死刑判决确定之日，而应向前后两端延伸，向前应延伸到因同一犯罪事实被羁押之日；向后，若死刑判决确定后发现罪犯怀孕的，应依法改判无期徒刑，判处死刑立即执行的，不再执行，被判处死缓的妇女缓期二年执行期间被发现怀孕的，也应立即停止执行死缓，并依法改判无期徒刑。

公安机关明知孕妇涉案但不对其采取强制措施，待其分娩后再予羁押的，虽然形式上不属于前段解释的"审判时怀孕的妇女"的范围，但应从实质上解释为"审判时怀孕的妇女"，不得因同一涉案事实而对其适用死刑。[1]这是因为，公安机关在刑事诉讼中应"保证准确、及时地查明犯罪事实"，[2]所以在发现犯罪线索或接到报案、接受投案后，应积极作为，正确履行立案、侦查、拘捕犯罪嫌疑人和调查取证等法定职责。若发现犯罪嫌疑人是孕妇，公安机关应依法采取监视居住、取保候审等强制措施。侦查时发现孕妇涉案，为了避免"麻烦"而不采取强制措施，待其分娩后才实施抓捕的行为，是违法履行职责的行为。

三、审判时已满 75 周岁的人原则上不适用死刑

本条第2款关于老年人原则上不适用死刑的规定，是2011年《刑法修正案（八）》根据人道主义精神、我国"保留死刑、严格控制和慎重适用死刑"的死刑政策以及宽严相济刑事政策写入刑法的。至此，免除死刑适用的犯罪人从犯罪时不满18周岁的人、审判时怀孕的妇女进一步扩大到审判时已满75周岁的人。审判时已满75周岁的人作为刑法的宽宥对象，对其不适用死刑并不是绝对的，这一原则受刑法本条第2款的但书的制约。对以特别残忍手段致人死亡的老年人，根据案件的具体情况，也可以依法适用死刑，包括死刑立即执行。

---

① 参见最高人民法院刑事审判第一、二、三、四、五庭：《中国刑事审判指导案例（侵犯公民人身权利、民主权利罪）》，法律出版社2009年版，第85—87页。
② 《公安机关办理刑事案件程序规定》（2012年修订）第3条。

对"审判的时候已满75周岁的人，不适用死刑……"中的"审判的时候"，应比照"审判的时候怀孕的妇女，不适用死刑"中的"审判的时候"来理解。这样，"审判的时候已满75周岁的人，不适用死刑"中的"审判的时候已满75周岁"，应理解为在羁押期间的任何时点已满75周岁。因此，在羁押期间的起点日期满75周岁的人，当然属于"审判的时候已满75周岁的人"；在侦查期间或在审查起诉期间满75周岁的人，当然属于"审判的时候已满75周岁的人"；在提起公诉后，判决生效前满75周岁的人，也当然属于"审判的时候已满75周岁的人"。死刑复核期间满75周岁的，仍然属于审判的时候已满75周岁。从理论上说，最高人民法院院长签发死刑执行命令后，在执行之日犯罪人才满75周岁的，也不应执行死刑。

审判时已满75周岁，以特别残忍手段致人死亡的，不属于死刑适用的宽宥对象。"以特别残忍手段致人死亡"，首先意味着行为人的行为的主观方面是故意，行为人对死亡结果的主观态度是直接故意或间接故意，而不可能是过失，过失犯罪中的手段不可能被评价为"特别残忍"。其次，判断手段是否"特别残忍"应从以下几个方面着手：一是看手段的类型。行为人实施伤害前，就有致人死亡之故意，包括间接故意，而采取挖眼、砍手、剁足、剜膝、挑脚筋或以浓硫酸等腐蚀性极强的溶液毁人容貌或肢体，或电击、烧烫他人要害部位等手段，致被害人死亡的，能够被评价为"特别残忍"。二是看行为持续的时间和次数。行为人的伤害行为持续时间长，次数多，或多人同时和分别对同一被害人实施殴打、电击、烧烫等伤害行为，对被害人进行肉体折磨和精神摧残，最终导致死亡结果发生的，能够被评价为"特别残忍"。三是从行为方法上看，被害人因行为人的伤害身体的行为而失去反抗能力后，行为人还继续对被害人进行折磨，加重被害人的痛苦程度，最终导致死亡结果发生的，能够被评价为"特别残忍"。[①]
再次，"特别残忍"是对犯罪手段的评价，所以"以特别残忍手段致人死亡"，不等于"致人死亡，情节严重"或"致人死亡，情节恶劣"。最后，只有发生故意致人死亡结果，才属于第49条第2款之"但书"规定的情况。

---

① 参见张军主编：《〈刑法修正案（八）〉条文及配套司法解释理解与适用》，人民法院出版社2011年版，第32页。可以认为，刑法第49条第2款的但书存在立法漏洞：审判时已满75周岁的人犯下的罪行是以并不残忍的手段故意致多人死亡。例如，以一枪爆头的方式故意杀害多人。这种行为中并不含有"特别残忍手段"，而只能说行为人"内心残酷"。从罪责刑相适应的角度看，判处其死刑（立即执行），属于罪有应得，甚至死有余辜。对其豁免死刑适用，只能说是由于这种情形的发生概率极低。

已满75周岁的人不适用死刑，是指"审判的时候"已满75周岁的人不适用死刑，而不是指"犯罪的时候"已满75周岁的人不适用死刑。如果刑法第49条第2款相关部分采用后一种表述，其实际效果将会是提高不适用死刑老年人的年龄，缩小刑法关于老年人死刑适用的宽宥范围，相应地扩大了死刑在老年人犯罪中的适用范围。因为，采用后一表述将使犯罪时不满75周岁，审判时才满75周岁的人有可能成为死刑适用的对象。

由于审判期限可以延长，而"犯罪的时候"是确定的，第49条第2款中"审判的时候"这一定语是否会为司法腐败留下空间，即是否会有司法人员在犯罪分子接近75周岁，比如说在72周岁时犯应判处死刑之罪的情况下，欲存之就拖延办案，延长侦查、审查起诉或审判的期限，欲亡之则千方百计缩短办案流程？这种可能性在理论上不能排除。

对老年人不适用死刑，是保留死刑的国家和地区具有普遍性的做法。1989年联合国经济和社会理事会《保护死刑犯权利的保障措施的执行情况》倡导保留死刑的成员国刑法明定可判处死刑和执行死刑的最高年龄。《美洲人权公约》明确规定对已满70周岁的人不得判处死刑。菲律宾规定对已满70周岁的人不适用死刑；墨西哥、危地马拉、哈萨克斯坦、蒙古、俄罗斯规定对65周岁以上的人不适用死刑。这些是我国刑法规定对75周岁的人不适用死刑的国际背景。中国台湾地区也规定对80周岁以上的人不适用死刑。

第五十条　判处死刑缓期执行的，在死刑缓期执行期间，如果没有故意犯罪，二年期满以后，减为无期徒刑；如果确有重大立功表现，二年期满以后，减为二十五年有期徒刑；如果故意犯罪，情节恶劣的，报请最高人民法院核准后执行死刑；对于故意犯罪未执行死刑的，死刑缓期执行的期间重新计算，并报最高人民法院备案。

对被判处死刑缓期执行的累犯以及因故意杀人、强奸、抢劫、绑架、放火、爆炸、投放危险物质或者有组织的暴力性犯罪被判处死刑缓期执行的犯罪分子，人民法院根据犯罪情节等情况可以同时决定对其限制减刑。

本条是关于死刑缓期二年执行的法律效果和死缓犯限制减刑的规定，是2011年《刑法修正案（八）》和2015年《刑法修正案（九）》两次修正的结果。根据本条第1款，判处死缓后有四种可能结局：（1）在死刑缓期执行期间没有故意犯罪的，二年期满以后，减为无期徒刑；（2）在死刑缓期执行期间没有故意犯罪，又有重大立功表现的，二年期满以后，减为二十五年有期徒刑；（3）在死刑缓期执行期间故意犯罪，情节恶劣的，由最高审判机关核准，执行死刑；（4）在死刑缓期执行期间故意犯罪，但不属"情节恶劣"的，死刑缓期执行期间自故意犯罪之日起重新计算，并报最高审判机关备案。死刑缓期执行期间重新计算的法律效果除了上述四种结局再次适用外，死缓减为无期徒刑后或死缓减为有期徒刑后实际关押的刑期随之延长。故意犯罪的日期越是靠近死刑缓期执行期满之日，实际关押期限顺延的时间越长，因而越是对该犯罪人不利。

死刑缓期执行期间故意犯罪，情节恶劣，由最高人民法院核准后执行死刑的，该新罪必须经过司法审判，由有关地方人民法院作出确认其故意犯罪性质且情节恶劣的生效裁判后，才报最高人民法院核准执行死刑。在2007年7月1日最高人民法院收回死刑核准权之前，刑事司法实践中存在该种新罪（当时的刑法并不要求该新罪"情节恶劣"）未经审判，有关机关即书面报请高级法院直接执行死刑的情况。

一、修正情况和基本精神

《刑法修正案（八）》将1997年刑法原条文第1款中的"如果确有重大立功表现，二年期满以后，减为十五年以上二十年以下有期徒刑"修正为"如果确有重大立功表现，二年期满以后，减为二十五年有期徒刑"，并增设第2款关于特定范围的死缓犯限制减刑的规定。2015年《刑法修正案（九）》对本条作第二次修正，将第1款中的"如果故意犯罪，查证属实的，由最高人民法院核准，执行死刑"修正为"如果故意犯罪，情节恶劣的，报请最高人民法院核准后执行死刑；对于故意犯罪未执行死刑的，死刑缓期执行的期间重新计算，并报最高人民法院备案"。第一次修正总的精神是提高死缓犯减为无期徒刑或有期徒刑后实际执行的刑期，第二次修正总的精神是进一步严格对死缓犯执行死刑的条件。死刑缓期执行期间有重大立功表现的罪犯直接减为有期徒刑的刑期，从之前的"十五年以上二十年以下有期徒刑"提高到"二十五年有期徒刑"。《刑法修正案（八）》对刑法第50条的修正还创设了死缓犯限制减刑制度。这些都是对

"死刑偏重，生刑偏轻"刑罚结构问题①的立法反应。死缓犯限制减刑制度的规范目的，是要弥补当时死缓制度的缺陷，充分发挥死缓限制死刑立即执行适用的功能；其性质上仍然属于死刑缓期执行制度。②死缓限制减刑尽管不是独立的刑种，但最高审判机关的法官普遍认为，它实际上已成为介于死刑立即执行与死缓之间的过渡性刑罚，适用于判处死刑立即执行偏重、判处普通死缓又偏轻或不能确保裁判效果的犯罪分子。③

本条第1款规定的死缓的几种法律效果的共同特点是：（1）确定的时间都是在死刑缓期二年执行期满之后；（2）确定的根据都是死刑缓期二年执行期间的表现，而与因何种犯罪、何种情节被判死缓无关。但第2款规定的死缓限制减刑的决定，根据最高审判机关的解释，是与死缓的判决同时作出，其根据不可能是后来的死刑缓期执行二年期间犯罪人的表现，而是取决于行为人被判处死缓的具体犯罪的性质或情节（累犯）。所以说，认为第2款规定的也属于死缓的法律后果，存在逻辑梗阻。

二、死缓犯限制减刑的适用范围

本条实际上将死缓分为普通死缓和限制减刑的死缓。普通死缓是人民法院在判决中对减刑不予限制的死缓，限制减刑的死缓是指人民法院在判决中限制减刑的死缓。对死缓犯的限制减刑针对的是死缓减为无期徒刑再减为有期徒刑后或死缓直接减为二十五年有期徒刑后的减刑。限制减刑的死缓犯的范围包括：（1）被判处死缓的累犯；（2）因故意杀人、强奸、抢劫、绑架、放火、爆炸、投放危险物质被判处死缓的死缓犯；（3）因有组织的暴力性犯罪被判处死缓的死缓犯。

---

① 《刑法修正案（八）》施行前，刑法第50条仅有一款，即"判处死刑缓期执行的，在死刑缓期执行期间，如果没有故意犯罪，二年期满以后，减为无期徒刑；如果确有重大立功表现，二年期满以后，减为十五年以上或二十年以下有期徒刑；如果故意犯罪，查证属实的，由最高人民法院核准，执行实行。"同时，第78条第2款的规定原为："减刑以后实际执行的刑期……判处无期徒刑的，不能少于十年。"实践中，死刑适用主要集中于故意杀人、抢劫、强奸、绑架等严重暴力犯罪，这是出于维护社会未定的需要，并受杀人偿命观念影响的结果。对因具有法定或酌定从宽处罚情节被判处死缓的罪犯，在死刑缓期执行期满后一般减为无期徒刑（减刑型无期徒刑），有重大立功表现的，直接减为15年以上20年以下有期徒刑。由于原第78条第2款的规定，因暴力性犯罪被判处死缓后减为无期徒刑的罪犯，可以在服刑十多年后就能通过不断减刑出狱。实践中，死缓犯的平均服刑期不到20年，相当一部分死缓犯服刑17年到18年即可出狱，个别的服刑期更短。一个是剥夺生命，另一个是十多年监禁，一死一生，轻重悬殊，这就是当时我国"死刑偏重，生刑偏轻"的刑罚结构性问题。在这种状况下，死缓的严厉性并未得到充分发挥，死刑和有期徒刑之间存在明显的断档。
② 参见叶良芳、应玉倩：《死缓限制减刑的司法适用》，载《浙江社会科学》2013年第2期。
③ 参见方文军：《死刑缓期执行限制减刑的司法适用》，载《法律适用》2011年第8期。

（一）被判处死缓的累犯

对被判处死缓的累犯的量刑过程中，判处死缓时已经考虑了累犯这一从重处罚的法定量刑情节。在决定是否对其限制减刑时，如果认为累犯人身危险性大而再考虑这一情节，是否违反重复评价原则，这值得研究。可以认为，这样做并不违反重复评价原则，因为第一次评价的目的是要决定宣告刑的刑种（是否适用死刑），第二次评价是要决定宣告刑的执行方式（死刑立即执行、死刑缓期执行并限制减刑、死刑缓期执行但不限制减刑）。

被判处死缓的累犯的前罪和后罪有多种关系模式，如前后罪都是故意杀人、强奸、抢劫、绑架、放火、爆炸、投放危险物质犯罪或有组织的暴力性犯罪；前罪是其他犯罪，后罪是故意杀人、强奸、抢劫、绑架、放火、爆炸、投放危险物质犯罪。前罪所判刑罚的种类和轻重，不同的累犯并不一样。犯后罪之日与前罪刑罚执行完毕或赦免之日之间的时间间隔，对不同的累犯长短不同。这些都会影响对犯罪人人身危险性大小、再犯可能性大小及有无改造可能性的判断。刑法理论通常认为，被判处死缓的累犯的前罪和后罪都属于故意杀人、强奸、抢劫、绑架、放火、爆炸、投放危险物质犯罪或有组织的暴力性犯罪，与前罪和后罪的其他类型的罪质关系相比较而言，由于这些犯罪本身的社会危害性严重，它们本身表征着犯罪人对法秩序的极度蔑视，后罪还被判处死缓，因而人身危险性大，特殊预防必要性大，改造难度大，司法中有必要对其适用限制减刑。被判处死缓的累犯，其前罪宣告刑的刑种越重、刑期越长，通常认为其人身危险性越大，特殊预防必要性越大，改造难度越大，因而对其适用限制减刑的必要性越大、可能性越高。同理，被判处死缓的罪犯，其犯后罪时与前罪刑罚执行完毕或赦免之日越短，越是表明前罪刑罚对其教育改造的无效，累犯情节对其后罪量刑的影响应越是明显和趋重，对这样的死缓犯越是应考虑适用限制减刑。

（二）因故意杀人、强奸、抢劫、绑架、放火、爆炸、投放危险物质被判处死缓的死缓犯

与刑法第17条第2款的表述遭遇的解释问题一样，这里的"故意杀人、强奸、抢劫、绑架、放火、爆炸、投放危险物质"是指罪名还是指犯罪行为？解释为犯罪行为较为妥当。例如，行为人为了杀人无视公共安全，采用决水的手段致1人死亡，多人重伤、轻伤。行为人的行为构成决水罪。如果将本条有关表述理解为罪名，则该行为人不属于限制减刑的对象。但是，对其行为的局部可以评价

为"故意杀人"行为,这样,对判处死缓的该行为人可以适用限制减刑。

因故意杀人、强奸、抢劫、绑架等犯罪未必采取暴力的形式,未必是暴力犯罪。如以不作为的方式实施的故意杀人罪,经幼女"同意"实施的强奸罪,通常不认为是暴力犯罪。

（三）因有组织的暴力性犯罪被判处死缓的犯罪分子

"有组织的暴力性犯罪"是2011年《刑法修正案（八）》将犯罪学上的"有组织犯罪"和"暴力性犯罪"两个概念结合起来形成的一个新术语。之所以新创这一术语,是为了贯彻宽严相济刑事政策的要求。暴力性犯罪的法益侵害性本来就很严重,"有组织的"暴力性犯罪的法益侵害性就更严重了,刑法应直接规定应对这类犯罪的严厉措施。但由于这两个术语本身就具有不确定性,由它们结合而成的新词"有组织的暴力性犯罪"的内涵和外延就越发模糊了。这为贯彻罪刑法定主义和保障人权提出了挑战。在司法上必须明确它的内涵和外延。否则,法官可能将原本不属于"有组织的暴力性犯罪"的具体犯罪归属于这个类别,或者将原本属于"有组织的暴力性犯罪"的具体犯罪从这个类别中排除,这都助长了法官的任意性,为司法擅断留下了空间,不利于法益保护和人权保障。

1. 有组织犯罪

在犯罪学上,有组织犯罪对应于单个人犯罪和无组织的犯罪,应是指三人以上共同实施的一切有组织的共同犯罪活动,即三人以上具有一定组织形式的共同犯罪。犯罪学用来描述有组织犯罪的概念计6个,按组织化程度由低到高的顺序依次是:简单共同犯罪,结伙犯罪,团伙犯罪,集团犯罪,黑社会性质组织犯罪,黑社会组织犯罪;而刑法学上的"有组织犯罪"概念注重这类犯罪的法律特征的设定,并建构惩治这类犯罪的刑事法网,要求具有高度的准确性和可操作性。①我国现行刑法中的有组织犯罪应包括：（1）有组织行为的共同犯罪；（2）共同犯罪中的聚众犯罪；（3）集体犯罪；（4）黑社会性质组织犯罪和黑社会犯罪；（5）恐怖组织犯罪、会道门犯罪、邪教组织犯罪等犯罪组织实施的犯罪；（6）洗钱罪（有组织犯罪的下游犯罪）。②前三种称为"不纯正有组织犯罪"，因为这些犯罪本可以是无组织的犯罪，当它们被以有组织的方式实施时，就是有组织犯罪；第（4）类和第（5）类必须以"有组织"的方式才能完成，即必须具备组织行为或由犯罪组织实施才能完成，所以称为"纯正有组织犯罪"。大致说来，有组织犯罪包括由组织实施的犯罪和"有组织地"实施的犯罪，后者就是存在组织行为的共同犯罪。洗钱罪属于有组织犯罪的下游犯罪，因此而被纳入有组织犯罪的范围。

2. 暴力性犯罪

"暴力性犯罪"原本也是犯罪学上的一个概念，与"非暴力犯罪"相对应。理解这一概念的前提是如何界定"暴力"。

从我国刑法文本看，"暴力"有广义、狭义、最狭义三种意思。

（1）广义的暴力包括非法实施有形力的所有类型，包括威胁使用暴力加害的内容，既可针对人（对人暴力），也可针对物（对物暴力）；既可以针对被害人本人，也可以针对被害人与被害人有某种关系的第三人。暴力程度可以从一般殴打、轻微伤害一直到杀害。武装叛乱、暴乱罪，妨害公务罪、妨害作证罪等犯罪中的暴力或威胁，即是广义暴力的例子。广义上的暴力的成立不必达到直接压

---

① 参见陆建平：《"有组织的暴力性犯罪"评析》，载《国家检察官学院学报》2012年第1期。根据该文，简单共同犯罪是指二人以上为实施犯罪而暂时结合，无特殊组织名称和组织形式，犯罪实施完毕，结合即告终止的共同故意犯罪。结伙犯罪指二人以上结帮成伙，实施一次或数次犯罪，但没有固定的组织形式的共同犯罪；这种犯罪是否属于有组织犯罪，视主体是否为三人以上，有无组织行为存在。如果该结伙犯罪在三人以上且有组织犯罪行为存在，可视为有组织犯罪；若不具备上述要求，则不能视为有组织犯罪。团伙犯罪是指三人以上结成一定组织或结合比较松散的共同犯罪形式。该术语是非法律术语，其性质及范围在我国犯罪学界、刑法学界都是一个争论不休的问题；司法实践中，为公安机关所常用。团伙犯罪可视为有组织犯罪的初级形态。这种初级形态的有组织犯罪若没有受到及时的打击，就会逐渐稳定下来，向有组织犯罪的较高形态发展。集团犯罪是指三人以上建立较为固定的犯罪组织，经常纠集在一起实施一种或数种严重的刑事犯罪活动的共同犯罪形式。集团犯罪是有组织犯罪的中级形态。黑社会性质组织犯罪是指称霸一方，为非作歹，欺压、残害群众，严重破坏经济和社会生活秩序的犯罪组织以暴力威胁或者其他手段，有组织地进行违法犯罪的共同犯罪形式。从大量黑社会性质组织的犯罪现象来看，已超过一般集团犯罪，但又不及典型的黑社会犯罪，其犯罪组织结构、手段、能量、危害等方面或多或少具备黑社会犯罪的性质。它是集团犯罪与黑社会犯罪之间的中间过渡形式，是有组织犯罪的高级形态。黑社会犯罪是指有复杂而严密的组织系统和行动准则，组织内部等级森严，重要成员基本固定的黑社会组织及其成员实施的危害社会的行为。黑社会犯罪从政治经济文化甚至武装诸方面对社会进行全面渗透。黑社会组织具有"适应"社会的生存能力、抗衡社会的能力和进行大规模犯罪的能力。黑社会犯罪是有组织犯罪的最高形态。

② 参见陆建平：《"有组织的暴力性犯罪"评析》，载《国家检察官学院学报》2012年第1期。

制被害人反抗的程度。但在认定具体犯罪时，不同的个罪对暴力程度的要求是不同的。如武装叛乱、暴乱罪是最严重的暴力，可以囊括故意杀人、故意伤害、抢劫、强奸、爆炸等暴力犯罪行为。聚众持械劫狱罪至少可以囊括行为过程中的故意杀人、故意伤害行为。如果行为人实施的是超出该个罪所能包容的暴力犯罪行为，不能再评价为该个罪，而是评价为他罪或依法数罪并罚。例如，在妨害公务犯罪中使用暴力致国家机关工作人员（或红十字会工作人员）重伤的，认定为故意伤害罪，因为妨害公务罪不能评价（涵盖）致人重伤的暴力内容。对物暴力典型者如故意毁坏财物、故意损毁文物、破坏生产经营等犯罪。聚众持械劫狱过程中有强奸行为的，应以聚众持械劫狱罪和强奸罪数罪并罚。

（2）狭义的暴力仅指对人身施加有形力（对人暴力），不包括对物施加的有形力（对物暴力）。狭义的暴力的成立也不以造成一定的人身伤害为必要。强制猥亵、侮辱罪（第237条）中的暴力、绑架罪（第239条）中对被绑架的妇女、儿童使用的暴力、妨害公务罪（第277条）和刑讯逼供罪、暴力取证罪（第247条）中的暴力，都属于狭义的暴力。狭义暴力的成立要求具有较强的人身强制性，且不排除至上、致死的可能。是否足以压制被害人反抗，不影响狭义暴力的成立。当然，不同的个罪对暴力程度的要求是不同的，如妨害公务罪、刑讯逼供罪、暴力取证罪的暴力不能致人重伤、死亡，否则视情评价为故意伤害罪（重伤）或故意杀人罪。抢劫罪、强奸罪中的暴力则可以涵盖致人重伤、死亡的暴力。

（3）最狭义的暴力是指狭义的暴力中通常达到足以压制被害人反抗的程度的暴力，即针对人身实施的、通常足以压制被害人反抗的暴力。强奸罪、抢劫罪中的暴力，属于最狭义暴力，故意杀人罪、故意伤害罪中的暴力，通常被认为是最狭义暴力的最高形式。

"有组织的暴力性犯罪"中的暴力，是指广义的暴力。这种理解既符合罪刑法定原则，又符合有效打击犯罪的刑法目的。

3. 有组织的暴力性犯罪的范围

可以认为，有组织的暴力性犯罪的范围就是有组织犯罪和暴力犯罪两个集合的交集。但根据"有组织的暴力性犯罪"在刑法中的语境和有关条款（第50条第2款和第81条第2款）的规范目的，对这个交集还需进一步限缩。就刑法第50条第2款来说，属于"有组织的暴力性犯罪"的犯罪的最高刑应为死刑。因此，"有组织的"刑讯逼供罪、暴力取证罪、妨害公务罪、故意毁坏财物罪、破坏生产经营罪等法定最高刑不是死刑的暴力性犯罪，不属于第50条第2款中的"有组织的暴力性犯罪"。这样一来，刑法第50条第2款中的"有组织的暴力性犯罪"就是指"有组织的"法定最高刑为死刑的所有暴力性犯罪。

三、关于"可以同时决定对其限制减刑"

（一）关于"可以"

本条第2款中的"可以"表明，对属于特定范围的死缓犯是否限制减刑，是刑法授予刑事法官的权力，并不是要求法官对该款规定范围的死缓犯一律适用限制减刑，而是要求其"根据犯罪情节等情况"个别地判断。当然，法官这种裁量权的行使应符合刑法的规范目的。就限制减刑制度来说，法官对特定死缓犯是否适用限制减刑，首先要考虑的是刑罚目的和罪行均衡原则。刑罚的目的是特殊预防和一般预防，根据个案的具体情形，在不判处死刑立即执行的前提下，只有在适用普通死缓不能达到双面预防的目的时，才适用限制减刑的死缓。根据罪行均衡原则，只有在判处死刑立即执行偏重、判处普通的死刑缓期执行有偏轻的情况下，才能适用死缓限制减刑。对于被判处死缓的特别累犯、同种累犯尤其是暴力性犯罪累犯，因其人身危险性大，再犯可能性大，应多适用限制减刑。[1]对实施非暴力犯罪（如毒品犯罪）被判处死缓的累犯，原则上不适用限制减刑。实施非暴力犯罪被判处死缓，虽表明犯罪的危害后果严重，但其造成危害后果的方式与暴力性犯罪有所不同，"通常不会严重危害社会治安，不会明显侵犯人民群众的安全感"，因此，这样的累犯虽有一定的人身危险性，对其限制减刑的必要性并不突出，原则上可以不适用限制减刑。[2]

死缓犯限制减刑显著增强了死缓的严厉性，客观上成了死刑立即执行和单纯死缓之间的过渡性刑罚，可以较好地起到替代死刑的刑罚的作用。在司法实践中，被判处死刑的犯罪集中于故意杀人、抢劫、绑架等严重暴力性犯罪。相当一部分非暴力犯罪并无直接被害人，不存在被害方与被告人之间的强烈对立。从这个角度看，对因非暴力犯罪被判处死缓的累犯，适用限制减刑的理由并不充分。

---

[1] 参见胡云腾：《把握〈刑法修正案（八）〉的五、六、七（代前言）》，载《〈刑法修正案（八）〉条文及配套司法解释理解与适用》（第9—24页），张军主编，人民法院出版社2011年版，第17页。

[2] 张军主编：《〈刑法修正案（八）〉条文及配套司法解释理解与适用》，人民法院出版社2011年版，第40页。

当然，如果被判处死缓的非暴力性犯罪（如危害食品安全犯罪）情节特别恶劣，对国家或人民造成的危害特别严重，长时间过去社会可能依然记忆犹新，对这样的非暴力犯罪累犯可以例外地适用限制减刑。

（二）关于"同时"

本条第2款中的"同时"，在理解上引起争议的问题是与什么同时？从现有的研究资料和最高审判机关有关司法解释来看，对这一问题的不同理解决定着对死缓限制减刑的定性和适用。有的学者将"同时"理解为死刑缓期二年执行期满后法院作出减刑裁定之时。[1]主要理由是，刑法第50条是关于死缓的法律效果的规定，而死缓的法律效果决定之时是死刑缓期二年执行期满后法院作出减为无期徒刑或25年有期徒刑的减刑裁定之时。[2]而一些学者认为"同时"是指定罪量刑时，即作出死刑缓期二年执行的判决或裁定之时。作出这种判断的根据，一是刑法第50条第2款内部语词之间的语义关系，即不考虑该条第1款是关于死缓的法律效果的规定，但看第2款本身的整体语义，将"同时"理解为对犯罪分子"判处"死刑缓期执行之时；二是作出对死缓犯限制减刑的根据是"犯罪情节等情况"，根据有关司法解释，即"犯罪情节、人身危险性等情况"。

对"同时"的不同的理解，导致对死缓限制减刑的定性上的差异和犯罪人权利上的差异。第一种理解必然将其定性为刑罚执行变更。由于刑罚执行变更是以裁定的形式作出，缺乏定罪量刑阶段控辩双方两造对立的诉讼结构，因而犯罪人对关系自己人身自由之切身利益的官方处分无机会充分参与。而后一种理解必然将死缓限制减刑看作一种事实上的刑罚方法，由审判机关在量刑时适用。由于定罪量刑阶段诉讼结构上的两造对立，对法院量刑的过程，被告人可以充分参与。

最高审判机关《关于死刑缓期执行限制减刑案件审理程序若干问题的规定》（法释〔2011〕8号）所持的立场显然是后一种。最高审判机关认为第50条第2款是刑罚裁量规范，而不是刑罚变更规范。这样，该司法解释就合乎逻辑地以审判阶段所能证明的主观事实作为决定是否限制减刑的根据，在审判阶段以刑罚宣告的方式作出是否限制减刑的裁决。而如果将其定性为刑罚变更规范，人民法院则

---

① 参见石延安：《论死缓犯限制减刑的程序问题》，载《法学》2012年第5期；齐文远主编：《刑法学》，北京大学出版社2011年版，第245页。
② 当然，《刑法修正案（八）》施行后，死缓犯在死刑缓期二年执行期间故意犯罪，查证属实的，经最高审判机关核准，执行死刑。《刑法修正案（九）》施行后，死缓犯在死刑缓期二年执行期间故意犯罪，情节恶劣的，报最高审判机关核准，执行死刑；对故意犯罪未执行死刑的，死刑缓期二年执行的期间重新计算。

会根据死刑缓期二年执行期间死缓犯的表现，以减刑裁定程序对其作出是否限制减刑的裁定。两种程序对被告人减刑权的保障是有重大差异的。

对死缓犯限制减刑决定在何时作出的不同理解，充分体现了它在我国刑罚体系中的尴尬地位。将规定这一制度的第50条第2款的内容放到第48条第2款的位置，第48条第2款因此而排列为第3款，或许不会发生关于"同时"是指何时的争议。但如果这样排列，"限制减刑"会被理解为包括从死刑缓期执行减为无期徒刑，这无异于将死刑缓期二年执行无限期延长，将死缓变为独立于死刑立即执行的刑种，于理不通。但死缓限制减刑制度在刑法文本中的实然位置，使其在刑罚制度中患上了"逻辑梗阻症"：第50条第1款规定法院作出的死缓判决（或裁定）在死刑缓期二年执行期满后可能发生的效果，但第2款又回头规定法院在判处死刑缓期执行的"同时"可以限制减刑。

（三）关于"限制减刑"

"限制减刑"并不是指"不得再减刑"。如果"不得再减刑"，将不利于这些罪犯的改造和管理。《刑法修正案（八）》（草案）第一稿曾建议，对被判处死缓的累犯和因故意杀人等罪行而被判处死缓的犯罪分子，法院可以在对其减为无期徒刑或有期徒刑的同时，决定"不得再减刑"。在第二次审议过程中，全国人大法律委员会提交的汇报材料根据一些部门的意见，建议将草案第4条规定的对部分罪刑严重的死缓犯"不得再减刑"修改为"限制减刑"。[①]

第五十一条　死刑缓期执行的期间，从判决确定之日起计算。死刑缓期执行减为有期徒刑的刑期，从死刑缓期执行期满之日起计算。

本条是关于死刑缓期执行期间和死缓减为有期徒刑之刑期计算的规定。

第48条至第51条构成了我国的死刑基本制度。

废除死刑是国际大势所趋。目前，全球七成以上的国家已经废除或不适用死刑；部分国家虽然法律上保留死刑，但多年未实际执行过死刑，死刑名存实亡。从世界范围来看，欧洲和大洋洲几乎所有国家都废除了死刑；东半球判处和执行死刑数量较多的国家主要集中在亚洲、中东和北非地区；美国是现今唯一适用死

---

① 李适石：《关于〈中华人民共和国刑法修正案（八）〉（草案）的说明》，载中国人大网，2010年8月23日。

刑的西方民主国家。[①]

一国对死刑的态度受刑法文化传统、经济发展水平、社会治安状况乃至国际环境的影响。在废除死刑的国家（地区），对最严重犯罪多以终身监禁加以惩罚。对最严重犯罪的终身监禁刑可以分为可假释的终身监禁和不可假释的终身监禁两种，前者如加拿大、爱尔兰、芬兰，后者如美国的艾奥瓦州、伊利诺伊州、宾夕法尼亚州、缅因州、路易斯安那州、南达科他州。

中华人民共和国成立七十多年来，死刑制度作为我国刑事法治艰难反复但不断进步之缩影或侧面，其改革和完善成为我国法治进步之一个重要标志。死刑经过了从作为革命暴力的阶级斗争工具到惩罚犯罪的法律武器，并成为学术研究的重要对象的历程，实现了意识形态的脱敏，并促进了这一制度乃至整个刑事法治之变革。严格控制死刑理念历经多次政治运动、严打斗争之反复，其具体落实从失控泛滥到刑法规制背景下的扩张适用政策，逐渐变为法治语境下的限制适用政策，通过死刑罪名的削减和死刑核准权上收，实质性地贯彻了少杀、慎杀之死刑政策。[②]

我国目前还不能废除死刑，这与我国民意中还在占主流地位的"杀人偿命"的传统法律文化观念有一定联系，甚至可以说是这种观念作用的结果。对于类型性地包括死亡结果的故意犯罪，我国刑法分则中的罪刑关系条款无一例外地配有死刑。废除死刑是时代大势，但不等于我国会在近期内废除死刑。[③]废除死刑需要与之相适应的物质条件和文化条件。就物质条件来说，废除死刑需要国家经济高度发达，国家有充裕的财力支持对罪行极其严重的罪犯的长期关押；就文化条件来说，国民应能客观地看待死刑对于预防犯罪的作用，抛弃"杀人偿命"的传统法文化观念，接纳"生命权不可剥夺"的现代文明思想。

---

① 关于国际上死刑存废情况，参见刘仁文主编：《死刑适用与国家治理》，社会科学文献出版社2016年版，第473—486页。

② 林维：《中国死刑七十年：性质、政策及追问》，载《中国法律评论》2019年第5期。

③ 刑法第347条走私、贩卖、运输、制造毒品罪属于我国的"死刑大户"。对这种"没有被害人"的犯罪的死刑配置的正当性，持支持态度的一部分人诉诸19世纪英国将鸦片输入对中国的危害，一部分人诉诸媒体报道的毒品犯罪分子（通过吸毒人员）给吸毒人员和社会带来的危害，这种报道至少在客观上具有煽情效果。但对毒品犯罪的死刑配置的正当性，一向有反对之声。关于这一问题，参见邓永云：《毒品犯罪死刑拷问》，载《云南大学学报》（法学版）2011年第5期。

第六节　罚金

第五十二条　判处罚金，应当根据犯罪情节决定罚金数额。

第五十三条　罚金在判决指定的期限内一次或者分期缴纳。期满不缴纳的，强制缴纳。对于不能全部缴纳罚金的，人民法院在任何时候发现被执行人有可以执行的财产，应当随时追缴。

由于遭遇不能抗拒的灾祸等原因缴纳确实有困难的，经人民法院裁定，可以延期缴纳、酌情减少或者免除。

第52条和第53条构成我国的罚金刑制度，基本内容包括罚金数额的裁量和罚金的缴纳。

罚金刑天然地在富裕犯罪人和贫穷犯罪人之间产生不公平，也会相同案件导致富裕犯罪人和贫穷犯罪人有不同的受刑体验，因而有不同的刑法效果。

我国刑事司法实践面临高罚金适用率和低罚金执行率的尴尬局面。及时修改必并制罚金刑（即刑法分则有关条款中的"并处罚金"），减少罚金刑适用应当是解决罚金刑执行难问题的方案。[1]在司法实践中，罚金刑的适用还存在判决前预缴罚金、判决罚金数额自由裁量过大、单处罚金被滥用等问题。[2]判决前预缴罚金（判决前"预执行"罚金），必然助长法官的有罪预断，妨害法官裁判权的独立行使。判决罚金数额自由裁量过大，是现行罚金刑制度使然，为司法腐败和同案异判留下空间。

我国刑法中的罚金制包括比例罚金制、倍比罚金制、比例兼倍比罚金制、特定数额罚金制和抽象罚金制，根据个罪的具体情况配置罚金刑，使罚金刑适用起来比较灵活。与没收财产刑相比，罚金刑具有优势。

---

[1]　熊谋林：《我国罚金刑司法再认识——基于跨国比较的追踪研究（1945～2011）》，载《清华法学》2013年第5期。
[2]　蔡超、徐丽莉：《罚金刑适用中存在的问题及解决》，载《国家检察官学院学报》2010年第6期。

第七节 剥夺政治权利

第五十四条 剥夺政治权利是剥夺下列权利：

（一）选举权和被选举权；

（二）言论、出版、集会、结社、游行、示威自由的权利；

（三）担任国家机关职务的权利；

（四）担任国有公司、企业、事业单位和人民团体领导职务的权利。

第五十五条 剥夺政治权利的期限，除本法第五十七条规定外，为一年以上五年以下。

判处管制附加剥夺政治权利的，剥夺政治权利的期限与管制的期限相等，同时执行。

第五十六条 对于危害国家安全的犯罪分子应当附加剥夺政治权利；对于故意杀人、强奸、放火、爆炸、投毒、抢劫等严重破坏社会秩序的犯罪分子，可以附加剥夺政治权利。

独立适用剥夺政治权利的，依照本法分则的规定。

第五十七条 对于被判处死刑、无期徒刑的犯罪分子，应当剥夺政治权利终身。

在死刑缓期执行减为有期徒刑或者无期徒刑减为有期徒刑的时候，应当把附加剥夺政治权利的期限改为三年以上十年以下。

第五十八条 附加剥夺政治权利的刑期，从徒刑、拘役执行完毕之日或者从假释之日起计算；剥夺政治权利的效力当然施用于主刑执行期间。

被剥夺政治权利的犯罪分子，在执行期间，应当遵守法律、行政法规和国务院公安部门有关监督管理的规定，服从监督；不得行使本法第五十四条规定的各项权利。

第54条至第58条规定剥夺政治权利之附加刑制度，涵盖剥夺政治权利的内容、期限、附加适用和独立适用、剥夺政治权利对死刑犯、无期徒刑犯的适用、剥夺政治权利的刑期计算、效力和执行。

一、剥夺政治权利的内容

第54条规定的是剥夺政治权利的内容。

我国部分宪法学者高调地将政治权利界定为公民通过各种方式"管理国家"的基本权利，但国外宪法学中存在一个较为低调的定义，即认为政治权利是人们参与政治活动的一切权利和自由的总称。宪法学上所说的政治权利，与政治学或日常政治生活中人们所谈论的政治权利概念不同。宪法上的政治权利在基本权利的谱系中，具有高层级手段的性质。为了确保国家保障其他基本权利，公民有必要通过行使能动的政治权利，参与国家意志之形成或法秩序之创造。政治权利的具体内容和法性质也受制于具体的民主制度形式。①

宪法上的政治权利包括选举权、被选举权和政治表达的自由，以及其他各种政治参与的权利。选举权和被选举权是政治权利的传统类型，也是政治权利的典型形式。但由于政治选举是定期举行的，政治表达的自由，即言论、出版、集会、结社、游行、示威的自由，在现代国家政治生活中日益重要。表达自由也称为"表现自由"，是指人们通过一定的方式将自己内心的精神作用公诸外部的精神活动的自由。由于需要将内心的精神作用或其结果公诸外部，因此表达自由已经超出了思想和良心自由的范畴。表达自由的表现形式多样，具有典型意义的形式是言论、出版、集会、结社、游行、示威的自由。言论和出版自由是表达自由的基本类型，前者是口头表达的自由，后者是以文字表达的自由，二者均以语言形式表达，故概称"言论自由"。除以语言的形式表达外，表达自由还可以通过绘画、影视、音乐等形形色色的方式行使。通过焚烧国旗表达政治意愿的行为，在美国等国被称为"象征性表达"。

言论（出版）除了政治性言论外，还包括商业性言论、学术性言论、艺术性言论、宗教性言论等。由于刑法第54条是对剥夺政治权利的内容所作的规定（解释），其第（二）项"言论、出版、集会、结社、游行、示威自由的权利"中的"言论、出版"，宜作限缩解释，即仅包括政治性言论（出版）。因此，如果处于服刑期间的被剥夺政治权利的罪犯出版自己的美术作品或与政治无涉的学术著作，应是允许的。

集会是指特定的或不特定的多数人在露天公共场所聚集形成一时性的集合体

---

① 林来梵：《从宪法规范到规范宪法——规范宪法学的一种前言》，商务印书馆2017年版，第128—132页。

的活动，结社是指特定的多数人形成具有共同目的的持续性的集合体的活动。二者都是为了实现一定的目的而形成的精神上的结合。集会自由和结社自由理应包括人们相互交流意见、形成群体意志并公之于外的自由，因而是表达自由的特别形式。[1]此外，经济上的结社，如与他人一起依法设立公司，应从剥夺政治权利的剥夺内容中排除。

游行，是指在公共道路、露天公共场所列队行进、表达共同意愿的活动；示威，是指在露天公共场所或者公共道路上以集会、游行、静坐等方式，表达要求、抗议或者支持、声援等共同意愿的活动。[2]游行是动态的集会。示威并不是表达行为的独立类型，而是融入集会或游行之中；集会、游行、示威自由包容了集会、游行、示威过程中的请愿权。

总的来说，在"剥夺政治权利"的统合之下，刑法第54条第2项之"言论、出版、集会、结社、游行和示威的自由的权利"应仅限于政治性表达的自由和权利。即便是被剥夺"政治权利"的犯罪人，也可在法定范围内表示忏悔或提出申诉，这些行为都属于表达行为，通常不属于政治表达行为，部分属于刑事诉讼法上的权利。若不对该项中的表达行为作出限定，其合宪性就会受到质疑。[3]

刑法第54条第3项和第4项，实际上超出了宪法意义上的政治权利的范畴，是对政治权利和被选举权作广义解释的结果。当然也可以说，之所以作出这两项规定，是与前面提及的对"政治权利"的"高调"定义相适应的。

二、剥夺政治权利的宪法规制

选举权和被选举权、以言论自由为核心的表达自由是公民的基本权利，是人在政治社会生存发展的前提，也是道德、法治得以进化的基础。所以，剥夺政治权利应当得到适度控制。宪法的作用和地位决定了剥夺政治权利刑的适用不可欠缺宪法的必要规制。当前域外国家和地区对剥夺政治权力刑的宪法规制，主要是通过罪刑法定入宪、谨慎剥夺公权、合理限制"六权"（言论、出版、集会、结社、游行、示威）、建立合宪审查机制来实现的。[4]在我国，受过剥夺政治权利

① 林来梵：《从宪法规范到规范宪法——规范宪法学的一种前言》，商务印书馆2017年版，第151—152页。
② 《中华人民共和国集会游行示威法》（2009年修订）第2条。
③ 参见林来梵：《从宪法规范到规范宪法——规范宪法学的一种前言》，商务印书馆2017年版，第133—134页。
④ 王志民：《论域外剥夺政治权利刑的宪法规制》，载《湖北师范大学学报》（哲学社会科学版）2018年第3期。

之刑罚处罚，将产生若干非刑法的法律效果。例如，根据《教师法》，受到剥夺政治权利或故意犯罪受到有期徒刑以上刑罚处罚的，不能取得教师资格；已经取得的，其资格随之丧失。根据《注册会计师法》，已取得注册会计师证书之人员，注册后受到刑事处罚（当然包括被剥夺政治权利）的，由准予注册之注册会计师协会撤销注册，收回注册会计师证书。剥夺政治权利的"溢出性使用"既不具有合比例性，也不具有现实的正当性。[①]其立法理由或许仅是教师和注册会计师等职业人员应是社会的守法模范。

第八节　没收财产

第五十九条　没收财产是没收犯罪分子个人所有财产的一部或者全部。没收全部财产的，应当对犯罪分子个人及其扶养的家属保留必需的生活费用。

在判处没收财产的时候，不得没收属于犯罪分子家属所有或者应有的财产。

第六十条　没收财产以前犯罪分子所负的正当债务，需要以没收的财产偿还的，经债权人请求，应当偿还。

第59条至第60条是关于没收财产刑的规定。

没收财产，也称为"一般没收"，是指将犯罪人个人所有财产的一部或全部强制收归国有的刑罚措施。没收财产有没收部分财产和没收全部财产之分。没收财产的范围限于犯罪人个人所有的财产的一部或全部，不包括犯罪人的其他家庭成员或家庭成员以外的人的财产。犯罪人与他人（包括其他家庭成员）共有的财产，在没收时应先析出他人的份额。

当没收财产与犯罪人所负正当债务的债权人的债权实现冲突时，经债权人请求，其债权优先受偿。根据有关司法解释，第60条中犯罪人"所负的正当债务"，在成立时间上限于判决生效前。无论是没收财产的判决生效时间，还是没收财产的执行时间，实际上在很大程度上取决于办案机关的办案进度和效率，具

[①] 李小萍：《剥夺政治权利"溢出性使用"的限度——以〈教师法〉为例》，载《法学杂志》2012年第12期。

有相当的偶然性。所以，有关司法解释的合理性尚可追问。[①]

没收财产是比罚金更重的刑罚，尤其是没收全部财产是财产性刑罚措施中的"死刑"。刑法分则规定的许多严重罪行并处没收财产，而不是并处罚金。因而对没收财产减轻处罚，不宜直接免除处罚，而是改为罚金。[②]

财产权被认为是与生命权、自由权相比肩的基本人权，对财产权的剥夺将对个人的基本人权的享有和实现产生重大影响。没收财产刑不但与私有财产保护之宪法精神、刑法上之适用刑法人人平等原则和罪行均衡原则存在抵触，而且执行起来也有困难。基于财产权的基本人权价值理念的推动等因素，没收财产刑在世界范围内历经了由盛而衰乃至渐渐退出历史舞台之命运。为顺应这一趋势，应当对我国刑法中的没收财产刑进行改革，在完善罚金刑和特殊没收制度等相关配套措施之基础上，取消没收财产刑这一刑种，以使财产刑从名称到内容更加科学合理。[③]

---

① 常杰：《"没收财产以前犯罪分子所负的正当债务"应界定合理时间点》，载《人民检察》2013年第8期。
② 李翔：《论我国刑法中的减轻处罚——兼评修正后〈刑法〉第63条第1款》，载《中国刑事法杂志》2012年第9期。
③ 刘仁文、时方：《论没收财产刑的改革》，载《人民法院报》2020年1月2日，第6版。

第四章 刑罚的具体运用

刑罚的具体运用是指人民法院依法对犯罪分子裁量刑罚（量刑）和在犯罪分子刑罚执行过程中对其刑罚依法进行变更（刑罚变更）的活动。刑罚消灭制度也是刑罚的具体运用制度的一部分。

第一，量刑即刑罚裁量，是人民法院在对犯罪分子定罪的基础上，依法裁量和决定刑罚的活动。量刑对犯罪分子的权益和命运有更直接的影响。在刑事司法中围绕定罪展开的争议，很大程度上是关于量刑的争议，因为对行为的不同定性通常意味着不同的量刑结果。量刑既包括对犯罪分子裁量轻重不等的刑罚，也包括对犯罪分子不实际判处刑罚，还包括所决定的刑罚是否立即执行等内容。因此，免除处罚、免予刑事处罚和缓刑都属于量刑的结果。此外，决定如何数罪并罚也属量刑的内容。

第二，刑罚变更，是指刑罚执行过程中原判刑罚的变更，包括减刑和假释。减刑和假释都应由人民法院依法裁定，因此刑罚变更也属于人民法院的审批活动。减刑是指对判处管制、拘役、有期徒刑和无期徒刑的犯罪分子，在刑罚执行期间，因确有悔改表现或立功表现，而依法适当减轻其原判刑罚的制度。假释是对被判处有期徒刑、无期徒刑的犯罪分子，在执行一定刑期后，因其确有悔改表现，没有再犯罪的危险，而将其附条件提前释放的制度。

第三，刑罚消灭，是指因法定的或事实上的事由，以行为人犯罪行为为基础产生的国家刑罚适用权的消灭。刑罚权消灭实际上是除制刑权以外的国家刑罚权的消灭，即求刑权、量刑权和行刑权的消灭。求刑权即国家司法机关追究犯罪人刑事责任的权力。求刑权是量刑权、行刑权的基础，求刑权消灭意味着量刑权、行刑权也随之消灭。行刑权的消灭意味着国家司法机关不能再执行已判刑罚。

刑罚消灭事由不同于处罚阻却事由，前者针对的行为原本构成犯罪，只是基于该等事由的出现，国家的刑罚适用权消灭；后者针对的行为若不伴随该事由则具有可罚性，由于该行为同时伴有该事由而自始不可罚。如人大代表在人民代表大会各种会议上的发言和表决，不受法律追究。[①]

刑罚消灭事由主要包括：（1）犯罪嫌疑人、被告人死亡，作为被告人的单位被撤销、中止；（2）大赦和特赦；（3）时效；（4）刑罚执行完毕；（5）假释考验期届满；（6）缓刑考验期届满；（7）减刑使未执行的部分刑罚消灭。根据刑罚是否已经被确认，刑罚适用权分为观念上的刑罚适用权和现实的刑罚适用权。前者是指犯罪已经发生但刑罚尚未被确认时的刑罚适用权，后者是刑罚已被确认时的刑罚适用权。由此，在前面所列各项中，前三项既是观念上的刑罚适用权消灭的事由，也是现实的刑罚适用权消灭的事由；后四项是现实的刑罚适用权消灭的事由。[②]

我国刑法和刑事诉讼法特别规定的刑罚消灭事由是追诉时效届满和特赦。刑法上的时效包括追诉时效和行刑时效，前者是指国家司法机关追诉犯罪的有效期限（求刑权的有效期限），后者是指对犯罪人的刑罚确立后执行刑罚的有效期限（行刑权的有效期限）。我国刑法仅规定追诉时效，未规定行刑时效，意味着国家司法机关追究犯罪人刑事责任受法定期限的限制，而执行刑罚不受期限的限制，即刑罚确立后，犯罪分子因法定事由（如减刑、假释）以外的原因未被执行刑罚的，国家在任何时候都有权对其执行未执行的刑罚。

特赦是赦免中的一种。赦免是国家对犯罪分子宣告免予追诉或免除全部或部分刑罚执行的法律制度，分为大赦和特赦两种，前者是指国家对特定时期犯有特定罪行的不特定犯罪人免予追诉和免予执行刑罚的制度，后者是国家对特定或较为特定的犯罪人免除全部或部分刑罚的执行的制度。二者在赦免对象、赦免范围和赦免后可否成立再犯（累犯）等方面存在差别。赦免制度虽然直接产生刑法上的效果，但通常由宪法规定，不由刑法规定，因而不是刑罚制度。国家作出赦免决定主要是出于政治上的考虑，而不是以普通法律为依据。我国1954年宪法同时规定了大赦和特赦，但后来的历部宪法只规定特赦，未规定大赦。特赦由全国人大常委会决定，特赦令由国家主席发布。中华人民共和国成立至今，我国已9次发布特赦令。最近一次是中华人民共和国成立70周年之际的特赦。

[①]　《全国人民代表大会和地方各级人民代表大会代表法》（2015年修正）第21条。
[②]　参见陈兴良主编：《刑法总论精释》（下），人民法院出版社2016第3版，第929—930页。

第一节　量刑

量刑也称刑罚裁量或刑罚量定，存在广义和狭义之分。广义的量刑是指国家审判机关在对犯罪分子的犯罪行为依法定罪的基础上，依法决定对其适用的刑罚的司法活动过程及其决定结果，包括定罪免刑的结果在内。狭义的量刑仅指国家司法机关在对犯罪分子的犯罪行为依法定罪的基础上，依法决定对是否判处刑罚、判处何种刑罚以及是否立即执行刑罚。狭义的量刑仅指量刑结果。

一、量刑的基本原则

量刑的基本原则是指量刑活动应当遵守基本的法理和教义。

关于量刑应遵循什么样的基本原则，学界存在争议。但绝大多数刑法学者和几乎整个刑事司法实务界都将刑法第61条的规定概括为"以事实为根据，以法律为准绳"，并认为这就是我国刑法规定的量刑的基本原则。但正如稍后对刑法第61条的疏议所表明的，学界对其作为量刑"基本原则"的论证存在一定的问题。

结合刑法第四章"刑罚的具体运用"的内容，在此将量刑的基本原则概括为以下三个原则。

（一）罪刑均衡原则

罪刑均衡原则是刑法的基本原则，不但对刑法立法活动具有指导、约束作用，而且对包括量刑在内的刑事司法活动具有规范效力。这个原则强调刑罚应与具体罪行相适应，与犯罪的客观危害性相适应，重罪重刑，轻罪轻刑。这个原则的精神首先隐含在刑法第61条中，当然也隐含在本章关于累犯、自首、坦白、立功、数罪并罚的条款中。

（二）刑罚个别化原则

即对犯罪分子裁量的刑罚，应与犯罪分子的主观恶性和人身危险性相适应，量刑应就犯罪分子个人的人身危险性、再犯罪可能性作具体的经验判断，俾能实现预防犯罪的需要。刑法第61条的规定似乎"对事不对人"，侧重于报应刑，体现报应主义和刑罚正义。但对累犯、自首、坦白、立功的规定，显然是"对人不对事"，体现预防主义和刑罚目的以及刑罚个别化的意涵。刑罚个别化也是罪责刑相适应原则中的"刑"与"责"（犯罪人的主观恶性和人身危险性）相适应的当然要求。

（三）依法量刑原则

这是罪刑法定和刑事法治原则在量刑环节的基本要求。第61条中"依照本法的有关规定判处"是对依法量刑原则的文字提示。

二、相关实务要求

《最高人民法院关于常见犯罪的量刑指导意见》（法发〔2017〕7号）对量刑的指导原则规定了4条：（1）量刑应当以事实为根据，以法律为准绳，根据犯罪的事实、性质、情节和对于社会的危害程度，决定判处的刑罚；（2）量刑既要考虑被告人所犯罪行的轻重，又要考虑被告人应负刑事责任的大小，做到罪责刑相适应，实现惩罚和预防犯罪的目的；（3）量刑应当贯彻宽严相济的刑事政策，做到该宽则宽，当严则严，宽严相济，罚当其罪，确保裁判法律效果和社会效果的统一；（4）量刑要客观、全面把握不同时期不同地区的经济社会发展和治安形势的变化，确保刑法任务的实现，对于同一地区同一时期、案情相似的案件，所判处的刑罚应当基本均衡。第1条是对刑法第61条的重申，其精神实质是强调刑罚应与犯罪的社会危害性相适应，强调惩罚和刑罚正义；第2条在重申第1条的精神的同时，突出刑罚与被告人刑事责任相称的重要性，强调预防和刑罚目的，彰显刑罚个别化的意旨。第3条和第4条是对相关刑事政策的声明。所以，前面对量刑基本原则的归纳与最高审判机关司法文件的要求是一致的。

三、量刑的理论模式

在刑法理论上，量刑问题存在教义学模式和社会学模式之分。按照量刑的教义学模式，法官量刑是以教义学为基底、以规则权威为导向的司法实践，即以法律规范为大前提，以查明的案件事实为小前提展开的逻辑推演。[1]按照量刑的社会学模式，量刑虽然以规范为前提，但还应从后果考察意义上斟酌判断量刑的社会效果，尤其是量刑可能引起的连锁反应，这就需要在量刑过程中引入社会学、伦理学、政治学等的知识，将刑事政策与非规范要素（如婚恋纠纷、邻里矛盾、被害人损失之赔偿、被害人谅解等）纳入量刑判断范围，以得出更符合刑

---

[1]　参见周永坤：《规则权威与政治道德权衡——药家鑫案量刑评与思》，载《甘肃社会科学》2012年第3期。

罚目的或刑事政策目的的量刑结论。[①]德国学者Deckert曾提出量刑时应考量的结果的清单和"寻找规范—判断结果—预测结果—衡量结果—做出抉择"的五步操作规则。[②]量刑的教义学模式更契合罪刑法定原则和刑事法治的精神，在通常情况下，法官以教义学模式按法律条文的规定处理案件都能得心应手。但在法无规定、规定不明确或适用明确的规定不能实现个案正义等场合，量刑的教义学模式将会一筹莫展，不能奏效，这时量刑的社会学模式必然会发挥作用。量刑的社会学模式对疑难案件更能一展身手。在结构日益复杂、功能日益分化、价值日益多元化的社会中，它与实质法治的精神更为契合。但罪刑法定主义作为现代刑法最重要的原则，决定了教义学模式在量刑实践中的基础性、主流性和常规性的地位，社会学模式只能是补充性、非主流、非常规的量刑思维方式。刑事法治要求我国法官在量刑过程中，应立足于教义学的量刑模式。

第六十一条 对于犯罪分子决定刑罚的时候，应当根据犯罪的事实、犯罪的性质、情节和对于社会的危害程度，依照本法的有关规定判处。

一、关于本条的性质问题

对本条的实质性内容，刑法理论界和实务界一致概括为"以事实为根据，以法律为准绳"。但关于本条规定的是量刑根据还是量刑原则的问题，刑法学界存在争论。有学者认为本条规定的是量刑的根据，包括事实根据（犯罪的事实、犯罪的性质、情节和对社会的危害程度）和法律根据（以刑事法律为准绳），而量刑原则是罪行均衡原则。该学者并对作为量刑原则的罪行均衡原则作了特别阐释，认为这里的罪是指责任，但并不意味着量刑时不考虑不法事实。[③]而有学者认为本条规定的是量刑原则。理由是，量刑原则是仅对法院的量刑具有指导、制约作用的准则。罪责刑相适应是刑法的基本原则，其作用和规范效力贯穿刑事立法和刑事司法始终，不仅仅是法院量刑时必须遵守的准则。该学者并将本条规定的量刑原则概括为"以事实为根据，以法律为准绳"。还有学者并未明确判断该

---

① 参见苏青：《我国刑法中社会危害性概念之界定》，载《中国刑事法杂志》2012年第7期；赵秉志、陈志军：《社会危害性理论之当代中国命运》，载《法学家》2011年第6期。
② 参见姜涛：《死缓限制减刑适用中的"民间矛盾"》，载《政治与法律》2015年第4期。
③ 张明楷：《刑法学》（上），法律出版社2016年第5版，第544—553页。

条规定的是量刑根据还是量刑原则，但实际上将本条的内容定性为量刑原则（量刑的均衡化原则），不过除了该原则外，还把"刑罚的具体运用"一章规定量刑情节所体现的原则大致概括为刑罚个别化原则。[1]

大致可以说，认为本条规定的是量刑原则的观点迄今为止是通说。将量刑原则概括、表述为"以事实为根据、以法律为准绳"，刑事司法界和刑法学界耳熟能详。但前段所列第二种学说对这个观点的论证并不令人信服。这一论证至少在形式上将量刑原则与刑法基本原则脱钩，抛弃了罪责刑相适应等刑法基本原则在量刑环节的规范作用。故在此采量刑根据说，认为本条规定的是量刑的根据，是对量刑的法律根据和事实根据的概括性规定。

二、以事实为根据（事实根据）

量刑以事实为根据，即对犯罪分子的量刑，应以其犯罪的事实、犯罪的性质、犯罪的情节和对社会的危害程度为根据。

（一）犯罪的事实

本条中的"犯罪的事实"，是指符合刑法规定的犯罪构成的主客观事实。在刑事司法中查清犯罪事实，是量刑的基础性的、关键性的一步，是以事实为根据的最基本的要求。这里的"犯罪的事实"是狭义的犯罪事实。查清犯罪事实，就是要查清何人在何种主观罪过的支配下对何种法益实施何种危害行为，造成了何种危害结果。

（二）犯罪的性质

何为"犯罪的性质"？有学者认为犯罪的性质即具体犯罪的罪质，犯罪所侵害的法益是影响犯罪性质的主要因素，不同的法益侵害体现不同的犯罪性质。[2]这一观点可以称为"罪质"说。"罪质"说强调犯罪的性质主要由犯罪所侵害的法益决定，侧重于犯罪的客观方面，并不全面。过失致人死亡罪和故意杀人罪侵害的法益一样，但不能说二者的犯罪性质相同或没有实质差异。

有学者认为，确定"犯罪的性质"就是确定"行为人的行为构成什么犯罪"。因为刑法分则"对不同的具体犯罪所确定的法定刑不同，所以确定了犯

---

① 参见陈兴良主编：《刑法总论精释》（下），人民法院出版社2016年第3版，第784—787页。
② 参见陈兴良主编：《刑法总论精释》（下），人民法院出版社2016年第3版，第784—785页。

罪性质就意味着选定了与之相适应的法定刑,从而为适当地量刑提供了必要的条件"。[①]这一观点可以称为"罪名"说。认为犯罪性质是指犯罪构成所表现的犯罪的质的规定性的观点,[②]可以归入"罪名"说,因为如此理解的犯罪的"质的规定性",可以以罪名来揭示。

还有观点认为,"犯罪的罪名并不完全等同于犯罪性质",因为"罪名本身并不能完全地揭示犯罪的性质",如盗窃罪和诈骗罪虽然罪名并不相同,但在犯罪性质上是大致相同的,都是以和平手段侵犯财产的犯罪;对犯罪性质的确定通常需要考虑犯罪所侵害的社会关系(或法益)的性质。[③]这一观点可以称为"不全等"说。考虑到犯罪性质与已然犯罪的法定刑和宣告刑密切相关,"不全等"说的论证并不可取。不错,盗窃和诈骗都是以和平手段侵害财产法益,所侵害的法益的性质都是财产占有,但凭此可以确定一个已然的盗窃行为或诈骗行为的法定刑吗?显然这一观点会将司法者引向错误的方向。

在这三种学说中,从司法实务的角度看,"罪名"说较为可取。

确定犯罪性质的过程,就是将犯罪的基本事实涵摄到罪状(犯罪构成)的过程。大体说来,如果能将犯罪的基本事实涵摄到某一具体的犯罪构成中,就可以该具体犯罪构成所对应的罪名(司法罪名或立法罪名)为该犯罪定性。

(三)犯罪的情节

1. 本条中的犯罪的"情节",是指基本构成事实以外、不具有犯罪构成事实之意义,但与不法和责任密切相关,反映犯罪的不法和责任程度的各种主客观事实情况。

犯罪情节原本包括定罪情节和量刑情节。定罪情节是指将行为定性为犯罪所需要的情节,缺少定罪情节则犯罪(罪名)不成立。量刑情节也称为刑罚裁量情节,是影响行为的法益侵害程度和责任程度,进而决定刑罚轻重的各种主客观事实情况,或者可以说,量刑情节是影响行为的客观危害性和行为人的人身危险性及再犯罪可能性,进而影响到对其是否处刑和处刑轻重的各种主客观事实情况。本条中的犯罪"情节"仅指量刑情节。

2. 从不同的角度,量刑情节有不同的分类。

(1)法定情节和酌定情节

这是以刑法是否明确规定为标准,对量刑情节所作的分类。

---

① 参见高铭暄、马克昌主编:《刑法学》,北京大学出版社、高等教育出版社2017年第8版,第252页。
② 张明楷:《刑法学》(上),法律出版社2016年第5版,第551页。
③ 赵秉志:《论暴力犯罪死刑适用标准的合理确定》,载《人民检察》2013年第23期。

法定情节是刑法明确规定的量刑情节,包括刑法总则规定的量刑情节和刑法分则或其他具体的罪刑关系条款规定的量刑情节。累犯、自首、坦白、立功、犯罪时未成年、犯罪未遂、犯罪中止、犯罪预备、防卫过当、避险过当等是刑法总则规定的量刑情节,对分则或其他分则性条款规定的犯罪的量刑具有普遍适用性。刑法分则或其他具体的罪刑关系条款规定的量刑情节,是指分则性罪刑关系条款规定的量刑情节。由于分则性条款是对具体的罪刑关系的规定,所以分则性条款规定的量刑情节只对该条款规定的犯罪的量刑具有规范效力,并不适用于其他犯罪的量刑。例如,刑法第243条规定了诬告陷害罪。该条第2款规定国家机关工作人员犯该罪的,从重处罚。所以行为人具有国家机关工作人员身份是诬告陷害罪的从重处罚情节。这个情节只对该罪的量刑具有规范作用,对其他罪的量刑则否。

酌定情节也称裁判情节,是刑法未作明文规定,但根据刑事立法精神或刑事政策,在刑事审判经验中总结出来的,在量刑时应酌情考虑的情节,如犯罪人一贯表现、犯罪动机、犯罪对象、犯罪手段、犯罪时的环境和条件、被害人过错、犯罪后悔罪表现等。酌定情节也可分为反映犯罪客观危害的酌定情节和反映犯罪人主观恶性的酌定情节,犯罪对象、犯罪手段、犯罪时的环境和条件、被害人过错属于前者,而犯罪人一贯表现、犯罪动机、悔罪表现属于后者。

在酌定情节中,有的也由司法解释加以整理和明文规定。所以有的学者在法定情节、酌定情节之外,还认为存在司法解释规定的量刑情节。如根据有关司法政策文件,因婚姻家庭、邻里纠纷等民间矛盾激化引发的故意杀人犯罪,适用死刑时一定要十分慎重,应与发生在社会上的严重危害社会治安的其他故意杀人犯罪案件有所区别。[①]

(2)从宽情节和从严情节

这是以量刑情节对犯罪人的量刑发生作用的方向为标准对量刑情节的分类。

从宽情节是审判人员在量刑时应考虑的,可能对犯罪人产生有利影响,使其被判处较轻刑罚或免除刑罚的各种事实情况,如自首、坦白、立功、防卫过当、避险过当、犯罪未遂等情节。根据从宽幅度的大小,从宽情节可分为从轻处罚情节、减轻处罚情节和免除处罚情节。

从严情节是审判人员在量刑时应考虑的,可能对犯罪人产生不利影响,使其被判处较重刑罚的各种事实情况,如累犯(再犯)、教唆未成年人犯罪等。

---

① 最高人民法院《全国法院维护农村稳定刑事审判工作座谈会纪要》。

（3）可以型情节和应当型情节

这是根据审判人员对适用与否有无裁量余地而对量刑情节所作的分类。

可以型情节也称柔性情节，是指法官在量刑时可以裁量是否适用的量刑情节。酌定情节都是可以型情节。法定的可以型情节，通常的表述方式是"……可以从轻（减轻或免除）处罚"。"可以"表示一种倾向性，即通常情形下审判人员就从轻（减轻或免除）处罚，但根据案件的具体情况，根据罪责刑相适应原则，审判人员也可以不从轻（减轻或免除）处罚。例如，对自首的犯罪人，可以从轻或减轻处罚；其中，犯罪较轻的，可以免除处罚。因此，自首属于可以量刑情节，但司法实践中存在对自首的犯罪人判处死刑的案例。

应当型情节也称刚性情节，是指审判人员对是否适用并无裁量余地的量刑情节。法定的应当型情节通常的表述方式是"……应当从轻（减轻或免除，从重）处罚"。如对犯罪中止，"没有造成损害的，应当免除处罚；造成损害的，应当减轻处罚"。因此，审判人员对没有造成损害的中止犯，对免除处罚并无裁量的余地，即必须免除处罚；对造成损害的中止犯，审判人员对"减轻"处罚并无裁量的余地，即必须减轻处罚，但减轻处罚的程度应视具体案情而定，存在裁量的空间。

（4）反映犯罪社会危害性的量刑情节和反映犯罪人人身危险性的量刑情节

这是以情节与社会危害性、人身危险性的关系的不同为标准对量刑情节的分类。

反映犯罪的社会危害性（法益侵害性）的量刑情节，是指能够体现犯罪的社会危害性，进而影响或决定报应刑的各种事实情况，如犯罪手段、危害结果、犯罪的特定环境。反映犯罪人人身危险性的量刑情节，是指能够说明犯罪人再犯可能性大小，进而影响或决定预防刑的各种事实情况，如犯罪人一贯表现、犯罪动机、自首、悔罪表现等。

报应刑即与报应相当的刑罚（责任刑）；与之相对的是预防刑，即与预防犯罪的需要相适应的刑罚。报应的正当性和预防犯罪之目的的合理性二者的结合就是刑罚正当化的根据。但二者常常不一致，处理的办法应坚持对预防目的的追求不超出责任刑的原则。[①]

3. 其他分类。

（1）罪前情节、罪中情节和罪后情节

罪前情节是指犯罪发生前既已存在，足以反映行为人人身危险程度，进而影

---

① 张明楷：《刑法学》（上），法律出版社2016年第5版，第544—546页。

响量刑的各种事实情况，如前科、一贯表现等。罪中情节是指犯罪基本事实以外的，犯罪过程中出现的可能影响量刑的各种事实情况，如犯罪未遂、防卫过当、犯罪时未成年等。罪后情节是指犯罪行为终了后，犯罪人对已然犯罪所持的态度，如自首、坦白。财产犯罪终了后返还赃物的行为可能反映犯罪人的悔罪态度。

（2）多功能情节和单功能情节

这是根据功能的单复数对法定量刑情节所作的分类。单功能情节也称功能确定情节，是指对量刑的影响只具有一种可能性的法定量刑情节。在我国刑法中，从严情节对量刑的影响只有从重处罚一种可能性，所以从严情节都是单功能情节。多功能情节也称功能不确定情节，是指对量刑的影响有多种可能性的情节。我国刑法明文规定的从宽情节都是多功能情节。例如，犯罪时不满十八周岁的，应当从轻或减轻处罚。所以，犯罪时未成年是多功能量刑情节，对量刑的影响具有两种可能性：应当从轻处罚和应当减轻处罚。在具体案件中，它实际发挥哪一种量刑功能由法官依案情具体裁量。

4. 量刑时的禁止重复评价原则。

刑法领域内基于正义和人权保障的禁止重复评价原则，在量刑环节的要求包括：定罪情节不能再用作量刑情节；影响法定刑幅度选择的量刑情节不能再作为影响选定的法定刑幅度内的刑种、刑度选择的量刑情节；若具有两个影响法定刑幅度选择的情节，可将一个用作影响法定刑幅度选择的情节，另一个用作影响法定刑幅度内刑种、刑度选择的情节。

（四）对于社会的危害程度

本条中犯罪"对于社会的危害程度"，是指根据犯罪的事实、犯罪的性质和犯罪的情节综合评价出来的犯罪对社会的危害程度。犯罪的本质是法益侵害，犯罪对社会的危害程度不可能脱离犯罪的事实、犯罪的性质、情节孤立地评价。只有基于这些因素，才能得到犯罪人罪轻罪重的准确结论。

二、以法律为准绳（法律根据）

正确认定犯罪的事实、犯罪的性质、情节和对社会的危害程度，仅是解决了量刑的事实根据问题，量刑还需要根据刑法的规定来进行，即"依照本法的有关规定判处"。大致说来，量刑应接受刑法基本原则的指导和约束；要按照刑法规定的适用对象、适用条件、适用方式运用各种刑罚方法；为具体犯罪在分则条款中选择适当的法定刑，并依照刑法规定裁量刑罚；要根据刑法的规定正确适用各量刑情节裁量刑罚；要正确运用数罪并罚、缓刑等刑罚裁量制度。

第六十二条 犯罪分子具有本法规定的从重处罚、从轻处罚情节的，应当在法定刑的限度以内判处刑罚。

本条是关于从重处罚、从轻处罚的规定。

一、本条的含义

从重处罚，即在法定刑（法定量刑幅度）的范围内，对犯罪人适用相对较重的刑种或相对较长的刑期；从轻处罚，即在法定刑（法定量刑幅度）的范围内，对犯罪人适用相对较轻的刑种或相对较短的刑期。法定刑幅度是指刑法分则条款或其他罪行关系条款对具体犯罪所规定的量刑标准，包括刑罚种类（刑种）和各刑种对犯罪的惩罚程度（刑度）。较重、较轻，是指与没有该从重处罚或从轻处罚情节时的处刑相比，处刑较重或较轻。

无论是从重处罚还是从轻处罚，都是在法定量刑幅度内裁量刑罚。在法定量刑幅度的最低刑以下裁量刑罚的，是减轻处罚，而不是从轻处罚；在法定量刑幅度的最高刑以上裁量刑罚的，是加重处罚，而不是从重处罚。我国刑法中并未规定加重处罚情节。数罪并罚中的限制加重原则是另一回事。

二、"法定刑"是指什么

在通常意义上，法定刑是指刑法分则条文或其他分则性罪行关系条款对具体犯罪所配置的刑种和刑罚幅度（刑度）。如刑法第232条对故意杀人罪的刑罚配置，通常情形下是死刑、无期徒刑、十年以上有期徒刑，情节较轻情形下是三年以上十年以下有期徒刑。但在量刑制度的语境中，这样理解"法定刑"可能不当。

对量刑制度语境中的"法定刑"，学界存在"罪名说""罪行说"和"刑格说"的分歧。（1）根据"罪名说"，应以罪名为基础来确定量刑规则中的"法定刑"，无论一个罪名配置几个法定刑幅度，各法定刑幅度所组成的整体就是该罪名的法定刑。"罪名说"认为法定刑系针对整个罪名而设定，是抽象的，而不是针对具体罪行的，表征立法者对该类犯罪总的否定态度和评价。（2）根据"罪行说"，法定刑应针对具体罪行设定，"在某一罪名的法定刑分设几个刑罚档次的场合，这些不同层次的刑罚幅度，分别是针对危害后果、犯罪情节、犯罪数额等表明社会危害程度不同的犯罪行为而设立的，因而是具体的。对任何一个具体的犯罪行为而言，只有该行为所该当的具体刑罚幅度才是它的法定刑，而不可能是整个罪名的刑罚幅度"。[1]该说支持者还认为，对法定量刑幅度的界定不应当再做细化，不应将组成一个法定量刑幅度的数种不同刑种曲解为数个不同的法定量刑幅度。[2]（3）"刑格说"更为精细地界定"法定刑"概念。该说考察我国刑法分则对各具体罪名不同量刑档次的法定最低刑的设置的考察，认为我国刑法分则中共有11种法定最低刑设置，依次为死刑、无期徒刑、10年有期徒刑、7年有期徒刑、5年有期徒刑、3年有期徒刑、2年有期徒刑、6个月有期徒刑、拘役、管制和附加刑。这11种法定最低刑就形成了11个罪刑等级，每个刑罚等级之间所形成的落差即为刑格。[3]根据"刑格说"，在刑法规定若干不同刑格之情况下，一个罪行的法定刑内可能包含若干刑格，这时应当以某一犯罪行为具体应当适用的刑格为基础考虑量刑情节。[4]"刑格说"将罪行与刑罚的对应关系进一步精细化，强调更加精细地确定具体的实然犯罪的法定刑，确保宣告刑与犯罪人的罪责相适应。

在刑罚裁量语境中，尤其是在本条和第63条的语境中考察以上三种学说，"罪名说"显然失之粗疏，只有在刑法对某一具体罪名仅配置一个法定刑幅度的情况下才可适用，但这种情形在刑法分则中极为少见。"刑格说"基于对刑法分则中对各种具体罪行配置的法定最低刑的总结，体现了学者贯彻罪责刑相适应原则的良苦用心，但我国刑法并未规定刑格制度，在刑法分则对某一罪行配置的法定刑幅度较大的情况下，要从中区分出若干个刑格，并无法律根据，也不便适用。相对而言，"罪行说"较为可取，同时它在不同程度上避免了"罪名说"和"刑格说"的上述弊端。

---

[1] 程宗璋：《浅谈量刑情节与法定刑——兼与吴学斌、王声同志商榷》，载《青海民族学院学报》2001年第1期。

[2] 王志祥、袁宏山：《减轻处罚制度立法再完善之探讨——以〈中华人民共和国刑法修正案（八）〉为分析样本》，载《法商研究》2012年第1期。

[3] 姜冬：《试论减轻处罚的幅度》，载《律师世界》2003年第1期。

[4] 赵秉志主编：《中国疑难刑事名案法理研究》（第三卷），北京大学出版社2008年版，第404页。

2011年《刑法修正案（八）》在刑法第63条第1款末尾添加"本法规定有数个量刑幅度的，应当在法定量刑幅度的下一个量刑幅度内判处刑罚"，实际上就是采纳了"罪行说"。"法定量刑幅度"即与犯罪人具体的已然犯罪相对应的那一个量刑幅度。对刑法溯及力语境中的处"刑"较轻和追诉时效语境中的"法定最高刑"的解释，也应采纳"罪行说"。①

第六十三条 犯罪分子具有本法规定的减轻处罚情节的，应当在法定刑以下判处刑罚；本法规定有数个量刑幅度的，应当在法定量刑幅度的下一个量刑幅度内判处刑罚。

犯罪分子虽然不具有本法规定的减轻处罚情节，但是根据案件的特殊情况，经最高人民法院核准，也可以在法定刑以下判处刑罚。

本条是关于减轻处罚的规定。

根据本条的规定，减轻处罚分为普通减轻处罚和特别减轻处罚。

一、普通减轻处罚

普通减轻处罚是通常意义上的减轻处罚，是指犯罪分子具有刑法明确规定的减轻处罚情节时，在法定量刑幅度的最低刑以下判处刑罚。这里的"在法定量刑幅度的最低刑以下判处刑罚"，并不包括判处该法定量刑幅度的最低刑，否则就会出现减轻处罚与从轻处罚发生交叉的情况。②普通减轻处罚分为两种情况：（1）单一量刑幅度情形下的减轻处罚。当刑法对某一犯罪只配置一个量刑幅度时，减轻处罚就是在该量刑幅度的最低刑以下判处刑罚。（2）多个量刑幅度情形下的减轻处罚。当刑法对某一犯罪配置两个以上法定量刑幅度时，减轻处罚是指在与具体犯罪相对应的量刑幅度的下一个量刑幅度内判处刑罚。"下一个量刑幅度"是指较轻的一个量刑幅度，未必与罪刑条款中法定刑幅度文面排列顺序一致。

---

① 参见最高人民法院《关于适用刑法第十二条几个问题的解释》（法释〔1997〕12号）第1条、第2条。
② 由此也说明，刑法第99条规定的"本法所称……以下……包括本数"是不周延的。

二、特别减轻处罚

刑法第63条第2款规定的是特别减轻处罚（也称破格减轻处罚、酌定减轻处罚）制度。酌定减轻处罚制度虽有刑法的原则性规定，但该规定对酌定减轻处罚事由的内涵和外延的界定却付诸阙如，仅以"根据案件的特殊情况"之模糊语加以概括，在程序上辅以报最高审判机关核准之限制。案件的"特殊情况"，最高审判机关最初根据司法经验，认为一般是指案件的处理具有特殊性，"涉及政治、外交、统战、民族、宗教等国家利益的特殊需要"。[①]根据2004年全国人大法工委就冯某受贿案给最高人民法院的答复，酌定减轻处罚主要系针对涉及国防、外交、民族、宗教等极个别特殊案件的需要，排除了对一般刑事案件的适用。[②]这两个解释的精神大致一致，但其中潜藏着对刑事法治、罪刑法定和刑法面前人人平等原则的威胁。因此，基于法益保护主义和责任主义的立场，可以认为，酌定减轻处罚制度中案件的特殊情况，是指刑法未明确规定的，能够表明行为对法益的客观侵害减轻或行为人的人身危险性、再犯可能性减轻而在量刑时综观全案应减轻处罚的情况，主要是指根据案情在法定量刑幅度内确定宣告刑明显不符合罪刑均衡原则、显示公平的情况。[③]

有学者以"北大法意法院案例库"为基础，就刑法第63条第2款规定的酌定减轻处罚制度，共收集2000—2014年间上报最高人民法院审核的特殊减轻处罚案件30件进行研究。结果发现，这些案件所涉罪名较为集中：故意伤害罪10件，走私犯罪8件，盗窃罪2件，非法买卖爆炸物罪2件，非法行医罪2件，这5类犯罪的案件约占样本的80%，其他犯罪约占样本的20%。减轻处罚的理由主要集中在以下几类：（1）被害人有过错或对结果的发生具有实质上的因果关系；（2）犯罪人主观恶性较小；（3）犯罪发生在亲属之间；（4）对法益无实质性损害；（5）其他理由。该研究认为，对于作为特殊减轻处罚事由的"特殊情况"的理解，各级法院、当事人之间存在较大差异。对酌定减轻处罚的幅度，有在法定量

---

① 《刑事审判参考》（总第18集），法律出版社2001年版，第6页。
② 最高人民法院审判监督庭：《最后的裁判》，中国长安出版社2007年版，第15页。
③ 阮齐林教授将案件的特殊情况概括为两类：一是"根据案情在法定刑范围内判刑明显不符合罪刑相适应原则、显示公平的"，二是"案件的处理具有特殊性，一般是指涉及政治、外交、统战、民族、宗教等国家利益的特殊需要"。参见阮齐林：《刑法学》，中国政法大学出版社2011年第3版，第271—272页。

刑幅度的下二个法定刑幅度内选择宣告刑的（占样本的30%），[1]也有在法定量刑幅度的下一个量刑幅度内选择宣告刑的（占样本的60%），也有免予刑事处罚的。[2]

实际上，酌定减轻处罚的事由，除了表明犯罪的法益侵害减轻、行为人人身危险性、再犯可能性减轻的上述客观情况外，还包括案外有关未成年人重大权益保护等因素。[3]最高人民法院有关法官指出："案件是否具有法定刑以下判处刑罚的特殊情况，通常并不取决于某一个情节，而是多个情节综合认定的结果。"[4]

第六十四条 犯罪分子违法所得的一切财物，应当予以追缴或者责令退赔；对被害人的合法财产，应当及时返还；违禁品和供犯罪所用的本人财物，应当予以没收。没收的财物和罚金，一律上缴国库，不得挪用和自行处理。

本条是关于特殊没收、追缴、退赔的规定。

一、特殊没收的性质和范围

本条规定的没收，理论上称为特殊没收，是指对犯罪分子用于犯罪的本人财物、违法所得和违禁品的没收。

用于犯罪的本人财物，就是犯罪工具。但对犯罪工具应作广义的理解，凡是犯罪分子使用来促进危害结果或法不允许的危险之发生的物，包括特定物和种类物，都是犯罪的工具。例如甲雇乙杀人，事前交给乙现金5万元，还以自己的名义办了一张借记卡并存入50万元交给乙，许诺事成后再告诉乙密码。现金、借记

---

[1] 该项研究所收集的案例时间范围是2000—2014年，而现行刑法第63条第1款后半段"本法规定有数个量刑幅度的，应当在法定量刑幅度的下一个量刑幅度内判处刑罚"是2011年《刑法修正案（八）》增补的。

[2] 刘凌梅：《特殊减轻制度的司法适用及规范改进》，载《法律适用》2016年第7期。

[3] 参见"王海旺非法经营案"（最高人民法院指导案例第1237号），载《刑事审判参考》总第113集，法律出版社2019年版，第10—15页。本案中，王海旺非法经营假冒注册商标的伪劣卷烟金额达37万余元，情节特别严重，构成非法经营罪，依法应判处五年有期徒刑以上刑罚。鉴于被告人非法经营的卷烟尚未售出，认罪悔罪，系女儿骨髓移植手术的优选供髓者，没有再犯罪的危险，所居住社区具备矫正管理条件，对其可在法定刑以下判处刑罚并宣告缓刑。最高人民法院因而依据刑法第63条第2款等条款的规定，核准北京市第二中级人民法院以非法经营罪判处被告人王海旺有期徒刑三年，缓刑三年，并处罚金人民币3万元的刑事判决。

[4] "王海旺非法经营案"（最高人民法院指导案例第1237号），载《刑事审判参考》总第113集（第10—15页），法律出版社2019年版，第14页。

卡和其中的50万元应被认为是甲用于犯罪的工具，就危害结果的发出而言，它们对乙起到了心理上的激励作用。被用于犯罪的善意第三人的财物，不得没收，而应返还。

犯罪所得即"犯罪分子违法所得的一切财物"，涵盖犯罪收益、犯罪报酬和犯罪所生之物。在性质上，没收犯罪所得类似于强制返还不当得利，不能单一归入刑罚或保安处分。在适用没收犯罪所得时，应兼采绝对没收、全面没收、总额没收和人道主义之原则。在共同犯罪中，应当区分各共犯人在责任意义上的犯罪所得和没收意义上的犯罪所得。在过失犯罪中也可能存在需要没收之犯罪所得。针对第三人之没收则应视其是否为善意第三人而论。没收犯罪所得不宜规定时效。[①]（3）违禁品是本身具有危害性，因而禁止私人持有的物品。

《刑事诉讼法》（全国人大常委会2012年第二次修正、2018年第三次修正）第五编第四章以4个条文（第298条至第301条）规定"犯罪嫌疑人、被告人逃匿、死亡案件违法所得的没收程序"，规定对贪污贿赂犯罪、恐怖活动犯罪等重大犯罪案件，犯罪嫌疑人、被告人逃匿，在通缉一年后不能到案，或者犯罪嫌疑人、被告人死亡，依照刑法规定应当追缴其违法所得及其他涉案财产的，人民检察院可以向人民法院提出没收违法所得的申请。判决前没收财产的程序设置遭遇正当性质疑，即它涉嫌违反刑事程序法上的无罪推定原则。不过，与该程序设立前办案机关在判决前直接没收犯罪嫌疑人、被告人有关财物或将有关财物返还"被害人"相比，判决前财产没收程序的设置毕竟使没收违法所得的行为处于司法审查之下，具有积极意义。

二、刑事特别没收之性质

对本条规定的特别没收的性质，刑法理论界存在争议。有学者认为，特别没收是刑法上对物的强制处分措施，源自不法行为造成的客观事实，与犯罪人人身危险性无关，效力可及于案外人。在共同犯罪中，各共犯人应当以实际获得违法所得之数额作为负担义务的范围。"财物"应当扩大解释为物质性利益；"追缴"和"责令退赔"乃程序性强制措施，针对的对象不同，而"没收"和"返还"则是最终处分措施。[②]

---

① 万志鹏：《论犯罪所得之没收》，载《法商研究》2018年第3期。
② 尹振国、方明：《我国刑事特别没收手段的反思与重构——兼论〈刑法〉第64条的完善》，载《法律适用》2019年第5期。

但也有学者认为，本条是我国关于特殊没收的规定，其性质是区别于刑罚和保安处分的"独立法律效果"，没收"供犯罪所用的本人财物"实质上是国家出于维护公共利益和禁止财产权滥用之刑事政策而作的干预处分。特殊没收的适用不以犯罪成立为必要，也不以犯罪分子本人为前提；在没收范围上应当遵循从"事实"到"价值"的考察顺序，先通过法益侵害性、犯罪关联程度等事实要素的选取确定犯罪物品之射程范围，再通过预防犯罪目的及财产保护理念等价值要素判断是否有没收必要。①

第二节　累犯

第六十五条　被判处有期徒刑以上刑罚的犯罪分子，刑罚执行完毕或者赦免以后，在五年以内再犯应当判处有期徒刑以上刑罚之罪的，是累犯，应当从重处罚，但是过失犯罪和不满十八周岁的人犯罪的除外。

前款规定的期限，对于被假释的犯罪分子，从假释期满之日起计算。

本条是关于一般累犯的规定。

累犯是指受过一定刑罚处罚之故意犯罪的犯罪人，在刑罚执行完毕或赦免以后一定期间内再犯应当判处一定刑罚之故意犯罪的情形（recidivism）或犯罪人（recidivist）。累犯原本经历过刑罚处罚，有过刑罚体验，但在刑罚执行完毕或赦免以后一定期间内又犯应当判处一定刑罚的故意犯罪，说明其刑罚体验并未达到对他进行改造的效果，其主观恶性深，人身危险性大，从预防犯罪的刑罚目的看，应对其特别予以关注，赋予累犯情节在量刑和行刑方面的特别效果。

一、一般累犯的成立条件

（一）主体条件

主体只能是自然人。这是因为，累犯的成立要求前罪是被判处有期徒刑以上刑罚之罪，而对单位犯罪只能判处罚金，不可能判处有期徒刑以上刑罚（或其他自由刑）。故单位犯罪不成立累犯。

---

① 金燚：《"特殊没收"的理论反思与司法适用——以"供犯罪所用的本人财物"之没收为视角》，载《东北大学学报》（社会科学版）2019年第1期。

（二）前罪的刑罚条件

前罪必须是被判处有期徒刑以上刑罚之罪。有期徒刑以上刑罚包括有期徒刑、无期徒刑和死刑。被判处无期徒刑或死刑缓期二年执行的犯罪分子在刑罚执行完毕或赦免以后再犯罪，也有成立一般累犯的可能。被判处死刑（立即执行）的犯罪分子，在执行死刑前故意犯应判处有期徒刑以上刑罚之罪的，应数罪并罚。

（三）后罪的刑罚条件

后罪是应当判处有期徒刑以上刑罚之罪。"有期徒刑以上刑罚"指的是被判处有期徒刑以上刑罚的宣告刑，而非后罪的法定刑包括有期徒刑以上刑罚。

（四）前罪、后罪的罪过条件

前罪和后罪都是故意犯罪。前罪和后罪中只要有一个是过失犯罪，累犯就不成立。

（五）后罪与前罪之间的时间间隔条件

后罪发生在前罪的刑罚执行完毕或赦免以后五年之内。这意味着，虽然前罪被判处有期徒刑并缓刑的，无论是在缓刑考验期内犯罪，还是缓刑考验期满后犯罪，都不成立一般累犯，因为并不存在前罪"刑罚执行完毕（或赦免）"的问题。对前一种情形，应依法撤销缓刑，数罪并罚；对后一种情形，前罪已经受到刑罚的追究，只需对后罪依法定罪量刑。但后一种情形下的犯罪人属于有前科的犯罪分子。成年犯罪人的前科犯罪是故意犯罪且前科犯罪时已满18周岁的，在量刑时应综合考虑前科的性质、时间间隔长短、次数、处罚轻重等情况，可以增加基准刑的百分之十以下。[①]

刑罚执行完毕，是指主刑执行完毕，不包括附加刑执行完毕。理由是，附加刑执行完毕的时间受司法机关的决定、执行效率、犯罪人自身情况影响，具有相当程度的不确定性。如罚金的执行受犯罪人经济状况的影响。经济状况好的，判决生效后很快就可执行完毕；经济状况差的，判决生效后也许要若干年才能执行完毕。若累犯的成立期间从罚金刑执行完毕开始计算，实际上是使累犯的成立与犯罪人的经济条件挂钩，殊为不当。

此外，前罪"刑罚执行完毕"，应坚持客观形式判断，以犯罪人再次犯罪之前生效判决确定的刑罚是否已经执行完毕作为认定累犯的根据。前罪刑罚执行完

[①] 《最高人民法院关于常见犯罪的量刑指导意见》。

毕后，再审改判更长的刑期或更重的刑种，导致根据再审判决计算已刑释人员仍应处于服刑期，其在释放后五年内又犯应当判处有期徒刑以上刑罚的，仍构成累犯。但前罪（行为）再审改判为拘役、管制或无罪的，不成立累犯。

（六）犯罪时的年龄条件

犯罪分子犯前罪时必须年满18周岁。犯前罪时已满18周岁，犯后罪时当然已满18周岁。作这种规定是我国未成年人教育为主、惩罚为辅的"教育、感化、挽救"刑事政策所决定的。若将"不满十八周岁的人犯罪"理解为犯前罪时和犯后罪时都不满18周岁，刑罚第65条就会丧失其对未成年犯罪人予以特别对待的积极意义和应有价值，因为司法实践中未成年人前罪的刑罚执行完毕或赦免以后、18周岁以前犯后罪的情形极其罕见，这样理解就使得"除外"范围过于狭窄。[①]由于"除外"规定将"不满十八周岁的人犯罪"与"过失犯罪"并列，对"不满十八周岁的人犯罪"的理解，应遵循与理解"过失犯罪"同样的逻辑构造：前罪和后罪中有一罪是过失犯罪的，不构成累犯，因此，犯前罪时和犯后罪时有一"时"犯罪人不满18周岁的，不构成累犯。

二、前罪的犯罪行为跨越 18 周岁前后的情况下，如何认定累犯

根据《最高人民法院关于审理未成年人刑事案件具体应用法律若干问题的解释》（法释〔2006〕1号）第12条的规定，行为人在达到法定刑事责任年龄前后均实施了犯罪行为，只能依法追究其达到法定刑事责任年龄后实施的犯罪行为的刑事责任。行为人在年满十八周岁前后实施了不同种犯罪行为，对其年满十八周岁以前实施的犯罪应当依法从轻或者减轻处罚。行为人在年满十八周岁前后实施了同种犯罪行为，在量刑时应当考虑对年满十八周岁以前实施的犯罪，适当给予从轻或者减轻处罚。该条体现的精神是：犯罪行为跨法定刑事责任能力前后、十八周岁前后的，并不因在法定刑事责任年龄前、十八周岁前实施了部分犯罪行为，就认为是无刑事责任能力者犯罪或不满十八周岁的人犯罪，而应区别不同情况，具体认定。对于前罪的犯罪行为跨越18周岁前后的情形下的累犯的认定，也应循此思路。

行为人年满十八周岁前实施的行为单独评价构成犯罪，但年满18周岁后实施

---

① 参见董文辉：《累犯制度修正内容之解读》，载《贵州警官职业技术学院学报》2011年第4期。

的行为单独评价不构成犯罪的，应认定为"不满十八周岁的人犯罪"，即使后罪属于应判处有期徒刑以上刑罚的故意犯罪且是发生在前罪的刑罚执行完毕或赦免后五年以内，与不能认定为累犯。

行为人年满十八周岁前实施的行为与年满十八周岁后实施的行为综合评价构成犯罪，但年满十八周岁后实施的行为单独评价不构成犯罪的，由于行为人年满十八周岁后实施的行为不具有独立性，将行为的这一部分剔除后并不成立犯罪，应认定为"未满十八周岁的人犯罪"，故不构成累犯。

在行为人成年后实施的行为单独评价构成犯罪情况下，如行为人成年前后实施的是异种数罪，成年后实施的行为的定罪、量刑具有独立性，如果属于应被判处有期徒刑以上刑罚，行为人在刑罚执行完毕或赦免以后，五年内再犯应当判处有期徒刑以上刑罚之故意犯罪的，无疑成立累犯。

在行为人成年后实施的行为单独评价构成犯罪情况下，如行为人成年前后实施的是同种数罪，所有罪行按一罪处理，只有一个宣告刑，对各同种罪不存在独立的刑罚裁量。对行为人判处的刑罚，是综合考虑了数个同种罪和所有量刑情节的结果。若单独考察行为人成年后实施的犯罪，其应判处有期徒刑以上刑罚的，在后罪是应当判处有期徒刑以上刑罚且发生在前罪的刑罚执行完毕或赦免以后五年以内的故意犯罪的情况下，成立累犯。

行为人前罪行为跨越十八周岁前后，跨越十八周岁前后的行为无论构成同种数罪还是异种数罪，在是否构成累犯的评价上不应有实质的不同。

三、关于前罪"被判处有期徒刑以上刑罚"和后罪"应当判处有期徒刑以上刑罚"

（一）关于前罪"被判处有期徒刑以上刑罚"

前罪"被判处有期徒刑以上刑罚"，在前罪是成年人实施的单纯的一罪的情况下，当然是指生效裁判明确地对该单纯的一罪判处有期徒刑以上刑罚。该有期徒刑以上刑罚是指宣告刑，当然是绝对确定的。根据犯罪的不同情况，其范围包括有期徒刑、无期徒刑和死刑缓期二年执行。

但如前所述，在前罪行为跨越十八周岁前后的情况下，十八周岁以后实施的行为未必被独立评价为犯罪，也未必单独地被科处刑罚。这时前罪是否"被判处有期徒刑以上刑罚"不能只看生效判决中有无专门针对行为人成年后实施的行为的判项，而要根据刑法的规定和最高人民法院有关量刑指导意见作出判断。

（二）关于后罪"应当被判处有期徒刑以上刑罚"

后罪"应当判处有期徒刑以上刑罚"，是指在不考虑累犯情节的情况下，对后罪应当判处有期徒刑以上刑罚。若在"应当判处有期徒刑以上刑罚"中考虑累犯情节，因为累犯的良性效果之一是从重处罚，则等于对同一犯罪行为适用了两次累犯情节，这违反了刑法理论上的禁止重复评价原则。

"应当判处有期徒刑以上刑罚"，未必意味着行为人实际地被判处有期徒刑以上刑罚，因为实际量刑还要考虑立功、自首等情节。

四、累犯的刑法效果

累犯作为法定情节，产生的效果包括：

（一）从重处罚

从重处罚，是指相对于无累犯情节而言的从重处罚。根据《最高人民法院关于常见犯罪的量刑指导意见》（法发〔2017〕7号），对于累犯，应当综合考虑前后罪的性质、刑罚执行完毕或赦免以后至再犯罪时间的长短以及前后罪罪行轻重等情况，增加基准刑的10%—40%，一般不少于3个月。

（二）不得缓刑

累犯的成立，表明犯罪人主观恶性深，人身危险性大，因而不符合适用缓刑的主观条件。

（三）不得假释

刑法只能根据犯罪分子过去的罪前情节和改造中的表现来判断假释后是否有危害社会的风险。累犯在我国刑法规定的从重情节中排在首位。累犯所体现的严重的人身危险性和再犯可能性，使得刑法将其归于不得假释的情形之一。

累犯在服刑期间，符合减刑条件的，仍可减刑。减刑只需具备确有悔改表现或立功表现的实质条件。减刑的实质根据是罪犯服刑期间的表现。

第六十六条　危害国家安全犯罪、恐怖活动犯罪、黑社会性质的组织犯罪的犯罪分子，在刑罚执行完毕或者赦免以后，在任何时候再犯上述任一类罪的，都以累犯论处。

本条是关于特别累犯的规定。

一、特别累犯的构成要件

（一）前罪、后罪的罪质犯围

前罪和后罪都属于危害国家安全犯罪、恐怖活动犯罪或黑社会性质组织犯罪。这是指前罪和后罪都属于"危害国家安全犯罪、恐怖活动犯罪、黑社会性质组织犯罪"这个大范围，而不是指前罪和后罪都应属于这三大类犯罪中的某一犯罪，如前罪和后罪都属于危害国家安全犯罪。相反，前罪是危害国家安全犯罪，后罪是同类犯罪，或恐怖活动犯罪，或黑社会性质组织犯罪的，都可成立特别累犯。

危害国家安全犯罪是指刑法分则第一章规定的各种犯罪，涵盖12个具体罪名，行为危害国家安全和主观方面为故意是这类犯罪的共同特征。

关于"恐怖活动犯罪"，至少存在两种理解。一是认为恐怖活动犯罪是指"个人或单位基于意识形态方面的政治目的，针对不特定对象或某些具有政治、民族、宗教等象征意义的特定对象，以足以引起极大的社会恐慌的手段实施的危害行为"。[①]二是认为"恐怖活动犯罪"就是恐怖活动组织实施的各种犯罪。[②]但在2015年《反恐怖主义法》颁行后，对这一概念的理解应向该法靠拢。根据《反恐怖主义法》（全国人大常委会2015年通过，2018年修正）第3条，恐怖主义是指通过暴力、破坏、恐吓等手段，制造社会恐慌、危害公共安全、侵犯人身财产，或者胁迫国家机关、国际组织，以实现其政治、意识形态等目的的主张和行为。恐怖活动是指恐怖主义性质的下列行为：（1）组织、策划、准备实施、实施造成或者意图造成人员伤亡、重大财产损失、公共设施损坏、社会秩序混乱等严重社会危害的活动的；（2）宣扬恐怖主义，煽动实施恐怖活动，或者非法持有宣扬恐怖主义的物品，强制他人在公共场所穿戴宣扬恐怖主义的服饰、标志的；（3）组织、领导、参加恐怖活动组织的；（4）为恐怖活动组织、恐怖活动人员、实施恐怖活动或者恐怖活动培训提供信息、资金、物资、劳务、技术、场所等支持、协助、便利的；（5）其他恐怖活动。据此，恐怖主义至少具有手段

---

① 高铭暄、张杰：《我国刑法中关于"恐怖活动犯罪"定义的思考》，载《法学杂志》2006年第5期。
② 张明楷：《刑法学》，法律出版社2007年第3版，第593页。在该书第5版中，张明楷教授对该问题采取了回避态度。

要素、后果要素和目的要素。手段要素即使用暴力、破坏、威胁等手段；后果要素即制造社会恐慌、危害公共安全、侵犯人身财产，或者胁迫国家机关、国际组织；目的要素即行为人的行为具有特定的政治、意识形态等目的。由于该法规定恐怖活动必须具有恐怖主义性质，因此恐怖活动也应具备恐怖主义的要素。缺乏其中任何一个方面的要素，都不能认为是恐怖活动。"恐怖活动犯罪"是"恐怖活动"的下位概念，即恐怖活动中剔除行政违法的那一部分。既然如此，对"恐怖活动犯罪"的第二种理解是不妥当的。从存在单个人实施的恐怖活动犯罪和作为普通共同犯罪的恐怖活动犯罪这一点来看，这种理解限缩了恐怖活动犯罪的范围。而从恐怖活动组织也可能实施盗窃等普通犯罪而言，这种理解又使恐怖活动犯罪的外延泛化。如果这种理解是正确的，法条中径直表述为"恐怖组织犯罪"不就更准确吗？

黑社会性质的组织犯罪是指黑社会性质的组织实施的各种犯罪，不限于刑法分则中规定的组织、领导、参加黑社会性质组织罪（第294条第1款）、入境发展黑社会性质组织罪（第294条第2款）。[①]黑社会性质的组织实施的其他犯罪，如强迫交易罪、开设赌场罪、故意杀人罪、寻衅滋事罪等也应属于这一范畴。

（二）后罪发生在前罪的刑罚执行完毕或赦免以后任何时期内

这是特别累犯的成立条件比一般累犯宽松之处。设立特别累犯制度的目的在于保护侧重打击特定类型的严重犯罪，保护重大法益。特别累犯中前罪的刑罚执行完毕，也是指主刑执行完毕。与一般累犯不同，特别累犯前罪所判处的主刑还包括管制、拘役。行为人被以一个符合特别累犯成立范围的判罪被判拘役，与另一个被判有期徒刑、无期徒刑或死缓的罪数罪并罚，执行有期徒刑、无期徒刑或死缓刑而不执行拘役（刑法第69条第2款），刑罚执行完毕或赦免以后任何时候再犯属于特别累犯成立范围之罪的，宜认为构成特别累犯。这个结论具有实质合理性，但欠缺形式合理性。

（三）行为人犯前罪时已满十八周岁

危害国家安全犯罪、恐怖活动犯罪、黑社会性质组织犯罪都属于故意犯罪，当无疑问。但犯前罪时未成年是否可能成立特别累犯？这是刑法学界有争议的

---

① 刑法第294条第3款规定的包庇、纵容黑社会性质组织罪并不属于黑社会性质的组织实施的犯罪，因此不应认为属于第66条所列的"黑社会性质的组织犯罪"。这个观点的妥当性似乎没有疑问。迄今，部分学者对第66条所列三大类犯罪的范围问题持回避态度。参见陈兴良主编：《刑法总论精释》（下），人民法院出版社2016年第3版，第818—819页；张明楷：《刑法学》（上），法律出版社2016年第5版，第560页。

问题。

由于刑法典关于特别累犯的条款在字面上并未明确排除犯罪时未成年的可以成立特别累犯，因此，关于犯前罪时未成年是否可能成立特别累犯的问题，学界存有争议，有肯定说和否定说。肯定说认为特别累犯前后罪的主体并不要求是年满18周岁的人。[①]否定说认为，我国刑法已明确地将未满18周岁的人排除在一般累犯之外，这种排除也应适用于特别累犯，这与全面保护未成年人权益的立法本意相契合。[②]否定说无论是在立法精神上还是在逻辑上都较为合理。在立法精神（刑事政策）上，我国刑法对未成年人犯罪采取的是教育、挽救、感化的方针，累犯从重处罚的刑罚效果与这一政策的精神相悖。在逻辑上，一般寓于特殊之中，既然未成年人被从一般累犯中排除，也就不在特别累犯之列。在前罪和后罪都发生于未满十八周岁时的情况下，肯定说的不合理性至为明显。因为在这种情况下，对后罪如认定为累犯，将直接导致从重处罚的结果，这直接与对未成年人犯罪从轻或减轻处罚的精神相矛盾。刑事政策的一般规范力，也是支持否定说的理据。

二、累犯与毒品再犯

刑法第65条和第66条规定的一般累犯和特别累犯，但刑法分则中还有关于毒品再犯的规定（第356条）。根据刑法第356条，因犯走私、贩卖、运输、制造或者非法持有毒品罪被判过刑，又犯刑法分则第六章第七节"走私、贩卖、运输、制造毒品罪"规定的任一犯罪的，是毒品再犯，应从重处罚。由于毒品再犯和毒品累犯法律效果差异极大，前者仅限于从重处罚，而后者除了从重处罚外，尚包括不得缓刑、不得假释，因此对二者作出区分有重要意义。关于毒品累犯与毒品再犯问题，最核心的问题有二：一是毒品累犯和毒品再犯竞合（同时符合毒品累犯和毒品再犯的成立要件）时如何处理；二是犯前罪时未满十八周岁能否成立毒

---

① 参见陈兴良主编：《刑法总论精释》（下），人民法院出版社2016年第3版，第819页；董文辉：《累犯制度修正内容之解读》，载《贵州警官职业技术学院学报》2011年第4期。前者并未阐明理由。后者认为，规定一般累犯的法条与规定特别累犯的法条各自独立，两个制度相互独立。两种累犯在法理上有相通之处，但二者构成要件有异。《刑法修正案（八）》在一般累犯的规定中将"不满十八周岁的人犯罪的"除外，并不意味着这一"除外"的精神可以毫无障碍地贯彻到特别累犯制度中。由于特别累犯制度保护的法益极端重要，因而成立条件较为宽松，体现了对特别累犯从严惩处的政策精神。因而认为"不满十八周岁的人犯罪的除外"不适用于特别累犯符合立法精神，并无不妥。
② 国家法官学院案例开发研究中心：《中国法院2017年度案例：刑法总则案例》，中国法制出版社2017年版，第127页。关于否定说，另可参见胡东飞：《毒品累犯和毒品再犯竞合之处理》，载《法商研究》2017年第1期。

品再犯。

关于第一个问题，最高人民法院先后发布的三个文件（2000年《全国法院审理毒品犯罪案件工作座谈会纪要》、2008年《全国部分法院审理毒品犯罪案件工作座谈会纪要》和《全国法院毒品犯罪审判工作座谈会纪要》）的意见前后不一。关于第二个问题，与特别累犯的规定一样，对于犯前罪时不满十八周岁的能否成立毒品再犯，刑法理论界有分歧，司法实务界有差异。这两个问题并不相互独立，而是相互联系的。有学者对这两个相关的问题作了系统研究，认为当行为同时符合毒品累犯和毒品再犯的成立要件时，二者系特别关系的法条竞合。其中，规定毒品再犯的法条为普通法条，规定毒品累犯的法条为特别法条。行为人犯前罪时已满十八周岁，行为同时构成毒品累犯和毒品再犯的，应认定为毒品累犯，排除毒品再犯之适用；行为不构成毒品累犯但符合毒品再犯成立要件的，应认定为毒品再犯，排除毒品累犯之适用。行为人犯罪时不满十八周岁，行为在形式上同时符合毒品累犯和毒品再犯成立条件的，既不应认定为毒品累犯，也不应认定为毒品再犯；行为在形式上只符合毒品再犯成立要件而不符合毒品累犯成立要件的，同样不应认定为毒品再犯，不能从重处罚。我国刑法关于累犯和毒品再犯的规定，仅适用于犯前罪时已满十八周岁者，对于犯罪时未满十八周岁者，二者的适用效力均被"冻结封存"。①这个看法很有逻辑说服力。但美中不足的是我国刑法中并无专门规定毒品累犯的法条，毒品累犯法条是将一般累犯法条的前后罪范围加以限缩而存在于想象中的。这或许应归因于立法技术的问题。

第三节　自首和立功

第六十七条　犯罪以后自动投案，如实供述自己的罪行的，是自首。对于自首的犯罪分子，可以从轻或者减轻处罚。其中，犯罪较轻的，可以免除处罚。

被采取强制措施的犯罪嫌疑人、被告人和正在服刑的罪犯，如实供述司法机关还未掌握的本人其他罪行的，以自首论。

犯罪嫌疑人虽不具有前两款规定的自首情节，但是如实供述自己罪行的，可以从轻处罚；因其如实供述自己罪行，避免特别严重后果发生的，可

---

① 参见胡东飞：《毒品累犯和毒品再犯竞合之处理》，载《法商研究》2017年第1期。

以减轻处罚。

本条是关于自首与坦白的规定。

犯罪分子自动投案，如实交代自己的罪行，表明其人身危险性小，再犯可能性低；自动投案、如实交代罪行，也使得案件得以及时侦破，节省司法资源。为特殊预防和刑事政策的目的，刑法设立自首制度。不具有自首情节，但如实供述自己的罪行的，也在一定程度上表明犯罪分子的人身危险性小或节省司法资源，因而刑法在规定自首的同时还规定坦白。

一、自首的概念及认定

（一）自首的概念

自首是指犯罪以后自动投案，如实供述自己的罪行，或被采取强制措施的犯罪嫌疑人、被告人和正在服刑的罪犯，如实供述司法机关尚未掌握的本人其他罪行的行为。基于此，自首分为一般自首和特别自首两种类型。

（二）一般自首的概念和认定

一般自首，是指犯罪以后自动投案，如实供述自己的罪行的行为。因此，一般自首需具备自动投案和如实供述自己的罪行两个条件。自首无需特定的动机或目的。

1. 自动投案

自动投案，是指犯罪事实或犯罪嫌疑人未被司法机关发觉，或虽被发觉，但犯罪嫌疑人尚未受到讯问、未被采取强制措施时，主动、直接向公安机关、人民检察院或人民法院投案。以下几种情形也应视为自动投案：①犯罪嫌疑人向其所在单位、城乡基层组织或其他有关负责人员投案的；②犯罪嫌疑人因病、伤或为了减轻犯罪后果，委托他人先代为投案，或先以信电投案的；③罪行尚未被司法机关发觉，仅因形迹可疑，被有关组织或司法机关盘问、教育后，主动交代自己的罪行的；④犯罪后逃跑，在被通缉、追捕过程中主动投案的；⑤经查实确已准备去投案，或正在投案途中，被公安机关捕获的；⑥并非出于犯罪嫌疑人主动，而是经亲友规劝、陪同投案的；⑦公安机关通知犯罪嫌疑人的亲友，或亲友主动报案后，将犯罪嫌疑人送去投案的。此外，下列情形也应视为自动投案：①犯罪后主动报案，虽未表明自己是作案人，但没有逃离现场，在司法机关询问时交代自己罪行的；②明知他人报案而在现场等待，抓捕时无拒捕行为，供认犯罪事实的；③在司法机关未确定犯罪嫌疑人，尚在一般性排查询问时主动交代自己罪行的；④因特定违法行为被采取行政拘留、司法拘留、强制隔离戒毒等行政、司法强制措施期间，主动向执行机关交代尚未被掌握的犯罪行为的；⑤其他符合立法本意，应当视为自动投案的情形。

罪行未被有关部门、司法机关发觉，仅因形迹可疑被盘问、教育后，主动交代犯罪事实的，应当视为自动投案，但有关部门、司法机关在其身上、随身携带的物品、驾乘的交通工具等处发现与犯罪有关的物品的，不能认定为自动投案。

交通肇事后保护现场、抢救伤者，并向公安机关报告的，应认定为自动投案，构成自首的，因上述行为同时系犯罪嫌疑人的法定义务，对其是否从宽、从宽幅度要适当从严掌握。交通肇事逃逸后自动投案，如实供述自己的罪行的，应认定为自首，但应依法以较重法定刑为基准，视情决定对其是否从宽处罚以及从宽处罚的幅度。

犯罪嫌疑人被亲友采用捆绑等手段送到司法机关，或在亲友带领侦查人员前来抓捕时无拒捕行为，并如实供认犯罪事实的，虽不能认定为自动投案，但可参照法律对自首的有关规定酌情从轻处罚。

犯罪嫌疑人自动投案后又逃跑，表明行为人不愿将自己置于司法机关的合法控制之下，人身危险性并未降低，因而不能认定为自首。

2. 如实供述自己的罪行

如实供述自己的罪行，是指犯罪嫌疑人自动投案后，如实交代自己的主要犯罪事实。犯罪嫌疑人如实供述后对自己的行为性质的辩解不影响自首的认定。自首也不以行为人认罪为前提。如某人自动投案并如实供述自己致人死亡的事实，实际上是假想防卫，但行为人坚持认为自己的行为是正当防卫，这并不妨碍自首的成立，因为对行为的定性是司法机关的事。

犯有数罪的犯罪嫌疑人仅如实供述所犯数罪中部分犯罪的，只对如实供述部分犯罪的行为，认定为自首。共同犯罪案件中的犯罪嫌疑人，除如实供述自己的罪行，还应当供述所知的同案犯，主犯则应当供述所知其他同案犯的共同犯罪事实，才能认定为自首。犯罪嫌疑人自动投案并如实供述自己的罪行后又翻供的，不能认定为自首；但在一审判决前又能如实供述的，应当认定为自首。

自首的犯罪嫌疑人除应供述自己的主要犯罪事实外，供述的内容还应包括姓名、年龄、职业、住址、前科等情况。犯罪嫌疑人供述的身份等情况与真实情况虽有差别，但不影响定罪量刑的，应认定为如实供述自己的罪行。犯罪嫌疑人自动投案后隐瞒自己的真实身份等情况，影响对其定罪量刑的，不能认定为如实供述自己的罪行。

犯罪嫌疑人多次实施同种罪行的，应当综合考虑已交代的犯罪事实与未交代的犯罪事实的危害程度，决定是否认定为如实供述主要犯罪事实。虽然投案后没有交代全部犯罪事实，但如实交代的犯罪情节重于未交代的犯罪情节，或者如实交代的犯罪数额多于未交代的犯罪数额，一般应认定为如实供述自己的主要犯罪事实。无法区分已交代的与未交代的犯罪情节的严重程度，或者已交代的犯罪数额与未交代的犯罪数额相当，一般不认定为如实供述自己的主要犯罪事实。

犯罪嫌疑人自动投案时虽然没有交代自己的主要犯罪事实，但在司法机关掌握其主要犯罪事实之前主动交代的，应认定为如实供述自己的罪行。

主动投案，如实交代自己罪行后，在取保候审或监视居住期间又犯罪被抓捕的，自由是否继续有效？这个问题或许应分两种情况讨论，即看后罪与前罪是否是同种犯罪。在同种犯罪的情况下，不应认定为自首，主要理由是这种情况在司法判决中前罪和后罪将作为一罪处理。在前罪和后罪为不同种罪的情况下，自首对前罪仍然成立。不过这是以自首不以悔罪为必要得出的结论。[①]

因涉嫌过失犯罪被抓捕，针对同一危害结果如实交代其故意犯罪的，不应认定为自首。

（三）特殊自首

特殊自首，也称为"准自首"，是指被采取强制措施的犯罪嫌疑人、被告人或正在服刑的罪犯，如实供述司法机关还未掌握的本人其他罪行的行为。

特殊自首的主体是被采取强制措施的犯罪嫌疑人、被告人或正在服刑的罪犯。通常认为，强制措施是指刑事诉讼法规定的强制措施，包括拘传、取保候审、监视居住、拘留、逮捕。但是，被采取强制隔离戒毒、行政拘留等行政强制措施的行政违法者在被剥夺人身自由期间，主动向执行机关如实交代尚未被掌握的其他犯罪行为，根据自首制度的立法目的和该等行为的构造，也应认定为自首。所以，第67条第2款中"被采取强制措施的犯罪嫌疑人、被告人"应扩大解

[①]　四川省绵阳市高新技术开发区人民法院（2015）绵高新刑初字第30号刑事判决书认为，被告人主动投案后，在取保候审期间再犯同种罪被抓捕的，不应认定为自首。

释为包括被采取刑事强制措施的犯罪嫌疑人、被告人和被采取行政强制措施和司法拘留措施的违法人员。如储昌某在强制隔离戒毒期间主动如实供述办案机关尚未掌握的其他犯罪事实，法院认定为自首。①

如实供述司法机关还未掌握的本人其他罪行，是指如实供述与司法机关已掌握的或判决确定的犯罪属不同种类型的其他犯罪。犯罪嫌疑人、被告人在被采取强制措施期间，向司法机关主动如实供述本人的其他罪行，该罪行能否认定为司法机关已掌握，应根据不同情形区别对待。如果该罪行已被通缉，一般应以该司法机关是否在通缉令发布范围内作出判断，不在通缉令发布范围内的，应认定为还未掌握，在通缉令发布范围内的，应视为已掌握；如果该罪行已录入全国公安信息网络在逃人员信息数据库，应视为已掌握。如果该罪行未被通缉、也未录入全国公安信息网络在逃人员信息数据库，应以该司法机关是否已实际掌握该罪行为标准。

犯罪嫌疑人、被告人在被采取强制措施期间如实供述本人其他罪行，该罪行与司法机关已掌握的罪行是否属于同种罪行，一般应以罪名区分。虽然如实供述的其他罪行的罪名与司法机关已掌握犯罪的罪名不同，但如实供述的其他犯罪与司法机关已掌握的犯罪属选择性罪名或在法律、事实上密切关联，如因受贿被采取强制措施后，又交代因受贿为他人谋取利益行为，构成滥用职权罪的，应认定为同种罪行。

在"形迹可疑"之自首类型中，行为人仅因形迹可疑而被司法机关或者有关组织拦下并调查盘问，如实供述司法机关尚未掌握的本人罪行，与犯罪后主动投案的一般自首相比，行为人已经丧失主动投案的条件，不能实施自动投案行为，是被动归案而不是自动投案；但与被动归案主动交代余罪的准自首相比，行为人又非被采取强制措施的犯罪嫌疑人、被告人或正在服刑的罪犯，不符合准自首的主体条件，仅是因形迹可疑而被调查盘问或被暂时限制人身自由。可见，"形迹可疑"型自首与刑法第67条规定的一般自首和准自首的构成要件均有所不同，具有自己明显的法律特征。虽然最高审判机关有关司法解释将其归入"自动投案"范畴，作为一般自首对待，但严格说来，"形迹可疑"型自首临界于一般自首与准自首两种基本类型之间，鉴于余罪自首相对于典型的一般自首是准自首，理论

① 湖南省怀化市靖州苗族侗族自治县人民法院（2016）湘1229刑初11号刑事判决书。

上"形迹可疑"型自首也应属于一种准自首。[1]

（四）自首的刑法效果

具有自首情节的，一般应依法从轻、减轻处罚；犯罪情节较轻的，可以免除处罚。法院对自首的被告人从轻减轻处罚或免除处罚，是有条件的。具体确定从轻、减轻还是免除处罚，应当根据犯罪轻重，并考虑自首的具体情节。被采取强制措施的犯罪嫌疑人、被告人和已宣判的罪犯，如实供述司法机关尚未掌握的罪行，与司法机关已掌握的或判决确定的罪行属同种罪行的，虽不属于自首，但可以酌情从轻处罚；如实供述的同种罪行较重的，一般应当从轻处罚。

对具有自首情节的被告人是否从宽处罚、从宽处罚的幅度，应当考虑其犯罪事实、犯罪性质、犯罪情节、危害后果、社会影响、被告人的主观恶性和人身危险性等。自首的还应考虑投案的主动性、供述的及时性和稳定性等。

虽然具有自首情节，但犯罪情节特别恶劣、犯罪后果特别严重、被告人主观恶性深、人身危险性大，或在犯罪前即为规避法律、逃避处罚而准备自首、立功的，可不从宽处罚。

对于被告人具有自首情节，同时又有累犯、毒品再犯等法定从重处罚情节的，既要考虑自首的具体情节，又要考虑被告人的主观恶性、人身危险性等因素，综合分析判断，确定从宽或从严处罚。累犯的前罪为非暴力犯罪的，一般可从宽处罚，前罪为暴力犯罪或前、后罪为同类犯罪的，可不从宽处罚。

在共同犯罪案件中，对具有自首情节的被告人的处罚，应注意共同犯罪人以及首要分子、主犯、从犯之间的量刑平衡。

（五）单位自首

刑法第67条规定的自首制度并非专门针对自然人犯罪，单位犯罪也存在自首的问题。在单位犯罪案件中，单位集体决定或者单位负责人决定而自动投案，如实交代单位犯罪事实的，或者单位直接负责的主管人员自动投案，如实交代单位犯罪事实的，应当认定为单位自首。单位自首的，直接负责的主管人员和直接责任人员未自动投案，但如实交代自己知道的犯罪事实的，可以视为自首；拒不交代自己知道的犯罪事实或者逃避法律追究的，不应当认定为自首。单位没有自首，直接责任人员自动投案并如实交代自己知道的犯罪事实的，对该直接责任人员应当认定为自首。

---

[1]　项谷：《自首在司法认定中的疑难问题解析》，参见《政治与法律》2008年第7期。

二、坦白

坦白是指犯罪嫌疑人被动归案（如被抓捕、扭送等）后，如实供述自己罪行的行为。坦白与自首都是如实供述自己的罪行，都是从宽处罚情节。坦白与一般自首的区别在于：一般自首是自动投案，坦白是被动归案。坦白与特殊自首的区别在于：特别自首是如实供述司法机关尚未掌握的本人其他罪行，坦白是如实供述司法机关已经掌握的本人其他罪行。因此，与自首相比，坦白反映的行为人人身危险性和再犯可能性较大，故对坦白的从宽幅度不及自首。对坦白的犯罪分子，可以从轻处罚；因其如实供述自己罪行，避免特别严重后果发生的，可以减轻处罚。

第六十八条　犯罪分子有揭发他人犯罪行为，查证属实的，或者提供重要线索，从而得以侦破其他案件等立功表现的，可以从轻或者减轻处罚；有重大立功表现的，可以减轻或者免除处罚。

本条是关于量刑阶段的立功的规定。

一、立功的认定

（一）量刑阶段的立功的概念

量刑阶段的立功，是指法院在量刑时应考虑的犯罪分子有揭发他人犯罪行为，查证属实的，或提供重要线索，从而得以侦破其他案件的情形。

立功的主体是犯罪分子，即实施了犯罪行为，应被追究刑事责任的自然人和单位。因此，其他自然人或单位为了使犯罪人获得轻判而为犯罪人立功的，如在会见时将自己知道的犯罪线索提供给犯罪人，在由其向司法机关提供的，或有关个人或单位为其杜撰立功材料的，都不是立功。

关于立功的时间，本条并未明确规定。《最高人民法院关于处理自首和立功具体应用法律若干问题的解释》（法释〔1998〕8号）第5条以犯罪分子到案为立功的时间起点。但刑法理论上对此存在争议。立功制度的立法理由主要是节约司法资源。从这一点来看，犯罪分子在犯罪后、到案前有揭发他人犯罪行为、阻止他人犯罪活动等表现的，认定为立功符合立功制度的立法目的。但对此持反对意见的观点认为，将立功的时间延伸到犯罪后、到案前，会过分扩大立功的成立范围。这个时间段类似立功的行为虽有利于节约司法资源，但犯罪人犯罪后却不到案，表明其人身危险性很大，不宜对该等行为进行量刑上的奖励。实际上，自首制度是司法机关给予犯罪人到案前的宽恕机会，立功制度是司法机关给予犯罪人到案后的宽恕机会。到案前的类似立功行为，不能反映出犯罪人的人身危险性降低，所以不能算立功。①司法解释和司法实践采纳的是后一种观点。

（二）司法解释关于立功表现的规定

下列情形，根据司法解释，应认定为犯罪分子有立功表现：（1）犯罪分子到案后有检举、揭发他人犯罪行为，包括共同犯罪案件中的犯罪分子揭发同案犯共同犯罪以外的其他犯罪，经查证属实的；（2）提供侦破其他案件的重要线索，经查证属实的；（3）阻止他人犯罪活动的；（4）协助司法机关抓捕其他犯罪嫌疑人（包括同案犯）的；（5）具有其他有利于国家和社会的突出表现的。依此，立功分为五种类型。

1. 揭发犯罪型立功

揭发犯罪型立功，即前段所列第一种立功。"揭发"意味着所揭发的他人犯罪未被司法机关掌握。

检举、揭发他人犯罪行为构成立功，所检举、揭发的"他人犯罪行为"不包括检举、揭发人与该他人共同参与的犯罪行为，后者属于自首或坦白，而不属于立功。该种"他人犯罪行为"属于"自己罪行"。

检举、揭发他人犯罪行为构成立功，所检举、揭发的他人犯罪行为并不要求是具备犯罪所有成立要件、应负刑事责任的行为。所揭发的他人犯罪行为只需具备构成要件该当性、违法性即可。因此在下列情形，犯罪分子仍成立立功：（1）犯罪分子揭发他人犯罪行为，事后查明他人当时未达法定年龄或不具有责任能力；（2）犯罪分子揭发他人犯罪行为，但他人行为时并无罪过，而是意外造成危害结果的；（3）犯罪分子揭发他人犯罪行为，但该行为未达到刑法处罚所需的情节严重、后果严重、数额较大等条件。犯罪分子所揭发的他人犯罪行为如果属于2018年修正的《刑事诉讼法》第16条②列举的不追究刑事责任的情形，

---

① 柏浪涛：《探析立功的疑惑问题》，载《新疆大学学报》（哲学·人文社会科学版）2010年第2期。

② 该条规定："有下列情形之一的，不追究刑事责任，已经追究的，应当撤销案件，或者不起诉，或者终止审理，或者宣告无罪：（一）情节显著轻微、危害不大，不认为是犯罪的；（二）犯罪已过追诉时效期限的；（三）经特赦令免除刑罚的；（四）依照刑法告诉才处理的犯罪，没有告诉或者撤回告诉的；（五）犯罪嫌疑人、被告人死亡的；（六）其他法律规定免予追究刑事责任的。"

也成立立功。

2. 提供重要线索型立功

提供重要线索型立功，即提供侦破其他案件的重要线索，经查证属实的之立功类型。重要线索乃据以侦破其他案件的限缩。成立这类立功需具备三个条件，即提供重要线索、司法机关侦破了其他刑事案件以及犯罪分子提供重要线索与司法机关侦破其他刑事案件之间具有因果关系。

构成立功的他人犯罪线索来源应合法。下列情形，不能认为犯罪分子有立功表现：（1）犯罪分子通过贿买、暴力、胁迫等非法手段，或被羁押后与律师、亲友会见过程中违反监管规定，获取他人犯罪线索并"检举揭发"的；（2）犯罪分子将本人以往查办犯罪职务活动中掌握的，或从负有查办犯罪、监管职责的国家工作人员处获取的他人犯罪线索予以检举揭发的；（3）犯罪分子亲友为使犯罪分子"立功"，向司法机关提供他人犯罪线索、协助抓捕犯罪嫌疑人的。

提供重要线索型立功与揭发他人犯罪型立功的区别在于：前者针对的案件犯罪事实已被司法机关发现，司法机关已经立案，但尚不知是谁所为；而后者针对的案件的犯罪事实和犯罪人都未被司法机关发现。

司法解释对立功线索的查证程序和具体认定作了较为详细的规定。被告人在一、二审审理期间检举揭发他人犯罪行为或者提供侦破其他案件的重要线索，人民法院经审查认为该线索内容具体、指向明确的，应及时移交有关人民检察院或者公安机关依法处理。

侦查机关出具材料，表明在三个月内还不能查证并抓获被检举揭发的人，或者不能查实的，人民法院审理案件可不再等待查证结果。

被告人检举揭发他人犯罪行为或者提供侦破其他案件的重要线索经查证不属实，又重复提供同一线索，且没有提出新的证据材料的，可以不再查证。

根据被告人检举揭发破获的他人犯罪案件，如果已有审判结果，应当依据判决确认的事实认定是否查证属实；如果被检举揭发的他人犯罪案件尚未进入审判程序，可以依据侦查机关提供的书面查证情况认定是否查证属实。检举揭发的线索经查确有犯罪发生，或者确定了犯罪嫌疑人，可能构成重大立功，只是未能将犯罪嫌疑人抓获归案的，对可能判处死刑的被告人一般要留有余地，对其他被告人原则上应酌情从轻处罚。

被告人检举揭发或者协助抓获的人的行为构成犯罪，但因法定事由不追究刑事责任、不起诉、终止审理的，不影响对被告人立功表现的认定；被告人检举揭发或者协助抓获的人的行为应判处无期徒刑以上刑罚，但因具有法定、酌定从宽情节，宣告刑为有期徒刑或者更轻刑罚的，不影响对被告人重大立功表现的认定。

3. 协助抓捕型立功

协助抓捕型立功，即犯罪分子协助司法机关抓捕其他犯罪嫌疑人（包括同案犯）的立功情形。犯罪分子具有下列行为之一，使司法机关抓获其他犯罪嫌疑人的，属于有关司法解释规定的"协助司法机关抓捕其他犯罪嫌疑人"：（1）按照司法机关的安排，以打电话、发信息等方式将其他犯罪嫌疑人（包括同案犯）约至指定地点的；（2）按照司法机关的安排，当场指认、辨认其他犯罪嫌疑人（包括同案犯）的；（3）带领侦查人员抓获其他犯罪嫌疑人（包括同案犯）的；（4）提供司法机关尚未掌握的其他案件犯罪嫌疑人的联络方式、藏匿地址的，等等。

这一类型立功中协助抓捕的"其他犯罪人"，包括共同犯罪中的同案犯，还包括未达法定年龄的人和无责任能力人。甚至包括已被其他机关采取强制措施，但该机关并不知道其所犯罪行的犯罪人。如甲涉嫌贩卖毒品被拘留后，忆及13岁的乙因入室盗窃被主人发现，为了灭口而将主人砍死。乙已被列为犯罪嫌疑人而受通缉。其被拘留时乙正用假身份证在强制隔离戒毒所戒毒。公安机关根据其提供的该情况顺利抓捕乙。甲成立协助抓捕型立功。

协助行为应起到抓获其他犯罪人的作用或效果，否则这类立功不成立。周光权教授对协助抓捕同案犯之立功之认定的分析，可作为一般地认定协助行为是否奏效的参考。[①]

犯罪分子提供同案犯姓名、住址、体貌特征等基本情况，或者提供犯罪前、犯罪中掌握、使用的同案犯联络方式、藏匿地址，司法机关据此抓捕同案犯的，不能认定为协助司法机关抓捕同案犯。

[①]　参见周光权：《协助抓捕同案犯型立功的认定》，载《国家检察官学院学报》2012年第4期。该文指出，司法实践对协助抓捕同案犯型立功的认定，不同法院之间的观点在很多时候并不一致；最高人民法院公布的司法解释文件对此类立功成立范围的划定也有所不同，呈现逐步限缩协助抓捕同案犯型立功范围的趋势。该文认为，认定协助抓捕同案犯型立功，要判断是否存在足以被实质地评价为"协助"的行为，被告人是否比坦白做得更多。至于是否带领侦查人员抓捕同案犯并不是关键。对于同案犯当场指认，或非现场辨认的，都应成立协助抓捕同案犯型立功。协助抓捕行为和同案犯最终被抓捕之间，只要有条件关系，能够为有关机关抓捕同案犯带来一些便利即可，不必苛求该协助行为是同案犯被抓捕的主要原因或唯一途径。

4. 阻止他人犯罪活动型立功

阻止他人犯罪活动型立功。此处"犯罪活动"与"犯罪行为"含义相同,具有相对性,未必是符合犯罪成立的所有要件的行为。阻止同案犯的犯罪行为,情况较为复杂,可能成立犯罪中止、犯罪未遂,不成立立功。阻止同案犯共同犯罪以外的其他犯罪和非同案犯的犯罪的,成立立功。阻止他人犯罪活动同样要凑效,才能认定为立功。

5. 有利于国家和社会的其他突出表现

有利于国家和社会的其他突出表现,主要是生产、生活或抢险救灾中有突出表现,或在科研中有重大发明创造或技术革新。

上述立功类型可能发生竞合。例如,被羁押在看守所的甲将正在翻墙准备脱逃的乙一把拽下并压在身下,可以评价为阻止他人犯罪,也可以评价为协助抓捕。当然,只能评价为一次立功。同样,立功也可能与自首、坦白发生竞合。自首和立功规范性条件的交叉性,以及刑事案件和刑法罪名的复杂性,导致自首和立功刑罚裁量活动中出现竞合。自首和立功作为对被告人有利的量刑情节,不能通过对自首的优先适用而绝对排斥对立功的认定。作为有利于被告人的量刑情节,自首与立功仍然存在"择一性"或"并合性"适用的理论基础,应根据行为人的量刑个数和有利于被告的刑事司法原则予以审慎处理。这既是尊重人权的体现,又是严守宽严相济刑事政策的体现。①

（三）一般立功和重大立功

前面所列五类立功系就一般立功而言。重大立功包括下列情形:（1）犯罪分子有检举、揭发他人重大犯罪行为,经查证属实;（2）提供侦破其他重大案件的重要线索,经查证属实;（3）阻止他人重大犯罪活动;（4）协助司法机关抓捕其他重大犯罪嫌疑人（包括同案犯）;（5）对国家和社会有其他重大贡献等表现。"重大犯罪"、"重大案件"、"重大犯罪嫌疑人"的标准,一般是指犯罪嫌疑人、被告人可能被判处无期徒刑以上刑罚或案件在本省、自治区、直辖市或全国范围内有较大影响等情形。"可能被判处无期徒刑以上刑罚",未必实际被判处无期徒刑以上刑罚,甚至不追究刑事责任,如协助抓捕不足十四周岁的故意杀人者。

---

① 参见陈伟:《自首与立功竞合时该如何认定问题研究》,载《法商研究》2016年第1期。

二、立功的刑法效果

犯罪分子有立功表现的，可以从轻或减轻处罚；有重大立功表现的，可以减轻或免除处罚。在共同犯罪案件中，对具有立功情节的被告人的处罚，应注意共同犯罪人以及首要分子、主犯、从犯之间的量刑平衡。犯罪集团的首要分子、共同犯罪的主犯检举揭发或协助司法机关抓捕同案地位、作用较次的犯罪分子的，从宽处罚与否应当从严掌握，如果从轻处罚可能导致全案量刑失衡的，一般不从轻处罚；如果检举揭发或协助司法机关抓捕的是其他案件中罪行同样严重的犯罪分子，一般应依法从宽处罚。对于犯罪集团的一般成员、共同犯罪的从犯立功的，特别是检举揭发或协助抓捕首要分子、主犯的，应当充分体现政策，依法从宽处罚。

类似情况下，对具有自首情节的被告人的从宽幅度要适当宽于具有立功情节的被告人。

三、关于立功制度的本质或正当性问题

关于立功制度的本质和正当性问题上的认识和实践的混乱，或许在揭发犯罪型立功上表现得最突出。关于立功制度的本质，刑法学者们立足于不同的视角，形成了人身危险性减小说、悔罪说、社会有益行为说、国家功利主义说、司法交易说等各种学说。对其本质或目的认识的混乱，从某种角度反映出其正当性危机，实践中必然导致混乱和尴尬局面。[①]

---

① 2011年12月，犯罪嫌疑人刘某因涉嫌与李某、张某共同强迫他人卖淫，被北京市某区公安机关查获，后其在侦查羁押期间内检举王某某曾对其实施强奸行为，经公安机关立案侦查，王某某涉嫌强奸刘某的行为查证属实。审查起诉阶段，经某区检察委员会讨论，认定刘某的检举揭发行为成立立功，并在量刑建议书中认定刘某有立功情节。2012年8月，北京市某区人民法院认定被告人刘某的行为构成强迫卖淫罪，其到案后检举揭发王某某对其实施强奸的行为构成立功，对其从轻判处有期徒刑3年。该案的争议焦点在于：犯罪人刘某在揭发王某某对其实施强奸自己的行为是否构成立功。检察院和法院认为刘某的行为符合刑法第68条的规定，对立功的成立持肯定态度。刘某检举揭发他人对自己所实施的犯罪行为，虽查证属实，但不应认定为立功。因为立功制度的实质是为了鼓励涉案犯罪分子的悔悟和提供办案协助以侦破其他案件，进而提升刑事案件的办理效率以节约司法资源。但本案中刘某到案后检举揭发王某某对自己的性侵行为的实质是被害人的报案和控告，其"检举揭发"行为是出于减轻自己的刑罚和维护自身权益的双重目的，虽客观上促进了司法机关查办王某某涉嫌强奸罪一案，但其检举揭发行为不符合立功制度的立法规制目的。关于该案的案情，参见李德胜、姜修芳：《走出理论迷离与实践疑惑：检举揭发型立功的实践认定思考》，载《福建警察学院学报》2016年第4期。

第四节 数罪并罚

第69条至第71条构成我国刑法中的数罪并罚制度，包括数罪并罚的原则和三种不同情形下数罪并罚的方法。这三种情形是：（1）判决宣告前的数罪并罚；（2）判决宣告后、刑罚执行完毕以前发现漏罪的数罪并罚；（3）判决宣告后、刑罚执行完毕以前又犯新罪的数罪并罚。

数罪并罚即法院对一人所犯数罪分别定罪量刑，再根据法定原则和方法，决定对犯罪分子执行的刑罚。对一人所犯的数罪分别定罪量刑，在诉讼法上未必由同一法院、同一诉讼程序完成。数罪并罚可以是由特定法院在审判特定刑事案件时，在确认其他法院或本法院作出的生效裁判中的定罪量刑的基础上，与当前审理的特定犯罪一起数罪并罚。

一、数罪并罚需要具备一定的条件

（一）一人犯数罪

一人（自然人或单位）犯数罪是数罪并罚的前提。数人共犯一罪，是共同犯罪或共同过失犯罪，针对该一罪分别量刑，不存在数罪并罚；数人共同犯数罪，对各犯罪人就该数罪分别定罪量刑，然后对各犯罪人依法数罪并罚。所犯数罪的罪过形式、停止形态，在所不问。但我国司法对一人所犯异种数罪实行并罚，而对一并审理的一人所犯同种数罪不并罚。

（二）数罪发生在法定期间

刑罚执行完毕以前行为人犯有数罪的，才适用数罪并罚。具体包括：（1）判决宣告前一人犯数罪；（2）判决宣告后、刑罚执行完毕以前发现行为人还有漏罪；（3）判决宣告后、刑罚执行完毕以前行为人又犯新罪。此外，在缓刑或假释的考验期限内被发现还有漏罪或在考验期内又犯新罪的，撤销缓刑或假释，依法数罪并罚。

数罪并罚需要在对每一犯罪行为定罪量刑的基础上，依据法定的原则和方法，决定应执行的刑罚。数罪并罚应遵守法定的程序规则和操作方法。

二、刑法规定数罪并罚制度具有重要意义

（一）贯彻、落实罪责刑相适应原则

在一人犯数罪的情形各异，不同的情形反映行为不同的社会危害性和行为人不同的主观恶性和人身危险性，因而刑法上应区别不同情形区别对待，采用不同的并罚方法。

（二）公正司法的要求

为法官规定数罪并罚方法，既是对法官裁判权的约束，又是对犯罪人权益之保障，还为有关司法机关、当事人及社会监督法官数罪并罚的审判行为提供判准。无论是从贯彻罪责刑相适应原则的要求来看，还是从司法公正的理想来看，都禁止法官对一人所犯数罪"估堆"判决。

（三）发挥刑法技术优势

规定数罪并罚制度对处理错案等特殊情况具有技术上的优势。例如，在发现已并罚的数罪中有一罪的定罪或量刑错误的情况下，再审只涉及该罪的定罪或量刑以及数罪并罚的那个并罚结果，而不涉及其他罪的判决。

（四）人道主义

如对一人所犯数罪所判刑期的总和可能达到上百年的情形，不可能执行上百年的羁押；对一人所犯两罪中一罪判死刑，一罪判无期徒刑或有期徒刑的情形，不可能让该人在服刑过程中等待死亡。

第六十九条 判决宣告以前一人犯数罪的，除判处死刑和无期徒刑的以外，应当在总和刑期以下、数刑中最高刑期以上，酌情决定执行的刑期，但是管制最高不能超过三年，拘役最高不能超过一年，有期徒刑总和刑期不满三十五年的，最高不能超过二十年，总和刑期在三十五年以上的，最高不能超过二十五年。

数罪中有判处有期徒刑和拘役的，执行有期徒刑。数罪中有判处有期徒刑和管制，或者拘役和管制的，有期徒刑、拘役执行完毕后，管制仍须执行。

数罪中有判处附加刑的，附加刑仍须执行，其中附加刑种类相同的，合并执行，种类不同的，分别执行。

本条是关于判决宣告前一人犯数罪的并罚方法的规定，是关于数罪并罚之常态的规定，其中隐含着数罪并罚的原则。

一、数罪并罚原则：性质及类型

数罪并罚的原则，即对一人所犯数罪合并处罚的原则，是数罪并罚制度的灵魂或核心。数罪并罚的原则并不是单纯的技术性原则，它还承载着刑事政策取向和刑法价值追求。这最为鲜明地体现在刑法对不同情形的数罪适用不同的并罚原则这一点上。

在各国立法例上，数罪并罚原则主要是以下四种。

（一）吸收原则

即对一人所犯的数罪以重罪刑罚吸收轻罪刑罚的方法合并处罚的原则。在操作上，先对数罪分别定罪量刑，在比较各罪宣告刑之轻重的基础上，以最重的宣告刑作为应执行的刑罚，其他宣告刑被吸收而不再执行而不再执行。数罪并罚中的重刑吸收轻刑不同于罪数问题中的重罪吸收轻罪。判断是重罪还是轻罪的基础是各罪具体的法定最高刑，法定最高刑较轻的那一罪被法定最高刑较重的那一罪吸收不再量刑。而数罪并罚中判断是重刑还是轻刑的基础是数罪分别被判处的宣告刑，与各罪的法定刑没有直接关系。

吸收原则对数个宣告刑中最高刑为死刑或无期徒刑的情形适用具有合理性，但对其他情形不具有合理性。如适用于其他情形，不但会导致犯两罪甚至三罪以上与犯一罪刑罚相同，明显违反罪刑均衡原则，而且会导致刑罚的威慑力丧失，因为在行为人犯了某罪的情况下，他再犯其他较该罪更轻的罪不会给他带来任何刑罚上的消极后果。

（二）并科原则

即对一人所犯数罪分别判处的宣告刑简单相加，合并执行的原则。并科原则与报应刑思想相适应，表面上符合形式正义和罪责刑相适应原则，但若将其贯彻到底，会出现过于苛酷的结果。如在死刑与任何自由行并科之场合，必先执行自由刑再执行死刑！这种情形之并科的效果就是酷刑。即便对数个有期自由刑采用并科原则处理的场合，也可能各自由刑相加的总和刑期超过人的自然寿命而没有意义。

（三）限制加重原则

即以对一人所犯数罪所判处的数个宣告刑中最重者为基础，在一定限度内对其予以加重作为对数罪应当执行的刑罚，或者在数个宣告刑的总和刑期以下，依法决定应当执行的刑期的方法。限制加重原则克服了并科原则失之过严和吸收原则失之过宽的弊端，坚持了有罪必罚和罪行均衡的刑罚正义理念，对有期自由刑普遍适用。但对死刑、无期徒刑，该原则并无用武之地。

（四）混合原则

也称"折中原则"，即根据各种刑罚方法的特点和上述原则各自的优劣，对上述诸原则扬长避短、综合为用的原则。

二、我国刑法规定的数罪并罚原则

从第69条的规定来看，我国刑法中的数罪并罚制度采用的是折中原则，即对吸收原则、并科原则、限制加重原则综合为用。

（一）吸收原则

吸收原则在第69条中的表现有二：（1）根据第69条第1款的规定，对一人所犯数罪所分别判处的数个宣告刑中最高刑是死刑或无期徒刑的，只执行一个死刑或一个无期徒刑，其他较轻的宣告刑被吸收。判处数个死刑的，只执行一个死刑；数个宣告刑中有死刑和死刑缓期二年执行的，只执行死刑；数个宣告刑中有死刑和无期徒刑的，只执行死刑。（2）数罪中有被判处有期徒刑和拘役的，执行有期徒刑，拘役被吸收而不再执行。

（二）限制加重原则

这是数个宣告刑均有同种的有期自由刑的场合适用的原则。根据第69条的1款，数个宣告刑均为有期自由刑的，应在数刑中最高刑期以上，总和刑期以下，酌情决定应当执行的刑期，但管制最高不得超过三年，拘役最高不得超过一年，有期徒刑总和刑期不满三十五年的，最高不得超过二十年，总和刑期在三十五年以上的，最高不得超过二十五年。数刑中最高刑期"以上"，不应包括该最高刑期，否则会出现对数罪分别定罪量刑时较轻的罪并判刑，而在数罪并罚时实际上免予刑罚处罚、司法前后矛盾的错误结果，也违反刑法有罪必罚和罪行均衡的价值追求，同时将限制加重原则与吸收原则混同。[①]总和刑期"以下"，解释为包括本数在理论逻辑和实践上都是说得通的。

（三）并科原则

并科原则体现在第69条第2款后半段和第3款中。（1）数罪中有判处有期徒

---

① 由此说明，刑法第99条规定的"本法所称以上……包括本数"并不周延。

刑与管制，或拘役与管制的，有期徒刑、拘役执行完毕后，管制仍须执行。即有期徒刑与管制的并科和拘役与管制的并科。因此，对一个罪犯只能决定执行一个主刑的观点[①]，至少在2011年《刑法修正案（八）》施行后是站不住脚的。（2）我国刑法中的数罪并罚对附加刑原则上采取并科原则。如数罪中有被判处罚金、没收财产、驱逐出境的，既要执行罚金，又要执行没收财产和驱逐出境。但对数个宣告的附加刑有适用吸收原则的可能，如在数个宣告的附加刑中有没收部分财产和没收全部财产的，应当只执行一个没收全部财产。对判处数个没收部分财产的，有适用限制加重原则的可能，即以犯罪人的个人财产总额为限没收财产；有被判处数个剥夺政治权利的，由于除被判处死刑、无期徒刑的以外，剥夺政治权利的期限为一年以上五年以下，因而剥夺政治权利期限的总和不得超过五年，超过五年时以五年计算。这两种情形都类似于限制加重原则。

有人认为："我国数罪并罚的'混合原则'存在以下基础性偏误：在词义上违背了'原则'基本语义，在形式上背离形式逻辑基本定律，在内容上缺乏正当性基础。这些偏误致使我国数罪并罚制度在理论逻辑上难以自洽、在司法实践中较难实现罪刑均衡目的。上述偏误之所以产生，源于人们对'混合原则'本质属性认识错误"；"'混合原则'的本质属性并非数罪并罚的基本原则，而是数罪并罚的方法（组合）"；"'并科原则'因其科学合理性应被确立为数罪并罚的基本原则，用以指引司法实践"。[②]

三、判决宣告以前数罪并罚的罪的范围

判决宣告以前实习数罪并罚的数罪，不分故意犯罪还是过失犯罪，但原则上是不同种罪。"'一罪一刑'的罪行关系、行为责任论、量刑情节的差异性等原理与事实，决定了对判决宣告以前的同种数罪，原则上应当实行并罚；但是，对于刑法分则将多次、数额巨大或特别巨大规定为法定刑升格条件的犯罪，不应当实行并罚；对于想象竞合犯、牵连犯与吸收犯的同种数罪，原则上并罚，例外不并罚；对于刑法分则将情节严重或特别严重规定为法定刑升格条件的犯罪，以及法定最高刑为无期徒刑与死刑的犯罪，原则上不并罚，例外并罚；在同时存在应当并罚与不必并罚的交叉情形时，需要按照刑罚的正当化根据（尤其是最新相适

[①] 陈兴良主编：《刑法总论精释》（下），人民法院出版社2016年第3版，第877页。
[②] 李晓磊：《我国数罪并罚"混合原则"本质属性之辨证》，载《甘肃政法学院学报》2019年第2期。

应原理）灵活处理。对刑罚执行完毕以前发现同种漏罪的，不能一概采取并罚原则；在以一罪论处才能实现最新相适应原则时，应通过审判监督程序重新量刑；已经执行的刑期，计算在重新决定的刑期之内。"①

第七十条 判决宣告以后，刑罚执行完毕以前，发现被判刑的犯罪分子在判决宣告以前还有其他罪没有判决的，应当对新发现的罪作出判决，把前后两个判决所判处的刑罚，依照本法第六十九条的规定，决定执行的刑罚。已经执行的刑期，应当计算在新判决决定的刑期以内。

本条是关于判决宣告后、刑罚执行完毕以前发现漏罪的并罚的规定。

一、何为"判决宣告以后"

适用关于漏罪的并罚条款，须是漏罪发现于判决宣告后、刑罚执行完毕以前。对第69条中的"判决宣告以前"和第70条（和第71条）中的"判决宣告以后"，是否应按字面理解，学界存在分歧。

张明楷在其《刑法学》（第五版）中阐述数罪并罚问题时，对有关条文中"判决宣告以前"和"判决宣告以后"的含义没有深究，大致是按字面理解。阮齐林著的教科书也未明确探究"判决宣告以前"和"判决宣告以后"含义，但其将数罪并罚分为三种情况，即"判决宣告前的数罪并罚""刑罚执行过程中发现'漏罪'的并罚"以及"刑罚执行中'犯新罪'的并罚"。②由于刑罚执行的前提是刑事判决已经生效，这个分类中隐含着"判决宣告以前"是指"判决宣告并生效以前"的意思。若按字面理解"判决宣告以前"，则该分类并不周延，因为它并不能涵盖判决宣告以后、生效之前发现漏罪的情况。

高铭暄、马克昌认为，第69条中的"判决宣告以前"，是指判决已经宣告并发生法律效力以前。③照此推理，第70条和第71条中的"判决宣告以后"就是指判决（宣告并）生效以后。陈兴良等也认为，判决宣告以后、交付执行以前发现漏罪的，是否适用第70条的规定数罪并罚，关键在于已宣告的判决是否发生法律

---

① 张明楷：《论同种数罪的并罚》，载《法学》2011年第1期。
② 阮齐林：《刑法学》，中国政法大学出版社2011年第3版，第285—286页。
③ 高铭暄、马克昌主编：《刑法学》，北京大学出版社、高等教育出版社2017年第8版，第278页。

效力，只有在该判决已发生法律效力的情况下，才能适用第70条。在判决宣告以后，但未发生法律效力以前发现漏罪的，若漏罪与已判决的罪属于同种罪，一般不实行并罚；若漏罪与已判决之罪属不同种罪，则适用第69条并罚。①

应该认为，对刑法数罪并罚条款中的"判决宣告以前"和"判决宣告以后"应作论理解释，不宜作文理解释，即将"宣告"解释为"宣告并生效"。因为判决生效以判决宣告为前提，所以将"宣告"解释为"宣告并生效"也就等于"生效"。这样，"判决宣告以前"就是指"判决生效以前"；"判决宣告以后"就是指"判决生效以后"。理由有二：一是根据第70条和第71条的表述，在对漏罪或新犯的罪作出判决后进行数罪并罚时，要承认以前的判决的效力，也就意味着以前的判决是生效判决。二是对漏罪或新罪的并罚都涉及已经执行的刑期，刑罚已经执行意味着以前的判决已经生效。

但是无论对此作何种理解，司法实务上都会涉及实体和程序两个方面的问题。在实体上，上述理解会导致判决生效前发现的任何未经处理的异种罪界定为漏罪；在程序上，司法机关应从有效打击犯罪、预防犯罪的宗旨出发运用好刑事诉讼法。

对"判决宣告以前"和"判决宣告以后"作论理解释，在司法实践中也是合理的。如甲两次抢劫，每次都致1人轻伤。一审判决宣告后但未生效前，公安机关发现其还有一桩致1人轻伤的抢劫罪没有处理。对这种情况，检察机关应以一审事实不清为由提出抗诉。若对第70条中的"判决宣告以后"作形式解释，在本案之情形并不合理，一是不应发生数罪并罚的问题；二是一审判决未生效，不可能作为计算数罪并罚应执行的刑期的根据；三是若待一审判决生效后再追究漏罪，按数罪并罚处理可能会宽纵罪犯。若是在二审期间发现该漏罪，则第二审人民法院应依照刑事诉讼法的规定，裁定撤销原判，发回原审人民法院重新审判，一审法院重新审判时，不适用关于数罪并罚的规定。②

二、漏罪的范围

（一）时间范围

如上所述，在时间维度上，漏罪应限于判决生效以前发生并在判决生效时未

---

① 陈兴良主编：《刑法总论精释》（下），人民法院出版社2016年第3版，第884—885页。
② 《最高人民法院关于判决宣告后又发现被判刑的犯罪分子的同种漏罪是否实行数罪并罚问题的批复》。该司法解释性质的文件虽然是1993年发布的，但其精神依然适用。其在现行法中的根据就是《刑事诉讼法》（2018年修正）第236条。

经处理的犯罪，且该漏罪应在刑罚执行完毕以前被发现。如果是判决生效以后才发生并在刑罚执行完毕以前被发现，则属于"又犯新罪"的并罚，适用刑罚第71条，而不适用第70条。

（二）罪质范围

在罪质上，并罚的漏罪原则上是与已判决的罪不同种的罪。通说的立场是一概并罚，并不区分漏罪是同种罪还是异种罪。最高人民法院的有关意见反映的也是这一立场。最高人民法院认为："人民法院的判决宣告并已发生法律效力以后，刑罚还没有执行完毕以前，发现被判刑的犯罪分子在判决宣告以前还有其他罪没有判决的，不论新发现的罪与原判决的罪是否属于同种罪，都应当依照刑法……的规定实行数罪并罚。"[①]一概并罚的立场，可能是着重于生效裁判的严肃性和既判力，而忽视了一概并罚可能导致的罪行失衡等问题。对此，在上文甲三次抢劫案的不同处理情况的对比中可见一斑。对最高人民法院同种漏罪一概并罚的立场，部分学者持明确的否定态度，认为其不仅违背了罪刑法定原则与法律平等适用原则，且存在可能突破法定刑上限和宽纵犯罪人的情况，由此造成数罪并罚制度溢出明显的负面效应，不能有效保障犯罪人的人权。对此，要通过实体法与程序法双重路径加以完善。具体言之，在实体法上可通过刑法解释明确刑法第 70 条中的"其他罪"限异种罪；在具体处断上，要区分所涉犯罪的法定刑幅度是一档还是多档，并根据犯罪人的情节进行具体认定。在程序上，要明确同种漏罪的审判程序，可根据发现同种漏罪的时间不同，分为不同的情形加以处理。[②]

（三）谁"发现"漏罪

刑法第70条中的"发现"的主体为何？对此存在"法院发现"说和"最早发现"说的对垒。"法院发现"说认为"发现"是指法院对该行为作出的有罪判决生效，"最早发现"说认为"发现"是指任何公安司法机关发现漏罪。依据第70条作出的数罪并罚结果与依据第69条作出的数罪并罚结果应当一致。在发现漏罪时前罪未执行刑期较短的情况下，采用"法院发现"说可能导致对漏罪不能按第70条数罪并罚，而是对其单独定罪量刑并执行的情况，这相较于并罚结果而言对

---

① 《最高人民法院关于判决宣告后又发现被判刑的犯罪分子的同种漏罪是否实行数罪并罚问题的批复》。
② 袁林、杨万琴：《同种漏罪并罚制度的问题及修正》，载《华东政法大学学报》2019年第3期。

犯罪人不利。而这在很大程度上是由司法机关办案速度决定的，对犯罪人并不公正。因此，"最早发现"说比"法院发现"说为优，前者"发现"的时间对特定案件来说是确定的。

三、发现漏罪的并罚方法

根据第70条的规定，判决生效后、刑罚执行完毕以前发现漏罪时，应当对漏罪作出判决，把前后两个判决所判处的刑罚，依照第69条的规定，决定执行的刑罚。已经执行的刑期，应当计算在新判决决定的刑期以内。即除适用吸收和并科的情形外，对同种的有期自由刑按限制加重原则并罚；已经执行的刑期，应计算在新判决决定的刑期内。这种并罚方法称为"先并后减"。例如，吴某犯抢劫罪被判有期徒刑14年，已执行8年时发现其在判决生效前还有一桩强奸罪未处理。该强奸罪被判15年。对该两罪，应在15年以上29年以下决定有期徒刑刑期，法官大致判其有期徒刑20年（顶格判）。减去他已经执行的8年，还应执行12年有期徒刑。这个判决的效果与仿佛一开始就对其数罪并罚一样。

死缓犯在死刑缓期执行期内被发现漏罪的，依据第70条的规定数罪并罚，决定执行死刑缓期执行的，死刑缓期执行期间自新判决确定之日起计算，已经执行的死刑缓期执行期间计入新判决的死刑缓期执行期间内，但漏罪被判处死刑缓期执行的除外。[①]

死缓犯在死刑缓期执行期满后被发现漏罪，依据第70条的规定数罪并罚，决定执行死缓的，交付执行时对罪犯实际执行无期徒刑，死缓考验期不再执行，但漏罪被判处死缓的除外；在无期徒刑减为有期徒刑时，前罪死刑缓期执行减为无期徒刑之日起至新判决生效之日止已经实际执行的刑期，应计算在减刑裁定决定执行的刑期以内。[②]

被判处无期徒刑的罪犯在减为有期徒刑后因发现漏罪，依据第70的规定数罪并罚，决定执行无期徒刑的，前罪无期徒刑生效之日起至新判决生效之日止已经实际执行的刑期，应在新判决的无期徒刑减为有期徒刑时，在减刑裁定决定执行的刑期内扣减；无期徒刑罪犯减为有期徒刑后因发现漏罪判处三年有期徒刑以

[①] 《最高人民法院关于办理减刑、假释案件具体应用法律的规定》（法释〔2016〕23号）第35条。

[②] 《最高人民法院关于办理减刑、假释案件具体应用法律的规定》（法释〔2016〕23号）第36条。

下刑罚，数罪并罚决定执行无期徒刑的，在新判决生效后执行一年以上，符合减刑条件的，可以减为有期徒刑。[①]

第七十一条 判决宣告以后，刑罚执行完毕以前，被判刑的犯罪分子又犯罪的，应当对新犯的罪作出判决，把前罪没有执行的刑罚和后罪所判处的刑罚，依照本法第六十九条的规定，决定执行的刑罚。

本条规定的是判决宣告以后、刑罚执行完毕以前又犯新罪的并罚。

一、特点

这种并罚的特点是：（1）新罪发生在判决生效以后、刑罚执行完毕以前；（2）先对新犯的罪作出判决后，再与前罪没有执行的刑罚根据第69条的规定并罚；（3）已经执行的刑期并不计算在新判决所决定的刑期内。

所犯新罪除了应发生在判决生效后、刑罚执行完毕以前外，对其与前罪是异种罪还是同种罪，在所不问。

但对该新罪发现于何时，第71条中并无文字提示。应认为，只要在其追诉时效期限内发现，第71条都应适用。第71条中"已经执行的刑期"，是指到犯新罪之日已经执行的刑期，不这样解释既会使已经执行的刑期长短变得不确定，也背离了数罪并罚制度区分不同情况分别确定并罚方法的目的。因此，即便在前罪刑罚执行完毕后才发现犯罪人在刑罚执行期间所犯新罪的情况下，也可适用第71条对其数罪并罚。

判决宣告以后、刑罚执行完毕以前又犯新罪的并罚，除了吸收、并科的情形外，对有期自由刑采用的并罚方法是"先减后并"，这是比"先并后减"严厉的方法。刑法之所以对犯新罪的并罚采用比对漏罪的并罚更严厉的态度，是因为犯罪人在刑罚执行期间又犯新罪，反映其更重的人身危险性和再犯可能性。仍以前面提及的吴某的抢劫罪和强奸罪为例。现在假设吴某的强奸罪发生在其已因抢劫罪服刑8年之时，其他不变。前罪未执行的刑期是14-8=6年，将新罪的15年有期徒刑与前罪余刑6年并罚，应在15年以上21年以下决定其刑罚，法官大致判其20

[①] 《最高人民法院关于办理减刑、假释案件具体应用法律的规定》（法释〔2016〕23号）第37条。

年有期徒刑，即他从犯新罪之日起，还要服刑20年。这样一来，对吴某数罪并罚的结果，因该两罪他应服刑8+20=28年。与漏罪并罚相比，这个并罚方法的严厉性够明显了。

二、数罪并罚问题的复杂性

除了一次并罚外，还存在二次并罚。二次并罚即数罪并罚后的数罪并罚，理论上存在多次并罚。这里举几个二次并罚等问题，以向读者揭示数罪并罚理论和实践上的复杂性，以及我国刑法典中数罪并罚条款的不敷使用。

（一）数罪并罚以后的漏罪并罚

如甲因A罪被判有期徒刑5年，因B罪被判有期徒刑7年，数罪并罚决定执行有期徒刑11年。执行期间甲被发现还有判决宣告前所犯的C罪没有判决，该罪应判有期徒刑8年。对数罪并罚后的漏罪如何并罚，存在执行刑说和宣告刑说两种学说。就该案来说，执行刑说主张以前判决决定的执行刑11年与对漏罪判处的8年并罚，故应在11年以上19年以下判处有期徒刑；而宣告刑说主张将各罪的宣告刑5年、7年、8年并罚，故应在8年以上20年以下判处有期徒刑。执行刑说着眼于前一判决的既判力和严肃性；宣告刑说着眼于数罪并罚后发现漏罪的并罚与判决宣告前已发现该"漏罪"情形下的数罪并罚应然意义上的实质相同性，更注重罪行均衡的要求。目前执行刑说是通说，似乎它也较符合第70条中"前后两个判决所判处的刑罚"的倾向性含义。

对数罪并罚后又犯新罪情况下的并罚情形下，第71条中"前罪没有执行的刑罚"应指什么而言，执行刑说具有借鉴意义。

（二）刑满释放后发现漏罪和新罪

为了讨论的便利，这里假设已决罪、漏罪和新罪属不同种罪，分别是A罪、B罪、C罪，再假设B罪发生在刑罚执行期间，C罪发生在判决宣告前。根据一些学者的思路，这种情形属于对判决前的数罪进行并罚，即对B罪和C罪进行并罚，B罪和C罪的处理不再与A罪的处理发生关系。[1]这种思路的处理结果有不合理之处，至少有二：（1）即使得B罪发生前的减刑有效，因为刑罚执行期间还犯新罪，通常说明不思悔改，本不应减刑；（2）不能将"前罪没有执行的刑罚"是指至犯新罪之日前罪没有执行的刑罚这个确定的语义贯彻到底。如果以犯罪发生

---

[1] 参见陈兴良主编：《刑法总论精释》（下），人民法院出版社2016年第3版，第889页。

的先后分步处理，即先将A罪和C罪并罚，比方说两罪并罚，决定执行有期徒刑10年。再假设其犯B罪时已执行6年，B罪被判8年。将前一个并罚结果（执行刑）未执行的4年与执行期间新犯的罪的刑罚8年合并，比如决定执行有期徒刑11年。这11年就是其自犯新罪之日起应执行的刑罚。犯新罪后他又执行了4年。这样，他刑释后还要"进宫"执行11-4=7年有期徒刑。但实际上他可能在犯新罪前后都获得减刑。但这样处理虽有一定的实质合理性，但技术上稍显烦琐，也有法律上的不妥当性。如A罪刑罚实际上已经执行完毕。在刑罚执行完毕后发现的漏罪与其并罚，并不符合第70条的规定。

（三）漏罪并罚、新罪并罚对原减刑裁定效力的影响

由于刑法规定漏罪并罚时应当"把前后两个判决所判处的刑罚，依照……决定执行的刑罚"，漏罪并罚时应当"把前罪没有执行的刑罚和后罪所判处的刑罚，依照……决定执行的刑罚"，因此，在数罪并罚时，决定执行的刑罚的计算基础是前一个判决所判处的刑罚（或前罪没有执行的刑罚）和对漏罪（或新罪）所判处的刑罚。这样一来，数罪并罚时实际上将数罪并罚前针对犯罪人的减刑裁定的效力否定了。但漏罪被发现是因为犯罪人自首而被发现，还是群众发现而扭送、报警或司法机关首先发现，反映出犯罪人不同的人身危险性和再犯可能性，因而应区别对待。在刑罚执行期间又故意犯罪而并罚的情形，再犯表征着犯罪人主观上的无悔改和改造的失败，否定先前之减刑裁定的效力，但死缓减为无期徒刑、有期徒刑或无期徒刑减为有期徒刑的减刑裁定因死缓和无期徒刑的特殊性而有所不同。对此，有关司法解释规定："罪犯被裁定减刑后，刑罚执行期间因发现漏罪而数罪并罚的，原减刑裁定自动失效。如漏罪系罪犯主动交代的，对其原减去的刑期，由执行机关报请有管辖权的人民法院重新作出减刑裁定，予以确认；如漏罪系有关机关发现或者他人检举揭发的，由执行机关报请有管辖权的人民法院，在原减刑裁定减去的刑期总和之内，酌情重新裁定。"[1] "罪犯被裁定减刑后，刑罚执行期间因故意犯罪而数罪并罚时，经减刑裁定减去的刑期不计入已经执行的刑期。原判死刑缓期执行减为无期徒刑、有期徒刑，或者无期徒刑减为有期徒刑的裁定继续有效。"[2]

---

[1]　《最高人民法院关于办理减刑、假释案件具体应用法律的规定》（法释〔2016〕23号）第34条。

[2]　《最高人民法院关于办理减刑、假释案件具体应用法律的规定》（法释〔2016〕23号）第33条。

（四）其他复杂问题

刑法第69条第2款是《刑法修正案（九）》增补进去的，对拘役和有期徒刑的并罚采行吸收原则，对管制和有期徒刑、管制和拘役的并罚采行并科原则。拘役虽重于管制，但在并罚时却轻于管制，如此规定使拘役和管制的选择将对被告人权益产生重大影响。一罪一罚原则要求在对数罪分别定罪量刑时，不应考虑并罚后是什么结局，而应以刑罚之正当化根据为指导，以案件事实为根据、以刑法之规定为准绳，独立地对被告人所犯数罪分别定罪量刑，再依法实行并罚。该新增条款还对剥夺政治权利、刑期折抵、累犯、数罪并罚、缓刑、假释的适用带来诸多新问题，需要在未来的刑法修正案中进一步明确。①正因如此，有学者认为该款的增补或许是《刑法修正案（九）》中最草率的规定。②

第五节　缓刑

第七十二条　对于被判处拘役、三年以下有期徒刑的犯罪分子，同时符合下列条件的，可以宣告缓刑，对其中不满十八周岁的人、怀孕的妇女和已满七十五周岁的人，应当宣告缓刑：

（一）犯罪情节较轻；

（二）有悔罪表现；

（三）没有再犯罪的危险；

（四）宣告缓刑对所居住社区没有重大不良影响。

宣告缓刑，可以根据犯罪情况，同时禁止犯罪分子在缓刑考验期限内从事特定活动，进入特定区域、场所，接触特定的人。

被宣告缓刑的犯罪分子，如果被判处附加刑，附加刑仍须执行。

第七十三条　拘役的缓刑考验期限为原判刑期以上一年以下，但是不能少于二个月。

有期徒刑的缓刑考验期限为原判刑期以上五年以下，但是不能少于一年。

缓刑考验期限，从判决确定之日起计算。

---

①②　张明楷：《数罪并罚的新问题——〈刑法修正案（九）〉第4条的适用》，载《法学评论》2016年第2期。

第七十四条 对于累犯和犯罪集团的首要分子，不适用缓刑。

第七十五条 被宣告缓刑的犯罪分子，应当遵守下列规定：

（一）遵守法律、行政法规，服从监督；

（二）按照考察机关的规定报告自己的活动情况；

（三）遵守考察机关关于会客的规定；

（四）离开所居住的市、县或者迁居，应当报经考察机关批准。

第七十六条 对宣告缓刑的犯罪分子，在缓刑考验期限内，依法实行社区矫正，如果没有本法第七十七条规定的情形，缓刑考验期满，原判的刑罚就不再执行，并公开予以宣告。

第七十七条 被宣告缓刑的犯罪分子，在缓刑考验期限内犯新罪或者发现判决宣告以前还有其他罪没有判决的，应当撤销缓刑，对新犯的罪或者新发现的罪作出判决，把前罪和后罪所判处的刑罚，依照本法第六十九条的规定，决定执行的刑罚。

被宣告缓刑的犯罪分子，在缓刑考验期限内，违反法律、行政法规或者国务院有关部门关于缓刑的监督管理规定，或者违反人民法院判决中的禁止令，情节严重的，应当撤销缓刑，执行原判刑罚。

第72条至第77条是构成普通缓刑制度。

一、适用条件

缓刑之适用条件包括：（1）仅适用于被判处3年以下有期徒刑或拘役的犯罪人。由于对缓刑犯仍然存在监管的问题，对管制犯宣告缓刑并无意义。（2）适用缓刑确实不致再危害社会。这个条件的具体要素包括犯罪情节轻微、有悔罪表现、没有再犯罪的危险、宣告缓刑对所居住社区没有重大不良影响。前三个要素的设定是基于法律理由，其中，没有再犯罪的危险是适用缓刑的实质性要件。（3）累犯和犯罪集团首要分子，不在缓刑适用对象之范围。符合这些条件的，可以宣告缓刑；对其中不满十八周岁的人、怀孕的妇女和已满七十五周岁的人，应宣告缓刑。但根据有关司法解释[①]，符合前述3个条件，但具有下列情形之一的

---

① 最高人民法院、最高人民检察院《关于办理职务犯罪案件严格适用缓刑、免予刑事处罚若干问题的意见》第2条。

职务犯罪分子,一般不适用缓刑:(1)不如实供述罪行的;(2)不予退缴赃款赃物或将赃款赃物用于非法活动的;(3)属于共同犯罪中情节严重的主犯的;(4)犯有数个职务犯罪依法实行并罚或以一罪处理的;(5)曾因职务违纪违法行为受过行政处分的;(6)犯罪涉及的财物属于救灾、抢险、防汛、优抚、扶贫、移民、救济、防疫等特定款物的;(7)受贿犯罪中具有索贿情节的;(8)渎职犯罪中徇私舞弊情节或滥用职权情节恶劣的;(9)其他不应适用缓刑的情形。

基于刑事政策和我国缓刑适用率低的考量,对第72条中"不满十八周岁的人、怀孕的妇女和已满七十五周岁的人,应当宣告缓刑",宜扩张适用于哺乳自己婴儿的妇女及患有严重疾病、生活不能自理的人及其唯一扶养人。[①]

缓刑的效力只及于主刑,不及于附加刑。

二、缓刑与累犯

累犯情节表征犯罪人人身危险性大,因而对累犯不应适用缓刑。缓刑考验期满后又犯罪的,因前罪刑罚并未执行,不符合累犯的前罪"刑罚执行完毕或赦免以后"的前提条件,不成立累犯。

三、关于缓刑之撤销

缓刑犯在缓刑考验期限内犯新罪的,无论新罪发现于缓刑考验期限内还是发现于缓刑考验期满后,只要所犯新罪还在追诉时效期限内,均应撤销缓刑,实行数罪并罚。缓刑犯缓刑考验期满后才被发现判决宣告前还有漏罪没有判决的,不再撤销缓刑,仅对漏罪进行追诉。

四、缓刑撤销后再次适用缓刑的问题

无论是缓刑考验期间犯新罪还是发现漏罪,对缓刑被撤销后能否再次适用缓刑的问题,在司法实践中存在不同理解。当缓刑被撤销后,不宜直接肯定或者否定能否对缓刑考验期间犯新罪或发现漏罪宣告缓刑,应结合以下三种情形分别处理:(1)在缓刑考验期内再故意犯新罪的,不能再宣告适用缓刑;(2)在缓刑考验期内过失再犯新罪的,可以宣告缓刑,但在决定是否宣告缓刑时,应综合考

---

① 赵兴洪:《缓刑实质要件的刑事政策考量》,载《福建警察学院学报》2017年第2期。

虑其所犯前罪情况、新罪情况和悔罪表现，从严把握；（3）在缓刑考验期内发现漏罪的，无论是故意犯罪还是过失犯罪，若漏罪仍符合缓刑适用之客观条件，则依然可以适用缓刑。①

五、缓刑立法模式

"由于国情和立法价值取向不同，不同国家对缓刑立法模式的选择也有差异。各国缓刑立法模式可以分为刑罚暂缓宣告制、刑罚暂缓执行制和综合缓刑制。其中，综合缓刑制既融合了刑罚暂缓宣告制与刑罚暂缓执行制这两种模式以取长补短，又融合了其他制裁方式以弥补缓刑之缺漏，堪为缓刑立法之理想模式。我国缓刑之基本模式是刑罚暂缓执行制中的附条件不执行，这种单一立法模式在实践中凸显出诸多缺憾。应当借鉴综合缓刑制之合理因素，从完善刑罚暂缓执行制、引入刑罚暂缓宣告制、增设附加其他制裁措施之情形等方面着手，重构我国缓刑立法模式。②

第六节　减刑

第七十八条　被判处管制、拘役、有期徒刑、无期徒刑的犯罪分子，在执行期间，如果认真遵守监规，接受教育改造，确有悔改表现的，或者有立功表现的，可以减刑；有下列重大立功表现之一的，应当减刑：

（一）阻止他人重大犯罪活动的；

（二）检举监狱内外重大犯罪活动，经查证属实的；

（三）有发明创造或者重大技术革新的；

（四）在日常生产、生活中舍己救人的；

（五）在抗御自然灾害或者排除重大事故中，有突出表现的；

（六）对国家和社会有其他重大贡献的。

减刑以后实际执行的刑期不能少于下列期限：

（一）判处管制、拘役、有期徒刑的，不能少于原判刑期的二分之一；

（二）判处无期徒刑的，不能少于十三年；

---

① 汪敏、杨晓晨：《缓刑撤销后再次适用缓刑相关问题探究》，载《上海法学研究》集刊（2019年第3卷）。

② 贾济东、刘春阳：《重构缓刑立法模式刍议》，载《江汉论坛》2013年第1期。

（三）人民法院依照本法第五十条第二款规定限制减刑的死刑缓期执行的犯罪分子，缓期执行期满后依法减为无期徒刑的，不能少于二十五年，缓期执行期满后依法减为二十五年有期徒刑的，不能少于二十年。

本条是关于减刑条件和限度的规定。

本条第2款第2项和第3项经2011年《刑法修正案（八）》修正而成，这次宪法修正提高了判决型无期徒刑和减刑型无期徒刑减刑后实际执行的刑期。判决型无期徒刑，是指生效的刑事判决中判处的无期徒刑；减刑型无期徒刑，是指被判处死缓的罪犯在死刑缓期执行期满后，由人民法院以减刑裁定的形式裁定适用的无期徒刑。

《刑法修正案（八）》将判决型无期徒刑减刑后实际执行的最低刑期由10年提高到13年。

本条第2款第2项中的"判处无期徒刑的"，包括由死缓减为无期徒刑，但未被限制减刑的情况。所以，它实际上涵盖了判决型无期徒刑和未被限制减刑的减刑型无期徒刑两种情况。判决型无期徒刑减刑后实际执行的刑期不低于13年，是指从无期徒刑判决确定之日起，实际执行的刑期不能低于13年。

根据第50条第2款，人民法院对以下三大类犯罪分子，可以根据犯罪情节等情况同时决定对其限制减刑：（1）被判处死缓的累犯；（2）因故意杀人、强奸、抢劫、绑架、放火、爆炸、投放危险物质被判处死缓的犯罪分子；（3）因有组织的暴力性犯罪被判处死缓的犯罪分子。限制减刑的死缓犯，死刑缓期执行期满依法减为无期徒刑的，实际执行的刑期不得少于25年，该25年从死刑缓期执行期满第2日起算；死刑缓期二年执行期间因有重大立功表现，缓期执行期后依法减为25年有期徒刑的，最低执行期限不能少于20年，该最低执行期限也自死刑缓期执行期满第2日起算。因此，限制减刑的死缓犯，有重大立功表现的，加上2年的死刑缓期执行期和通常在1年以上的判决确定前的羁押期，其实际羁押期不低于23年；同样，死刑缓期执行期间没有重大立功表现的死缓犯的实际服刑期限不低于28年。

值得注意的是，2015年《刑法修正案（九）》在刑法第383条第4款贪污罪的法定刑中加配"终身监禁"：贪污数额特别巨大或有其他特别严重情节的，处10年以上有期徒刑或无期徒刑，并处罚金或没收财产；数额特别巨大，并使国家和人民利益遭受特别重大损失的，处无期徒刑或死刑，并处没收财产。在这种情形下被判处死缓的，人民法院根据犯罪情节等情况可以同时决定在其死刑缓期执行二年期满依法减为无期徒刑后，终身监禁，不得减刑、假释。第386条规定，对犯受贿罪的，根据受贿所得数额及情节，依照第383条的规定处罚，索贿的从重处罚。由于终身监禁是刑法分则对贪污罪、受贿罪特别配置的"法定刑"，刑法总则中并未规定。因此，关于"终身监禁"的性质、体系地位等问题，至今依然是争讼不已的问题。①《刑法修正案（九）》的主要目的之一就是在《刑法修正案（八）》的基础上进一步废除一些死刑的罪名。设置终身监禁，是因为对重大贪污受贿犯罪人判处死刑过重，而判处死缓同时可能减刑、假释又明显过轻。这实际上隐含着否定对非暴力犯罪的死刑配置的立法导向。在贪污罪、受贿罪法定刑中配置"终身监禁"，实际上将无期徒刑分为可以减刑、假释的无期徒刑和不得减刑、假释的无期徒刑。但是，"将无期徒刑分为'可以减刑、假释'和'不得减刑、假释'两种情形，进而取代终身监禁，从文字表述、刑罚体系和立法技术来说都存在问题"。②"终身监禁与无期徒刑并不仅仅是名称上的区别，而是具有方法论和体系化上的差异；死刑的存废是一个整体的刑罚观念问题，从国家的反腐政策、转变人们的刑罚观念以及作为废除死刑的催化剂等各方面考察，终身监禁能够成为死刑的过渡，乃至替代措施；终身监禁的减刑只存在于被宣告终身监禁的犯罪分子，在死刑缓期执行期间，确有重大立功表现的情形，但是，在已经执行终身监禁期间，不存在减刑的可能性；终身监禁溯及力中的'从旧兼从轻'原则，应当只考虑新旧刑法法定刑轻重

---

① 黎宏认为，针对贪污罪、受贿罪规定的终身监禁"虽然在结局上是一种可能终身剥夺犯罪分子人身自由的自由刑，但是从本质上看其属于死刑，是一种与现有的死缓有别的死刑执行方式"。参见黎宏：《终身监禁的法律性质及适用》，载《法商研究》2016年第3期。张明楷先生认为，《刑法修正案（八）》施行后，刑法第383条第4款中的"终身监禁"不过是"不得减刑、不得假释"的同位语。"终身监禁是死缓适用的一种情形；《刑法》虽然没有在第50条规定终身监禁，但应当将终身监禁纳入《刑法》第50条的范围内予以理解和适用。被宣告终身监禁的罪犯，实际上存在三种结局：其一，在死缓执行期间故意犯罪，情节严重的，执行死刑；其二，在死缓执行期间有重大立功表现的，减为25年有期徒刑，丧失终身监禁的前提，即只需要执行25年有期徒刑即可；其三，在死缓执行期间，不存在上述两种情形，依法被减为无期徒刑后，终身监禁，不得减刑与假释。但《刑法》第383条第4款的'不得减刑'只能是《刑法》第78条中'可以减刑'的例外规定；如果罪犯有重大立功表现因而应当减刑时，则不再执行终身监禁。因此，绝对的终身监禁只有一种情形：被判处死缓并宣告终身监禁的罪犯，在死缓考验期间没有实施情节严重的故意犯罪，且没有重大立功表现，在死缓执行之后也一直没有重大立功表现。"参见张明楷：《终身监禁的性质与适用》，载《现代法学》2017年第3期。张明楷先生的解释坚持了实质解释立场，并坚持法益保护和人权保障的刑法宗旨。闫雨认为，"终身监禁是依附于死缓与无期徒刑执行制度而存在的，既属于死缓执行变更情形、又属于无期徒刑执行方式，适用于贪污受贿犯罪的特殊刑罚措施"。参见闫雨：《终身监禁的性质、适用与前景》，载《江西社会科学》2019年第2期。
② 赵东：《再论终身监禁的性质和适用》，载《广西社会科学》2019年第1期。

的比较，而不是量刑规则轻重的比较。"①终身监禁排除了总则中减刑、假释制度的适用，因此，对犯罪分子适用终身监禁，就使其永远与社会隔离，断绝了其回归社会的希望；其在狱中的表现好坏与自身的基本处遇、命运无关。对终身监禁本身的正当性的质疑，盖源于此。

根据有关司法解释②，2015年11月1日《刑法修正案（九）》施行后，依照刑法分则第八章贪污贿赂罪判处刑罚的原具有国家工作人员身份的罪犯，拒不认罪悔罪的，或确有履行能力而不履行或不全部履行生效裁判中的财产性判项的，一般不予减刑。

第七十九条 对于犯罪分子的减刑，由执行机关向中级以上人民法院提出减刑建议书。人民法院应当组成合议庭进行审理，对确有悔改或者立功事实的，裁定予以减刑。非经法定程序不得减刑。

第八十条 无期徒刑减为有期徒刑的刑期，从裁定减刑之日起计算。

第79条至第80条是关于减刑程序和无期徒刑减刑后的刑期计算的规定。

减刑程序（假释程序）为非对抗性程序。减刑程序的非对抗性导致其正当性不足。与之相联系的减刑程序规范的模糊性、减刑程序的非公开性以及监督机制效度低是减刑、假释领域腐败滋生的重要原因。2013年以前的数据显示，因职务犯罪、金融类犯罪等被定罪的三类罪犯减刑系数较大，即在较短时间内能获得较长时间的减刑。减刑程序的弱点与当事人能力因素的结合，一定程度上可以解释"减刑阿富贵"的现象。2014—2015年之数据显示，中央对三类罪犯之减刑政策持严厉态度，司法解释修订提高了减刑程序的公开性与透明化，同步监督之地方试点措施起到了监督制约作用。在合力作用下，针对三类罪犯的减刑系数表现出陡然下降的趋势，且反而低于非三类罪犯之减刑系数。③在刑法规定的减刑（假释）程序没有重大变化的情况下，出现这一逆转主要是司法领域防腐政策措施作用的结果。因此，应对减刑、假释案件庭审程序适度改造，提高案件相关人的参与度；构建多维参与机制，增强减刑、假释案件审理程序的透明度。

---

① 赵东：《再论终身监禁的性质和适用》，载《广西社会科学》2019年第1期。
② 《最高人民法院关于办理减刑、假释案件具体应用法律的补充规定》（自2019年6月1日起施行）第1条。
③ 林喜芬：《中国减刑程序公平性的实证研究》，载《中国法学》2016年第6期。

第七节　假释

第八十一条　被判处有期徒刑的犯罪分子，执行原判刑期二分之一以上，被判处无期徒刑的犯罪分子，实际执行十三年以上，如果认真遵守监规，接受教育改造，确有悔改表现，没有再犯罪的危险的，可以假释。如果有特殊情况，经最高人民法院核准，可以不受上述执行刑期的限制。

对累犯以及因故意杀人、强奸、抢劫、绑架、放火、爆炸、投放危险物质或者有组织的暴力性犯罪被判处十年以上有期徒刑、无期徒刑的犯罪分子，不得假释。

对犯罪分子决定假释时，应当考虑其假释后对所居住社区的影响。

第八十二条　对于犯罪分子的假释，依照本法第七十九条规定的程序进行。非经法定程序不得假释。

第八十三条　有期徒刑的假释考验期限，为没有执行完毕的刑期；无期徒刑的假释考验期限为十年。

假释考验期限，从假释之日起计算。

第八十四条被宣告假释的犯罪分子，应当遵守下列规定：

（一）遵守法律、行政法规，服从监督；

（二）按照监督机关的规定报告自己的活动情况；

（三）遵守监督机关关于会客的规定；

（四）离开所居住的市、县或者迁居，应当报经监督机关批准。

第八十五条　对假释的犯罪分子，在假释考验期限内，依法实行社区矫正，如果没有本法第八十六条规定的情形，假释考验期满，就认为原判刑罚已经执行完毕，并公开予以宣告。

第八十六条　被假释的犯罪分子，在假释考验期限内犯新罪，应当撤销假释，依照本法第七十一条的规定实行数罪并罚。

在假释考验期限内，发现被假释的犯罪分子在判决宣告以前还有其他罪没有判决的，应当撤销假释，依照本法第七十条的规定实行数罪并罚。

被假释的犯罪分子，在假释考验期限内，有违反法律、行政法规或者国务院有关部门关于假释的监督管理规定的行为，尚未构成新的犯罪的，应当依照法定程序撤销假释，收监执行未执行完毕的刑罚。

第81条至第86条构成我国的假释制度。

一、关于假释的适用条件

（一）关于刑罚条件

适用假释的前提乃犯罪分子被判处的是有期徒刑、无期徒刑。无期徒刑包括判决型无期徒刑和减刑型无期徒刑。

（二）关于实质条件

第81条中规定的假释的实质条件乃"认真遵守监规，接受教育改造，确有悔改表现，没有再犯罪的危险"。其中，"认真遵守监规，接受教育改造"不宜解释为与"确有悔改表现"是同位语。确有悔改表现应同时表现为认罪悔罪；租售法律法规和监规，接受教育改造；积极参加思想、文化、职业技术教育；积极参加劳动，努力完成劳动任务。对职务犯罪、破坏金融管理秩序和金融诈骗犯罪、组织（领导、参加、包庇、纵容）黑社会性质组织犯罪等罪犯，不积极退赃、协助追缴赃款赃物、赔偿损失，或者服刑期间利用个人影响力和社会关系等不正当手段意图获得减刑、假释的，不认定其"确有悔改表现"。

罪犯是否有"再犯罪的危险"，除了看其是否"认真遵守监规，接受教育改造，确有悔改表现"外，还应根据犯罪的具体情节、原判刑罚情况，在刑罚执行中的一贯表现，罪犯的年龄、身体状况、性格特征，假释后生活来源以及监管条件等因素综合考量。

（三）关于刑期条件

有特殊情况的，假释可以不受法定执行刑期的限制。"特殊情况"是指与国家利益、社会公共利益有重要关系的情况，如国家的军事需要。

（四）关于消极条件

第81条第2款中"有组织的暴力性犯罪"的范围与第50条第2款中的"有组织的暴力性犯罪"的范围有所不同，包括"有组织的"法定最高刑为10年以上有期徒刑或无期徒刑的所有暴力性犯罪，而第50条第2款中的"有组织的暴力性犯罪"必须是"有组织的"法定最高刑为死刑的暴力性犯罪。例如，抢夺罪法定最高刑为无期徒刑，因而属于前者的范围，但不属于后者的范围。

依照刑法分则第八章贪污贿赂罪判处刑罚的原具有国家工作人员身份的罪犯，拒不认罪悔罪的，或确有履行能力而不履行或不全部履行生效裁判中的财产性判项的，也不予假释。

二、关于假释之撤销及处理

被假释的罪犯在假释考验期限内犯新罪的，无论该新罪是在假释考验期限内被发现，还是在假释考验期满后被发现，只要在追诉时效期限内，均应撤销假释，依照刑法第71条的规定数罪并罚。

三、减刑、假释之关系

在我国，减刑和假释并存且相互独立。减刑、假释各有利弊：减刑有利于执行机关维持监管秩序，但不利于犯罪人回归社会；假释有利于犯罪人重返社会，但不利于执行机关维持监管秩序。在再犯率作为罪犯改造成效重要指标的背景下，假释使刑罚执行机关和裁判机关时刻面临责任追究之风险。这导致执行机关愿意为罪犯申请减刑而不愿申请假释，假释基本上被搁置不用。保留并分别完善减刑、假释，或废除减刑、完善假释，或将减刑、假释合二为一等的改革建议均不能将减刑、假释密切结合，均存在不同缺陷。减刑、假释经过一百余年的发展，已形成当前四种主要关系模式：并和模式、结合模式、分立模式和单一模式。四种模式之间的差异在于四个关键问题，即（1）减刑、假释并存是否立法的重复和浪费；（2）减刑之实质条件应是良好表现还是"不坏"；（3）先减后撤还是事后减刑；（4）如何安排减刑和假释的关系。对这些关键问题之回答和选择乃重构我国减刑、假释关系之基本前提。[1]

关于刑罚目的之论争主要围绕报应和预防两个路径展开，刑事活动阶段性一体论结合刑事活动不同阶段兼顾二者成了比较圆满的刑罚目的理论。我国的减刑、假释制度同时体现了刑罚的预防目的和报应目的，系预防为主、兼顾报应的刑罚目的论。在这个理论前提下，"假释为主，减刑为辅"乃减刑假释关系之应然格局。[2]

---

[1] 张亚平：《我国减刑、假释关系之反思与重构》，载《法律科学》（西北政法大学学报）2016年第4期。

[2] 王宏涛：《刑罚目的观视野下减刑、假释制度诠释与反思》，载《中国检察官》2015年第11期。

第八节 时效

第八十七条 犯罪经过下列期限不再追诉:

(一)法定最高刑为不满五年有期徒刑的,经过五年;

(二)法定最高刑为五年以上不满十年有期徒刑的,经过十年;

(三)法定最高刑为十年以上有期徒刑的,经过十五年;

(四)法定最高刑为无期徒刑、死刑的,经过二十年。如果二十年以后认为必须追诉的,须报请最高人民检察院核准。

本条是关于追诉时效期限的规定。

追诉时效即依照法律规定对犯罪分子追究刑事责任的有效期限。在该有效期限内,国家司法机关有权依法追究犯罪人的刑事责任;超过追诉期限则不应再追究犯罪人的刑事责任,已经追究的,应撤销案件,或者不起诉,或者终止审理。换言之,追诉时效具有经过法定期间后公权力机关不得再对犯罪行为进行评价而导致行为人刑事责任消灭的法律效果。对"追诉"的含义,学界和实务界都有分歧。有人认为"追诉"是指提起公诉或自诉。[①]也有人认为,追诉不仅是起诉,还包括侦查、起诉、审判之全过程。[②]比较稳妥的观点认为,"追诉"的核心含义是提起公诉或自诉,此外尚包括侦查和审判,广义的追诉指从侦查到审判的全过程。

一般认为,追诉时效与民法中的诉讼时效一样,都是以较小的正义为代价换取更大的秩序和效率。但根据宽恕理论,追诉时效的正当性基础"应当从刑法自身来寻找,即仅仅在于刑法自身的宽恕,这种宽恕是由于正义以及惩罚的局限造成的,是对正义和愤恨的超越"。[③]

犯罪的追诉时效的长短由法定最高刑决定。法定最高刑为五年的,追诉时效为五年。法定最高刑为五年以上不满十年的,追诉时效为十年。法定最高刑为十年以上有期徒刑的,追诉时效为十五年。法定最高刑为无期徒刑、死刑的,追诉

---

① 陈洪兵:《追诉时效的正当性根据及其适用》,载《法治研究》2016年第1期。
② 张明楷:《刑法学》,法律出版社2016年第5版,第651页。
③ 孙强:《追诉时效的正当根据》,载《国家检察官学院学报》2013年第5期。

时效为二十年；经过二十年后如认为必须追诉的，应报请最高人民检察院核准。

最高人民检察院核准追诉的情形仅限于法定最高刑为无期徒刑或死刑的情况。报请核准追诉的案件应同时符合下列条件：（1）有证据证明存在犯罪事实，且犯罪事实系犯罪嫌疑人实施；（2）涉嫌犯罪的行为应当适用的法定量刑幅度的最高刑为无期徒刑或死刑；（3）涉嫌犯罪的性质、情节和后果特别严重，虽然已过二十年追诉期限，但社会危害性和影响依然存在，不追诉会严重影响社会稳定或者产生其他严重后果，而必须追诉的；（4）犯罪嫌疑人能够及时到案接受追诉。须报请核准追诉的案件，公安机关在核准之前可以依法对犯罪嫌疑人采取强制措施。公安机关报请核准追诉并提请逮捕犯罪嫌疑人，人民检察院经审查认为必须追诉且符合法定逮捕条件的，可以依法批准逮捕，同时要求公安机关在报请核准追诉期间不得停止对案件的侦查。未经最高人民检察院核准，不得对案件提起公诉。[1]最高人民检察院核准追诉之意义在于为公诉而不是为立案侦查提供司法依据。[2]

追诉时效制度中的"法定最高刑"，是指与具体的已然犯罪相对应的那个量刑幅度的最高刑（罪行的法定最高刑），若有关罪刑条款只规定一个量刑幅度的，当然就是该条款规定的罪名的法定最高刑。

既然追诉时效的长短由法定最高刑决定，法定刑修改对相关犯罪的追诉时效的适用就会存在重大影响。追诉时效之效力具有特殊性，不能笼统地说追诉时效有溯及力或无溯及力。正确分析三个时间点（犯罪成立之日、刑事立案或受理之日、修正后的法律实施之日）和两个时间段（依旧法、新法分别确定的追诉期限）之关系，并加以类型化提炼，系研究法定刑变更对追诉时效适用的影响之关键。刑事案件涉及新法与旧法的适用问题时，应当遵循从旧兼从轻原则：除非适用犯罪时之法律更有利于犯罪嫌疑人，一般应当适用立案时的法律确定追诉期限，适用审判时的法律解决定罪量刑问题，二者可以并行不悖。[3]

由于监察委员会对职务犯罪的调查程序不是刑事程序，关于监察委员会留置案件如何适用追诉时效的问题，在现行法律框架内似乎很难找到恰当的解决路径，尚待明确。有观点认为，监察委员会通过统一的调查程序对职务违法和职务

---

①　《人民检察院刑事诉讼规则》（自2019年12月30日起施行）第321条、第322条。
②　曲新久：《追诉时效制度若干问题研究》，载《人民检察》2014年第17期。
③　王登辉：《论法定刑修改对追诉时效的影响——以贪污受贿犯罪为例》，载《政治与法律》2017年第7期。

犯罪进行追诉，产生两种法律后果，即"政务处分"和"移送检察院起诉"。"移送检察院起诉"是职务犯罪层面之程序性法律后果，直接适用刑法的追诉时效。[①]应该说，监察机关对职务犯罪的监察调查具有侦查之属性，不仅是因为调查措施与侦查措施具有相同性或相似性，更重要的是权力行使的法律后果完全一样：监察调查收集的证据应符合刑事审判的证据要求和标准，受非法证据排除规则之制约；调查之后只有达到"犯罪事实清楚，证据确实、充分"之程度，才能移送检察机关审查起诉；检察机关对监察机关调查后移送起诉之案件，发现事实不清或证据不足的，有退回补充调查或者自行补充侦查的权力。[②]因此，职务犯罪案件在监察机关立案之日未超过追诉时效的，可以追诉。

第八十八条　在人民检察院、公安机关、国家安全机关立案侦查或者在人民法院受理案件以后，逃避侦查或者审判的，不受追诉期限的限制。

被害人在追诉期限内提出控告，人民法院、人民检察院、公安机关应当立案而不予立案的，不受追诉期限的限制。

本条是关于追诉时效延长的规定。

追诉时效延长的法律效果是司法机关追究犯罪不受追诉时效的限制，随时可以追诉。

追诉时效延长的第一种事由，是人民检察院、公安机关、国家安全机关立案侦查或人民法院受理案件后，行为人逃避侦查或者审判。对"逃避侦查或者审判"宜作严格解释，应是指犯罪嫌疑人在明知侦查机关已对其犯罪行为立案侦查，或被告人明知人民法院已受理对其犯罪行为的控诉，而积极实施的有碍侦查或审判的行为。[③]

追诉时效延长的第二种事由，是被害人在追诉期内提出控告，人民法院、人民检察院、公安机关应当立案而不立案。"应当立案而不立案"即符合立案条件而不立案。

对本条规定的内容，也有学者认为不是追诉时效延长，而是追诉时效中止。

---

① 钱小平：《监察追诉时效问题的再思考——兼与刘练军教授商榷》，载《法学论坛》2019年第5期。
② 参见陈瑞华：《论国家监察权的性质》，载《比较法研究》2019年第1期。
③ 廖新兰、阮能文：《追诉时效语境下的逃避侦查审判问题辨析》，载《人民检察》2014年第13期。

"'立案侦查'应解释为'立案'，且不应区分对人立案与对事立案。认定'逃避侦查或者审判'的行为，不应限定在立案或者受理后才实施，不应要求犯罪嫌疑人知道已经立案、自己已经被确定为犯罪嫌疑人、已经被采取强制措施、已经被告知'不能逃避侦查或者审判'，不应要求其逃避行为导致侦查、审判活动无法进行，也不需要其具有'逃避侦查或者审判'的目的。只要在追诉时效期限内刑事立案或者受理的，就应当无限期追诉，但自首、被当场抓获、扭送司法机关后才立案且未再逃避的除外。相关学理解释忽视了刑事侦查和司法证明的特点，有随意添加要素、不当限缩之嫌，而且过于烦琐、弊大于利，属于人为制造法律漏洞，故亟待澄清。追诉时效制度适用于一切犯罪，主要意义是对追诉时效已过的犯罪黑数不再追诉，而不是对已经立案的犯罪无限期追诉。追诉时效制度的本质是国家刑罚权的克制。"这一观点明显的问题在于，如果立案不分是对事立案（将危害行为正式列为刑事案件）还是对人立案（将特定人作为犯罪嫌疑人进行侦查），"只要在追诉时效期限内刑事立案或者受理的，就应当无限期追诉"，那么，为何要设立核准追诉程序？核准追诉的案件未见在20年前没有立案侦查的，只是当初没有侦破而已。既然立案后可以无限期追诉，就不需要核准追诉程序。

第八十九条　追诉期限从犯罪之日起计算；犯罪行为有连续或者继续状态的，从犯罪行为终了之日起计算。

在追诉期限以内又犯罪的，前罪追诉的期限从犯后罪之日起计算。

本条是关于追诉时效之计算和中断的规定。

追诉时效从犯罪之日起计算。由于行为构成犯罪是追诉的前提，犯罪之日应解释为犯罪成立之日。对即成犯而言，犯罪成立之日即犯罪行为发生之日，也是犯罪行为实施之日；对连续犯或继续犯而言，犯罪之日是指犯罪行为终了之日。追诉时效中断即诉讼时效进行中发生了法定事由，使经过的诉讼时效期间归于无效，诉讼时效重新起算。追诉时效中断的事由限于在追诉期限内又犯罪。

脱逃罪在行为人脱离监管机关的监管范围时犯罪既遂，此后之脱离监管机关监管状态是事后不可罚的行为，因而不属于连续犯或持续犯。其法定最高刑为五年有期徒刑，所以追诉时效为十年。

关于追诉时效的终点如何确定的问题，刑法理论界和司法实务界都存在分歧，目前主要存在"立案时说""强制时说""审判时说"和"结果时说"。"立案时说"认为，只要刑事案件在立案时处于追诉时效期内的，国家司法机关就可以追诉该犯罪。刑事案件在法定追诉期内立案后，就不应再考虑追诉期的问题。刑事案件立案之时没有超过追诉时效，但若根据立案之后施行的法律或司法解释的规定计算已经超过追诉时效的，国家司法机关仍然可以追究行为人的刑事责任，但在量刑时应适用从旧兼从轻原则。[①]"立案时说"是目前司法实务践行的学说，也是刑法学界之通说。"强制时说"主张，国家司法机关采取强制措施之日刑事案件在追诉时效期内的，其对该案件可以行使追诉权。最高人民法院于1981年印发的《关于执行刑法中若干问题的初步经验总结》声言："追诉期限应当从犯罪构成之日起计算……在法定追诉期限内，自诉案件从自诉之日，公诉案件从采取强制措施之日都视为已被追诉，此后的侦查、起诉、审判时间不再受追诉期限的限制"。"审判时说"认为，只有在审判之日还没有超过追诉期限的，才能对犯罪进行追诉。[②]"结果时说"认为只有在追究或不追究刑事责任的最终结果出现时，犯罪在追诉时效期内的，才能追诉。[③]"审判时说"和"结果时说"都过于强调有利于被告人之刑法解释原则，破坏法的安定性，不可取；由于强制措施何时采取部分取决于办案速度和办案效率，具有一定偶然性，因此在追诉或不追诉的确定性上，"强制时说"不及"立案时说"。

与此相关的是"追诉时效暂停说"，认为追诉时效期限因公安机关、国家安全机关等侦查机关对犯罪嫌疑人（"对人"）的立案和实际追诉活动而暂停计算。公安司法机关撤销案件、不起诉、宣告无罪以及超过合理之办案期限的，暂停计算的追诉时效期限重新起算，但有刑法第88条第1款之法定情形的除外。[④]追诉时效"暂停"这一概念的提出，似乎可以部分消解前段所列四种学说在实践中面临的可行性追问。但这一概念在我国刑法中似乎没有文理根据。

---

① 国家法官学院案例开发研究中心编：《中国法院2017年度案例：刑法总则案例》，中国法制出版社2017年版，第248—251页。

② 张明楷：《刑法学》，法律出版社2016年第5版，第651页。

③ 邱兴隆：《追诉期限终点再认识——基于法解释学的梳理》，载《法商研究》2017年第4期。

④ 曲新久：《追诉时效制度若干问题研究》，载《人民检察》2014年第17期。

第五章　其他规定

第九十条　民族自治地方不能全部适用本法规定的，可以由自治区或者省的人民代表大会根据当地民族的政治、经济、文化的特点和本法规定的基本原则，制定变通或者补充的规定，报请全国人民代表大会常务委员会批准施行。

本条是关于刑法在民族自治地方变通适用的规定。

由于民族自治地方的经济生活、文化传统、风俗习惯等方面的特殊性，在民族自治地方变通施行刑法具有现实意义。但这一制度因缺乏可行性和合理性而面临困境。尽管实际上刑法在民族自治地方存在变通施行的情况，但迄今并未见任何自治区、下辖民族自治地方的省、直辖市[①]报请全国人大常委会批准刑法的变通或补充的规定。实体法的变通不可行，于是有学者主张从程序法入手实现刑法的变通。"基于刑法与刑事诉讼法的互动、互补关系，刑法的变通施行完全可以通过程序法制度设计得以实现，即可以通过对刑事诉权制度、附条件不起诉制度、公诉案件当事人和解制度的变通立法来达到刑法变通施行的目的。这种程序法变通路径能适应刑法在民族自治地方变通施行的现实需要，有效摆脱刑法变通施行面临的困境，也是在恢复性司法理念下改革刑事诉讼制度的有益尝试。"[②]

[①]　刑法第90条中并不含"直辖市（的人民代表大会）"字样。实际上，重庆作为直辖市，辖有石柱土家族自治县、秀山土家族自治县、酉阳土家族苗族自治县、彭水苗族土家族自治县共4个自治县。现行刑法典和全国人大成立重庆直辖市的决定都是在1997年3月14日通过并公布的。刑法第90条未将直辖市纳入与此立法背景有关。从该条的立法精神出发，并无否定辖有民族自治地方的直辖市的人民代表大会依法制定刑法的变通或补充的规定（报全国人大常委会批准）的法理根据。故对刑法第90条应作补正解释。

[②]　刘之雄：《我国民族自治地方变通施行刑法的路径转换——从实体法到程序法》，载《法商研究》2017年第2期。

第九十一条　本法所称公共财产，是指下列财产：

（一）国有财产；

（二）劳动群众集体所有的财产；

（三）用于扶贫和其他公益事业的社会捐助或者专项基金的财产。

在国家机关、国有公司、企业、集体企业和人民团体管理、使用或者运输中的私人财产，以公共财产论。

本条是关于刑法上之公共财产的范围的规定。

本条的规定着重于从所有权属性角度界定公共财产的范围。

公共财产是贪污罪、挪用公款罪等侵害公共财产的犯罪的犯罪对象。国家机关工作人员渎职类犯罪和国有公司、企业、事业单位、人民团体中特定类型的人员的职务犯罪都可能侵害公共财产。但分则中涉及公共财产作为犯罪对象或损害结果的有关各罪刑条款的表述不尽相同，如第169条（徇私舞弊低价折股、出售国有资产罪）使用的是"国有资产""国家利益"；第382条（贪污罪）所用的是"公共财物""国有财物"；第384条所用的是"公款""用于救灾、抢险、防汛、优抚、扶贫、移民、救济款物"；第397条（滥用职权罪、玩忽职守罪）之损害结果乃"公共财产、国家和人民利益遭受重大损失"，直接采用"公共财产"的表述。

有学者质疑本条的作用和对"公共财产"予以解释的必要性。"《刑法》分则中只存在明确以'公共财产'作为损失后果的犯罪，比如渎职类犯罪，但是'公共财产'并非只是该类犯罪唯一的损失后果，而是作为选择性后果之一，并且'公共财产'的范围完全可以被'国家利益'与'人民利益'的范围所涵盖，所以不需要刑法'公共财产'条对其作出专门解释，没有解释的必要性。"[①]这种观点并不正确。在我国刑法上，对公共财产和私有财产的保护实行区别对待的原则，这是基于公共财产所承载的公共目的。并且，刑法上对财产之法律属性的评价与民法有差异。例如，本条第2款中"以公共财产论"的私人财产，在民法上依然是私人所有的财产。该款属于法律拟制。法律拟制的特别之处在于，乙行为（或对象）与甲行为（或对象）原本在法律性质上并不相同，但立法者基于某种理由将二者同等看待，将甲行为（或对象）的法律效果赋予乙行为（或对象）。

---

① 唐舒琦：《刑法意义上公共财产再类型化研究》，西南政法大学2016年硕士学位论文。

第九十二条　本法所称公民私人所有的财产，是指下列财产：

（一）公民的合法收入、储蓄、房屋和其他生活资料；

（二）依法归个人、家庭所有的生产资料；

（三）个体户和私营企业的合法财产；

（四）依法归个人所有的股份、股票、债券和其他财产。

本条是关于刑法上私有财产的范围的规定。

从规范上看，侵犯财产罪的犯罪对象不限于私人财产，但从事实的角度看，私人财产无疑是绝大部分侵犯财产罪的犯罪对象。

第九十三条　本法所称国家工作人员，是指国家机关中从事公务的人员。

国有公司、企业、事业单位、人民团体中从事公务的人员和国家机关、国有公司、企业、事业单位委派到非国有公司、企业、事业单位、社会团体从事公务的人员，以及其他依照法律从事公务的人员，以国家工作人员论。

本条是关于国家工作人员的范围的规定。

国家工作人员的核心是本条第1款中规定的国家机关中从事公务的人员；第2款规定的人员在刑法理论上称为"准国家工作人员"。

国家工作人员是刑法中的一种特别身份。一些犯罪只能由国家（机关）工作人员构成，如叛逃罪、贪污罪、受贿罪；一些犯罪，行为人具有国家（机关）工作人员身份的，从重处罚，如非法拘禁罪、诬告陷害罪。

从事公务是国家工作人员主体身份的本质特征。在国家工作人员身份的认定上，除隐瞒境外存款罪和巨额财产来源不明罪外，应摒弃"身份论"而采"公务论"。认定是否属于国家工作人员，关键在于是否从事公共事务、提供公共服务、履行公共职能。"公务"和"国家工作人员"之内涵具有相对性，会计、出纳、仓管员、售货员、收费员、车间工人等保管、经手国有财产的活动，虽属于贪污罪、挪用公款罪中的公务而可能成立各该罪，但因这类人员一般没有职权可以利用而无法成为受贿罪的主体。村干部虽然可能成为贪污罪、受贿罪和挪用公款罪的主体，却非隐瞒境外存款罪和巨额财产来源不明罪的主体。刑法第382条第2款性质上是注意规定，因而受委托管理、经营国有财产的人员亦能成为受贿罪、挪用公款罪之主体。①

针对刑法总则有关国家工作人员范围的抽象规定，身份说、功能说和复合说均无法为国家工作人员身份认定提供合理解释。以"公务"概念之差别性界定和国家工作人员中"国家"之含义分析为基础的"区别的功能说"，强调行为的法益侵害可能性决定国家工作人员定义，而非以先验的国家工作人员定义决定行为之法益侵害可能性。鉴于分则具体个罪保护的法益不同，国家工作人员定义亦有不同"坐标"；贪污罪、挪用公款罪、巨额财产来源不明罪与隐瞒境外存款罪涉及的是国家与国家工作人员之间的内部关系，与依法行政原则无关，应采取限缩的功能性定义；贿赂罪与渎职罪涉及的是国家与公民之间的外部关系，立足于依法行政的需要，应采取扩张的功能性定义，其中，对贿赂罪应采取最大扩张的功能性定义。妨害公务罪的规范目的在于保护国家强制性任务之贯彻，对该罪的行为对象宜采取最大限缩的功能性定义；作为加重处罚要素的国家工作人员之身份，必须具有较高的实质不法内涵，故亦应采取最大限缩的功能性定义。②

2010年最高人民法院、最高人民检察院联合发布的《关于办理国家出资企业中职务犯罪案件具体应用法律若干问题的意见》（法发〔2010〕49号）扩大了"国家工作人员"的范围，将一些国家出资企业中的非国家工作人员重新纳入"国家工作人员"的范围，不但再次强化了国家企业之行政化色彩，而且在实务中产生了严重影响。有学者从刑法教义学之角度，运用系统解释方法将该文件第6条第2款③的规定解释为："由国有资产监督管理机构建议任命，由股东会、股东大会、董事会、监事会批准或者研究决定的国有控股公司的董事、监事和高级管理人员，以及国有参股公司的董事、监事，代表股东会、股东大会、董事会、监事会在国有控股、参股公司及其分支机构中在管理、监督国有资产的权限范围内从事组织、领导、监督、经营、管理工作的，应当认定为国家工作人员。"④从而通过解释限缩国家出资企业中具有"国家工作人员"身份的人的范围，实现"否定之否定"。

① 陈洪兵：《"国家工作人员"司法认定的困境与出路》，载《东方法学》2015年第2期。
② 姜涛：《刑法中国家工作人员定义的个别化解释》，载《清华法学》2019年第1期。
③ 该款规定："经国家出资企业中负有管理、监督国有资产职责的组织批准或者研究决定，代表其在国有控股、参股公司及其分支机构中从事组织、领导、监督、经营、管理工作的人员，应当认定为国家工作人员。"
④ 徐岱、李方超：《"国家工作人员"认定范围的再解释》，载《法学》2019年第5期。

国有企业改制后的国有控股公司、企业和国有参股公司、企业中的国家工作人员如何认定身份，始终是司法实践中的难题。通常情况下，对国家工作人员身份的认定，可从所在公司、企业之性质、委派之主体以及是否从事公务三个方面判断。但社会政治经济的发展使刑法和相关司法解释在处理国有控股公司、企业和国有参股公司、企业中国家工作人员之职务犯罪问题时明显滞后。

司法实践中国家工作人员身份认定问题很复杂，无论是全国人大常委会所作的立法解释，还是最高人民法院、最高人民检察院的司法解释，在这一问题上的投入相对来说都是较多的。随着政治、经济、社会生活的发展，国家工作人员的身份认定问题会不断产生解释的需要。

第九十四条　本法所称司法工作人员，是指有侦查、检察、审判、监管职责的工作人员。

本条是关于司法工作人员之范围的规定。

在刑法分则中，司法工作人员是一种特别身份。一些犯罪只能由司法工作人员构成，如刑讯逼供罪，暴力取证罪（第247条），虐待被监管人罪（第248条），徇私枉法罪，民事、行政枉法裁判罪，执行判决、裁定失职罪，执行判决、裁定滥用职权罪（第399条），私放在押人员罪，失职致使在押人员脱逃罪（第400条），徇私舞弊减刑、假释、暂予监外执行罪（第401条）。有些犯罪，司法工作人员属于法定的主体范围，如泄露不应公开的案件信息罪（第308条之一）。有些犯罪如行为人具有司法工作人员身份，则从重处罚，如非法搜查罪，非法侵入住宅罪（第245条），妨害作证罪，帮助毁灭、伪造证据罪（第307条），虚假诉讼罪（第307条之一）。有些犯罪，司法工作人员属于其行为对象之范围，如扰乱法庭秩序罪（第309条）。

根据《刑事诉讼法》（2018年第三次修正）第308条，军队保卫部门对军队内部发生的刑事案件行使侦查权；中国海警局对海上发生的刑事案件行使侦查权；监狱对罪犯在监狱内发生的案件进行侦查。此外，人民检察院审查公安机关移送审查起诉的案件，对需要补充侦查的，可以自行侦查。因此，有侦查职责的人员是指公安机关（国家安全机关）、检察机关、军队保卫部门、中国海警局、监狱有侦查职责的工作人员。前已述及，监察委员会对职务犯罪的调查，实质与侦查无异。监察委员会有职务犯罪调查职责的工作人员，也属刑法上的司法工作人员。

第九十五条 本法所称重伤，是指有下列情形之一的伤害：

（一）使人肢体残废或者毁人容貌的；

（二）使人丧失听觉、视觉或者其他器官机能的；

（三）其他对于人身健康有重大伤害的。

目前，关于人体损伤程度的规范性文件是最高人民法院、最高人民检察院、公安部、国家安全部、司法部于2013年8月30日联合发布的《人体损伤程度鉴定标准》。该规范性文件自2014年1月1日起施行。《人体轻伤鉴定标准（试行）》、《人体重伤鉴定标准》和《人体轻微伤的鉴定》（GA/T 146–1996）同时废止。

第九十六条 本法所称违反国家规定，是指违反全国人民代表大会及其常务委员会制定的法律和决定，国务院制定的行政法规、规定的行政措施、发布的决定和命令。

本条是对刑法分则罪刑条款中"违反国家规定"的解释。

一、行政犯之行政违法

分则罪刑关系条款中对罪状的描述使用"违反国家规定"，表明该罪是行政犯。行政犯的成立以行政不法（违反行政法）为前提（同时具有行政违法性和刑事违法性），其罪状设置，不但需要有"违反国家规定"等前置条件过滤，而且罪状中的部分构成要件要素也常交由行政法设定和补充。[1]对行政犯成立的司法论证，既要有行政法根据，又要有刑法根据。因此，行政法许可的行为，应直接排除刑法上的违法性；前置行政"不法"规定的缺失，应排除刑事不法。[2]

本条对刑法分则中"违反国家规定"的解释，核心在于"国家规定"的范

---

① 孙国祥：《行政犯违法性判断的从属性和独立性研究》，载《法学家》2017年第1期。
② 孙国祥：《行政犯违法性判断的从属性和独立性研究》，载《法学家》2017年第1期。

围，其仅限于全国人大及其常委会制定的法律和决定、国务院制定的行政法规、规定的行政措施、发布的决定和命令，而将国务院部门规章、地方性法规、地方政府规章、民族自治地方的自治条例和单行条例等排除在外。

在刑法分则中，有的罪刑关系条款的罪状部分使用"违反法律、行政法规的规定""违反国家有关规定""违反……法规""违反规章制度""违反规定""违反……（管理）规定"等表述方式。这些表述方式的意思与"违反国家规定"可能并不相同。全国人大常委会对刑法分则有关条款中"违反土地管理法规"的解释在基本精神上与第96条相一致。[①]但最高人民法院、最高人民检察院对刑法第253条（侵犯公民个人信息罪）第1款、第2款中的"违反国家有关规定"解释为违反"法律、行政法规、部门规章有关公民个人信息保护的规定"。[②]刑法第188条（违规出具金融票证罪）第1款中的"违反规定"，迄今并无有权解释，其理应包括中国人民银行或其他中央政府金融管理机构作出的规定，原因在于关于该罪涉及的一些业务规范，法律、行政法规都没有明确规定，如果将"违反规定"解释为违反法律和行政法规中的有关规定，规定该罪的规范目的就会落空。

非法经营罪的成立以"违反国家规定"为构成要件要素，是典型的行政犯。但《刑事审判参考》关于非法经营罪的部分指导案例引用国务院部门规章甚至审判解释作为裁判的规范依据。[③]

对行政犯中的行政不法认定根据的不当扩大，势必不当地扩大行政犯处罚范围，违反罪刑法定原则。为此，最高人民法院发布《关于准确理解和适用刑法中"国家规定"的有关问题的通知》。该通知重申了刑法第96条的规定，并指出该条中"国务院规定的行政措施"应由国务院决定，通常以行政法规或国务院制发文件的形式加以规定。以国务院办公厅的名义制发的文件，符合以下三个条件的，视为刑法中的"国家规定"：（1）有明确的法律依据或与相关行政法规不相抵触；（2）经国务院常务会议讨论通过或经国务院批准；（3）在国务院公报上公开发布。[④]各级法院在刑事审判工作中，对有关案件所涉及的"违反国家规

---

①　《关于〈中华人民共和国刑法〉第二百二十八条、第三百四十二条、第四百一十条的解释》（2001）认为这些条款中的"违反土地管理法规"是指违反土地管理法、森林法、草原法等法律以及有关行政法规中关于土地管理的规定。

②　《关于办理侵犯公民个人信息刑事案件适用法律若干问题的解释》，第2条。

③　王恩海：《最高人民法院对非法经营罪中"违反国家规定"的适用》，载《法治研究》2015年第4期。

④　法发〔2011〕155号，第1条。

定"的认定，要依照相关法律、行政法规及司法解释的规定准确把握。对于规定不明确的，要按照该通知的要求审慎认定。对于违反地方性法规、部门规章的行为，不得认定为"违反国家规定"。对被告人的行为是否"违反国家规定"存在争议的，应作为法律适用问题，逐级向最高人民法院请示。①鉴于关于"违反国家规定"的法律适用问题在非法经营犯罪案件中比较突出，该通知要求各级法院审理非法经营犯罪案件，要依法严格把握刑法规定非法经营罪的第225条第（四）项的适用范围。对被告人的行为是否属于刑法第225条第（四）项规定的"其他严重扰乱市场秩序的非法经营行为"，有关司法解释未作明确规定的，应当作为法律适用问题，逐级向最高人民法院请示。②

二、行政犯的刑事违法性与行政违法性的关系

在行政犯刑事违法性与行政违法性之关系问题上，有量的区别说、质的区别说、质量混合区别说等学说。量的区别说的基础是违法一元论，认为犯罪行为和行政违法行为在构成要件该当性阶层没有区别，二者的区别在于违法性之量不同，即刑事违法性=一般违法性+可罚之违法性。质的区别说的基础是违法相对论，认为刑事违法和行政违法在规范之保护目的上具有本质区别，因此犯罪行为和行政违法行为在构成要件符合性阶层就有本质区别。质量混合区别说在我国立法模式下并无存在空间。我国应采取质的区别说，在构成要件该当性阶层就应当将不值得处罚的行政违法行为排除。对此主要有三种方法：对客观构成要件要素作实质解释，对非法定目的犯作目的性限缩，对兜底条款作限制适用。③

三、行政犯前置法之认识错误

刑法分则罪刑条款在描述犯罪客观要件时，若使用了"非法""违反国家规定""违反规章制度""违反环境保护法""违反矿产资源法""违反森林法、土地管理法"等字样，则这些条文所规定之犯罪类型就是行政犯；而上述"非法"所指向的法、国家规定、环境保护法等，即为行政犯前置法。由于我国传统的犯罪故意理论没有将违法性认识错误区分为行政犯前置法认识错误和刑法规范认识错误两种类型，因此导致对违法性认识错误的主张因立论根据有异而争议不

---

① 法发〔2011〕155号，第2条。
② 法发〔2011〕155号，第3条。
③ 欧阳本祺：《论行政犯违法判断的独立性》，载《行政法学研究》2019年第4期。

断。行政犯前置法之认识错误与刑法规范之认识错误有很大的区别。前者属对犯罪构成事实的认识问题，若其不可避免，则可阻却犯罪故意；后者则是对刑法规范本身的认识问题，即便其有不可避免性，也不能阻却犯罪故意，只可减免责任。犯罪故意要件符合性应当分解为形式符合和实质符合两个层次。其中，行为人对行政犯前置法有认识可能性乃实质符合的重要根据。判断行为人对行政犯前置法认识错误能否避免，需要运用可行之判断标准和简便有效之方法。[①]

第九十七条　本法所称首要分子，是指在犯罪集团或者聚众犯罪中起组织、策划、指挥作用的犯罪分子。

本条是关于首要分子的范围的规定。

首要分子包括犯罪集团和聚众犯罪中起组织、策划、指挥作用的犯罪分子。聚众犯罪未必是共同犯罪。只处罚首要分子的聚众犯罪，如聚众扰乱公共场所秩序、交通秩序罪（第291条），若首要分子只有一人，则是单独犯罪。

第九十八条　本法所称告诉才处理，是指被害人告诉才处理。如果被害人因受强制、威吓无法告诉的，人民检察院和被害人的近亲属也可以告诉。

本条是对"告诉才处理"的解释。

告诉才处理的犯罪，称为亲告罪，即法律规定的需要有告诉权人告诉，司法机关才能处理的犯罪。[②]这类犯罪多数是侵害个人享有处分权的法益的犯罪，对社会秩序和公共利益的影响较小。这类犯罪社会危害性小，且其侵害性往往取决于被害人的主观感受，法定刑配置也较轻。在这类犯罪中，行为人与被害人之间往往有特殊关系，如亲属关系。亲告罪由刑法明文规定，在程序上适用由被害人"单纯自诉"之刑事责任追究机制。亲告罪之立法目的在于尊重和保护被害人的自治和自由。亲告罪的设立，实质上是国家将部分犯罪的求刑权赋予被害人，由其决定是否起诉。但在被害人受强制、威吓等意思不自由而无法告诉的情况下，人民检察院和其近亲属也可以告诉。亲告罪的设立体现着刑法中的温和父爱主义

---

①　邵维国：《行政犯前置法认识错误问题研究》，载《法商研究》2020年第1期。
②　李立景：《亲告罪要论——告诉才处理的犯罪的研究新视角》，中国人民公安大学出版社2003年版，第1页。

的精神。所谓温和父爱主义，即国家有权对主体出于非实质性自愿之自我伤害行为进行干预，或者行为出现时情况紧急，国家确有必要进行临时干预而不考虑被干预者是否自愿的情形。[①]在本条中，人民检察院的起诉性质是如同普通公诉一样的起诉，还是协助起诉，并不明确。根据我国现行《刑事诉讼法》（2018年第3次修正），亲告罪只能通过自诉程序追诉。由于刑事诉讼证明之严格性（排除合理怀疑），由被害人或其近亲属自行起诉，成功的可能性并不高。这就是自诉权人"有权利无能力"的困境。而人民检察院的起诉同样可能面临"有能力无权力"的困境。在原来的超职权主义审判模式下，亲告罪追诉机制也许能取得较高的定罪率，但在受对抗制的精神影响的刑事诉讼模式下，亲告罪追诉机制无法充分保障告诉权人的自治。

目前我国刑法中的亲告罪包括五个罪名：侮辱罪和诽谤罪（第246条），但严重危害社会秩序和国家利益的除外；暴力干涉婚姻自由罪（第257条），但致人死亡的除外；虐待罪（第260条），但致使被害人重伤、死亡的除外；侵占罪（第270条）。具有"严重危害社会秩序和国家利益"情节的侮辱罪和诽谤罪不属于亲告罪的范围。"严重危害社会秩序和国家利益"是指下列情形之一：（1）引发群体性事件的；（2）引发公共秩序混乱的；（3）引发民族、宗教冲突的；（4）诽谤多人，造成恶劣社会影响的；（5）损害国家形象，严重危害国家利益的；（6）造成恶劣国际影响的；（7）其他严重危害社会秩序和国家利益的情形。

第九十九条　本法所称以上、以下、以内，包括本数。

前面有关部分已经述及，本条实际上至少存在以下例外情形：第63条关于减轻处罚的规定中"在法定刑以下判处刑罚"，"以下"不应包括本数，否则减轻处罚与从轻处罚就没有区分。第69条中"数刑中最高刑期以上"也不应包括最高刑期，否则限制加重原则就和吸收原则发生了交叉。

第一百条　依法受过刑事处罚的人，在入伍、就业的时候，应当如实向

---

① Joel, Feinberg (1989) Moral Limits of the Criminal Law, Vol 3: Harm to Self. London:Oxford University Press, p.11. 转引自万艺：《刑法中的温和父爱主义——以亲告罪为视角》，载《学术交流》2018年第2期。

有关单位报告自己曾受过刑事处罚，不得隐瞒。

犯罪的时候不满十八周岁被判处五年有期徒刑以下刑罚的人，免除前款规定的报告义务。

学界普遍认为，本条是关于受过刑事处罚的人的前科报告义务的规定。

我国刑法学界和司法实务界对"前科"概念都存在分歧。例如，"劣迹"是否是"前科"？不同学者、不同法院可能有不同的看法。如果以本条为基础界定"前科"，应该认为前科是指行为人因犯罪而被判处刑罚且刑罚已执行完毕或已被赦免之事实，这种事实使其在一定期间内处于不利之法律地位。前科中被判处的刑罚是主刑还是附加刑，在所不论。因此，行为人因犯罪被判处缓刑，在缓刑考验期间和缓刑考验期满后缓刑没有被撤销的，不具有前科的法律地位，不属于有前科的人员。

前科报告义务的设立应具有合目的性。前科报告义务的设立旨在预防未然之罪，而不是报应已然之罪。基于此，前科报告义务的设定不能徒增受过刑罚处罚者的痛苦和负担，与预防犯罪之目的无明显关联的义务设定并不适当。前科报告义务的设定应受预防犯罪之有效性的制约。"前科规范的内容选择，应当在符合谦抑性理念下，通过最低的严厉性内容，获得最有效的预防犯罪的效果。"[1]显然，本条将履行前科报告义务的领域宽泛地定为"入伍、就业时"，过分地限制了曾受刑罚处罚者的自由。前科报告义务应限于特殊类型的岗位。

前科给行为人带来的法律地位应当是有期限的，否则过度地牺牲了有前科者的隐私，不利于犯罪人真正复归、融入社会。但从本条的规定来看，前科报告义务的存在期限是终身性的。可以说，这一规定使我国刑罚的污名化功能无以复加。

本条第2款为2011年《刑法修正案（八）》所增设。根据该款，前科报告义务的免除适用于犯罪时未满18周岁，且所判刑罚为5年有期徒刑以下的人。它为符合条件的未成年犯罪人复归、融入社会拆除了一道障碍。更为重要的是，它为在建构我国的犯罪记录制度时考虑公共利益和犯罪人隐私、就业等权益之间的平衡充当了良好的开端。

---

[1] 于志刚：《犯罪记录制度的体系化建构》，载《中国社会科学》2019年第3期。

第一百零一条　本法总则适用于其他有刑罚规定的法律，但是其他法律有特别规定的除外。

本条是关于总则效力的规定。

总则即一般规定、原则性规定。本条是特别法（特别规范）优先于一般法（一般规范）的法律适用原则之法理在刑法领域的重申。

"其他有刑罚规定的法律"包括单行刑法和附属刑法；"有刑罚规定"意味着这样的单行刑法和附属刑法是具体的罪行关系条款，即对具体犯罪规定了法定刑的条款，而不是类似"构成犯罪的，依法追究刑事责任"的提示性、注意性条款。

相对于总则，分则的规定是特别规定。刑法分则和刑法总则对同一事项有不同规定时，适用分则的规定。这是直接适用"特别法优先于一般法"的法理，并非本条要表达的意思。例如，对预备犯，分则中有特别规定的，直接依照分则的规定定罪处罚，不再援引总则关于预备犯的规定。